大学生健康教育

DA XUE SHENG JIAN KANG JIAO YU

梁晋云　何雨珊　张龙　编著

中国·武汉

内 容 提 要

《大学生健康教育》是一部专为高等院校学生设计的、内容全面系统的健康教育教材。全书涵盖心理健康、健康生活方式、毒品预防、疾病预防、安全应急与避险、性与生殖健康以及生命教育七部分。主要内容包括心理健康的维护、健康生活方式的养成、毒品预防知识的普及、常见疾病的预防措施、安全应急与避险技能的培养、性与生殖健康知识的普及，以及对生命教育的探讨。

本书结合高校学生的实际情况，充分考虑其年龄、生理、心理特征，汲取该领域的先进理论成果，将理论知识与实践案例相结合，通俗易懂，实用性强。本书旨在让大学生增强健康意识，提高疾病预防能力和社会适应能力，全面提升身心健康水平，实现全面发展。本书既可作为大学生健康教育的教材，又可作为普通高等院校健康教育工作者的参考书，也可作为关注自身成长和健康的读者的有益读本。

图书在版编目（CIP）数据

大学生健康教育/梁晋云,何雨珊,张龙编著. -- 武汉：华中科技大学出版社,2024.8.
ISBN 978-7-5772-1031-5
Ⅰ.G479
中国国家版本馆 CIP 数据核字第 20243ED262 号

大学生健康教育　　　　　　　　　　　　　梁晋云　何雨珊　张　龙　编著
Daxuesheng Jiankang Jiaoyu

策划编辑：周晓方　袁文娣
责任编辑：林珍珍
封面设计：廖亚萍
责任校对：唐梦琦
责任监印：周治超

出版发行：华中科技大学出版社（中国·武汉）　　电话：(027) 81321913
　　　　　武汉市东湖新技术开发区华工科技园　　　邮编：430223
录　　排：华中科技大学出版社美编室
印　　刷：武汉市洪林印务有限公司
开　　本：787mm×1092mm　1/16
印　　张：16.25
字　　数：373 千字
版　　次：2024 年 8 月第 1 版第 1 次印刷
定　　价：45.00 元

本书若有印装质量问题，请向出版社营销中心调换
全国免费服务热线：400-6679-118　竭诚为您服务
版权所有　侵权必究

前言

1990年,世界卫生组织将健康定义为躯体健康、心理健康、社会适应良好和道德健康四个方面皆健全。其中,躯体健康就是生理健康;心理健康就是人格完整,自我感觉良好,情绪稳定,积极情绪多于消极情绪,有较好的自控力,能保持心理上的平衡,自尊、自爱、自信、有自知之明等;社会适应良好就是个人的各种生理、心理活动和行为能适应复杂的环境变化,为他人所理解和接受,使个人在各种环境中有充分的安全感,能保证正常的人际关系,能受到他人的欢迎和信任,同时对未来有明确的目标,能切合实际地在各种社会环境中不断进取;道德健康就是不以损害他人的利益来满足自己的需要,有辨别真伪、善恶、美丑、荣辱、是非的能力,能按照社会公认的道德准则来约束、支配自己的言行,愿意为人们的幸福做贡献。健康是一种生理、心理和社会适应方面的完满状态,而不仅仅是没有疾病和身体虚弱的现象。

健康是大学生成材的重要因素,合格的人才不仅要有扎实的科学文化知识,还要有健康的体魄、良好的心理素质和较强的社会适应能力。大学时期是个人积累知识和选择未来发展方向的黄金时期,大学生在这一时期的生理发育趋于成熟,智力和能力迅速发展,因此,开展大学生健康教育对于提高大学生的身心健康水平具有重要意义。

为贯彻落实《"健康中国2030"规划纲要》对学校健康教育提出的工作要求,加强高校健康教育,提高高校学生健康素养和体质健康水平,教育部于2017年印发了《普通高等学校健康教育指导纲要》,提出高校健康教育重在增强学生的健康意识、提高学生的健康素养和健全学生的人格品质。根据该纲要,高校健康教育内容主要包括健康生活方式、疾病预防、心理健康、性与生殖健康、安全应急与避险五个方面。本书正是按照

这一要求来编写的。此外,结合云南省第四轮禁毒防艾人民战争动员大会精神以及相关文件的目标要求和职责任务,本书增加了毒品预防和生命教育相关内容。

本书结合大学生心理测评调查数据,充分考虑大学生的年龄、生理、心理特征,在汲取该领域先进理论成果的基础上,参考智慧树开设的"艾滋病、性与健康""大学生健康教育"两门课程,紧密结合大学生学习和生活的实际情况编写。学科背景从心理学扩展到禁毒学、公共管理学、临床医学、预防医学等,特别邀请了包括昆明理工大学附属安宁市第一人民医院杨杰副主任医师、安宁市卫生健康局王岚老师等在内的省(市)禁毒委、防艾委、卫生部门和健康教育专业机构的专业人员提供技术支持和专业指导。教材编委会团队成员从传统高校教师扩展到警官、医生等。

全书共有七章,第一章"心理健康"由张龙教授、孙思宇老师编写,第二章"健康生活方式"由何雨珊副教授、赵海涛老师编写,第三章"毒品预防"由梁晋云教授、乔扬老师编写,第四章"疾病预防"由张龙教授、赵海涛老师编写,第五章"安全应急与避险"由梁晋云教授、马如仙老师编写,第六章"性与生殖健康"由何雨珊副教授、乔扬老师编写,第七章"生命教育"由张龙教授、庄艳玲老师编写。统稿工作由梁晋云教授、何雨珊副教授、张龙教授共同完成。

本书内容简明扼要,通俗易懂,实用性较强,旨在适应高等院校开展健康教育工作的需要,增强大学生的健康意识,提高大学生的疾病预防能力、社会适应能力和健康水平。本书既可作为大学生健康教育的教材,又可作为普通高等院校健康教育工作者的参考书,也可以作为关注自身成长和健康的读者的有益读本。

在本书的编写过程中,我们参阅和引用了一些专家和学者的研究成果,在此表示诚挚的谢意。由于编者水平有限,本书不足之处在所难免,恳请同行和读者朋友批评指正,以便本书不断完善。

编　者

2024 年 7 月于春城

目录

第一章　心理健康 · 1

　　一、适应大学生活　·3
　　二、人际交往及恋爱心理　·7
　　三、常见的心理障碍　·16
　　四、大学生情绪管理　·24
　　五、大学生人格发展　·30

第二章　健康生活方式 · 45

　　一、现代健康的概念　·46
　　二、饮食行为与健康　·50
　　三、睡眠与健康　·55
　　四、运动与健康　·60
　　五、烟草危害及戒烟策略　·65

第三章　毒品预防 · 73

　　一、毒品概述　·74
　　二、常见毒品的种类　·82

三、毒品的危害 · 87
　　四、吸毒成瘾机理 · 89
　　五、大学生参与禁毒 · 90

第四章　疾病预防 · 98
　　一、常见传染疾病的预防 · 100
　　二、常见慢性病的预防 · 108
　　三、常用的健康指标 · 117
　　四、大学生体质测试 · 122
　　五、大学生保险服务 · 125

第五章　安全应急与避险 · 133
　　一、突发事件与个人安全防范 · 134
　　二、无偿献血基本知识 · 140
　　三、意外伤害的自救与互救 · 143
　　四、网络安全风险防范 · 158
　　五、实验实习安全与防护技能 · 164

第六章　性与生殖健康 · 174
　　一、两性特征 · 176
　　二、大学生性心理 · 180
　　三、常见生殖健康问题 · 186
　　四、常见的性传播疾病及其预防 · 193
　　五、艾滋病咨询和检测 · 199

第七章 生命教育 — 211

    一、解读生命密码 · 213

    二、探寻生命意义 · 219

    三、幸福与福流 · 228

    四、亲社会行为 · 235

    五、生命价值与责任 · 239

参考文献 · 248

第一章　心理健康

健康绪言

关于考研的励志故事[①]

在云南的一所大学里，有一个叫小杨（本书中所有出现的名字均为化名）的女孩。小杨是该学校小学教育专业的学生，她对志愿服务有着超乎寻常的热情。她在安宁市敬老院献爱心、在安宁市科技馆担任解说员、在安宁市宁湖公园拾捡垃圾……

小杨的志愿服务经历不仅让她学到了很多东西，还让她遇到了很多优秀的人。这逐渐改变了小杨的心态，她开始渴望变得更优秀，以帮助更多的人。一个偶然的机会，她遇到了一个毕业于北京师范大学的朋友。这个朋友放弃了稳定的工作，选择裸辞考研。这让小杨意识到，外面的世界比她想象的要广阔得多。她也萌生了考研的想法。

小杨的第一次考研并不顺利。她选择了自己梦寐以求的西南大学小学教育专业。尽管她备考时充满信心，但随着考试日期临近，她的心态开始崩溃。她不断地质疑：考研真的是自己想要的吗？最终，她没有考上。

但小杨没有放弃。她总结了第一次失败的原因，决心再次挑战。这一次，她没有了迷茫情绪。她调整了自己的计划，每天6:30准时起床学习，把小小的卧室变成了学习室。她告诉自己："今天再晚也是早，明天再早也是晚。"

在备考的过程中，小杨遇到了很多困难，但她没有退缩。当她偶尔感到疲惫时，她的家人总是及时给予她支持和鼓励。小杨对此很是感激，也感激自己没有放弃。

[①] 500天，考研上岸西南大学！这一次，她拼了！[EB/OL].（2024-06-07）[2024-08-02]. https://mp.weixin.qq.com/s/uI9MqjhjeMZ W2_4SXPbj3w.（有删改）

　　经过无数个日夜的努力，小杨成功考上了西南大学，实现了自己的梦想。她的故事告诉我们，只要坚持不懈，就没有克服不了的困难，努力的步伐是通往成功的阶梯。

　　健康不仅是一种生理状态，更是心理、社会适应能力的综合体现。小杨的经历不仅是对我们勇敢追梦的激励，更提醒我们在追求目标的过程中注重心理健康。对于当代大学生来说，健康的心态、坚定的信念和家人的支持，是战胜困难、走向成功的重要因素。希望小杨的故事能激励更多的人以积极的心态面对生活中的挑战，努力实现自己的梦想。希望通过本章的学习，年轻的你能够正确认识心理健康，能够明确如何维持心理健康，保持积极乐观的心理，从而创造幸福、美好的人生。

健康求知

　　中国科学院心理研究所和社会科学文献出版社联合发布的《2022年大学生心理健康状况调查报告》显示了以下内容。

　　第一，我国大学生心理健康状况总体良好。78.52%的学生无抑郁风险。相较于抑郁，约一半（45.28%）的大学生存在焦虑风险。其中，不同性别、学校、户籍地和学段的学生之间存在显著差异。

　　第二，生活满意度较高。大多数（74.10%）大学生的生活满意度达到"基本满意"及以上水平，仅有一小部分（8.66%）大学生对生活不满意。

　　第三，生活方式影响心理健康。睡眠、压力源和无聊等因素对大学生心理健康有明显影响。大部分（79.14%）大学生的睡眠时长在7小时及以上，大部分（53.80%）学生自我评估的睡眠质量好（包括"比较好""非常好"）。而睡眠与心理健康的关系显示，睡眠质量较好的学生抑郁和焦虑风险较低。在压力源方面，大学生最主要的三个压力为"学业负担重""想念家人"和"不知道自己适合什么工作"。进一步的调查结果显示，较大的压力是抑郁和焦虑的风险因素，因此需要关注大学生的压力源，有针对性地采取缓解压力的干预措施。无聊是由于知觉到生活无意义而产生的负性情绪体验，报告指出，大学生较高的无聊得分与更高的抑郁和焦虑风险有关。在大学期间，应鼓励学生合理利用时间，积极参与各类活动，丰富课余生活。

　　第四，升学问题是影响大学生心理健康的风险因素。考研压力使得学业和未来规划成为大学生主要的压力来源之一。

第五，健康的恋爱关系对心理健康有促进作用。恋爱中的大学生抑郁得分最低，焦虑得分也较低，单身想"脱单"大学生的抑郁和焦虑得分显著更高；在"无聊"方面，恋爱中的大学生得分最低。因此，健康良好的恋爱关系可能是促成大学生心理健康的一剂良药。但是否谈恋爱要因人而异。

一、适应大学生活

> 放眼世界，我们面对的是百年未有之大变局。新世纪以来一大批新兴市场国家和发展中国家快速发展，世界多极化加速发展，国际格局日趋均衡，国际潮流大势不可逆转。
>
> ——习近平
>
> 能够生存下来的物种，并不是那些最强壮的，也不是那些最聪明的，而是那些对变化做出快速反应的。
>
> ——达尔文
>
> 理智的人使自己适应这个世界，不理智的人却硬要世界适应自己。
>
> ——萧伯纳

我国心理学家朱智贤认为，适应源于生物学，用来表示能增加有机体生存机会的身体和行为上的改变，即有机体为了满足自己的需求，在面对外部环境变化时与环境发生调和作用的过程，它是一种动态、交互、有弹性的反应。

在心理学范畴使用"适应"这一概念时通常涉及以下三个维度：一是生物学意义上的适应，即生理适应，各种感官对声、光、味等刺激物的适应；二是心理上的适应，通常是指遭受挫折后借助心理防御机制来使人减轻压力、恢复平衡的自我调节过程，这是一种狭义的适应概念；三是对社会生活环境的适应，包括为了生存而使自己的行为符合社会要求的适应和努力改变环境使自己能够获得更好发展的适应，这也是社会适应的概念。

丹尼尔·平克指出：过去，全新思维属于某些具有特定思维的人，即编写代码的电脑程序员、起草协议的律师和处理各种数据的MBA（工商管理硕士）；然而，事情正在发生改变，未来将属于那些具有独特思维、与众不同的人，即有创造性思维、共情思维、模式辨别思维或探寻意义思维的人。他们将会获得最大的社会回报，并享受到极大的快乐与幸福。[①]清华大学社会科学学院院长彭凯平教授也认为，今天的中国社会正处于农耕

---

① 别忘记你的右脑，读《全新思维》[EB/OL].（2013-05-20）[2024-08-02].http://www.360doc.com/content/13/0520/08/235269_286861773.shtml.

时代的老年、工业时代的壮年、信息时代的青年与数字时代的幼年。①

乌卡时代（VUCA）是一个西方学界描述当前社会和经济环境的术语，它代表了易变性（volatility）、不确定性（uncertainty）、复杂性（complexity）和模糊性（ambiguity）这四个特征，这四个单词的首字母组成了VUCA。乌卡时代要求个人具备较强的适应性和灵活性，以应对快速变化的环境。

大学时期是个体发现自我、重塑自我的重要阶段。新生步入大学，面对周围陌生的环境，出现不适应心理是再正常不过的。但如果个体未采取相关措施进行心理调节，未能尽快建立新的生活模式，心理不适应就会累积，由量变引起质变，产生心理危机，影响正常的大学生活。

（一）适应大学的自我成长

1. 培养生活自理能力

大学生的生活环境发生了很大的变化，没有父母或其他长辈每日的监督与叮嘱，越来越多的事情需要独自处理。从某种意义上说，这是一种真正的生活独立性训练。

2. 培养良好的生活习惯

大学生精力旺盛，又处于长身体、长知识的阶段，良好的生活习惯是其顺利度过大学阶段的重要基础。为了保持身心健康，大学生应切实重视培养良好的生活习惯，戒掉不良的生活习惯。

（二）适应大学的学习方式

1. 树立新的学习目标

进入大学后，许多人从高中紧张的学习节奏中松懈下来，把更多的时间放在享受大学安逸的生活上。新生入学后应尽快树立新的学习目标，根据自己的实际情况，认真地给自己定位，并制定详细的学习生涯规划，将大目标划分为精确详细的小目标，这样才能体会到大学生活和学习中的成就感和充实感。

---

① 社会科学的天下情怀与天下文章 | 院长彭凯平在清华大学社科学院开学典礼上的致辞[EB/OL]．(2023-09-03) [2024-08-02]. https://mp.weixin.qq.com/s?__biz=MzAxMTQ3Nzc1Mg==&mid=2649480945&idx=1&sn=fb4bc1f93201bb7b693e920dbf335d8c&chksm=835f0966b42880700d5071b73e02f7a04ad147f338d42dccc8ed7bca3dd4c1451110fa1d32cf&scene=27.

2. 自觉主动地学习

变被动式学习为主动式学习,是适应大学学习方式的关键环节。大学学习的特点在于专业性强、学生可自由支配的时间较多,因而需要大学生具备较强的计划能力、自学能力和自制能力。大学里的开放性图书馆、教师资源和学术讲座为学生提供了开放的学习环境。大学生既可以学习各种专业知识,也可以学习专业以外的知识,还可以拓宽知识面,培养语言表达、文学、科研等方面的能力。这些都需要学生自觉主动地学习。

3. 培养良好的自学能力

培养良好的自学能力也是大学生适应大学的学习方式的重要方面。大学生要养成自学的良好习惯,要明白学业的成功除了靠勤奋刻苦外,更要靠良好的学习方法和较强的自学能力。"学会学习"是21世纪人才的首要能力,而大学阶段是学习能力从"不会"到"学会"再到"会学"三个不同层次递变的重要时期。因此,大学生要自主选择学习方法,培养良好的自学能力,并理解和消化所学的知识。

(三) 适应大学的人际关系

1. 彼此尊重,求同存异

大学新生彼此间有一种新鲜感,每个人对其他人都有一定的好奇心,因此,刚开始同学之间都能做到有礼貌、谦虚、宽容、相互关心、相互体谅。随着相处时间的增多、了解的日益全面,同学们不仅能发现他人的长处,也会发现他人的缺点和不足。当他人的言行举止不符合自己的要求时,要学会求同存异,尊重每个人的不同生活习惯和价值观念,不要以个人好恶为标准,更不要把自己的标准强加于人。

2. 心胸开阔,积极交往

交往的心理和行为是受个体的情感态度支配的。与他人交往的正确态度应是以诚待人、讲信用、宽容豁达。在日常生活中,大学生应该做到"三个主动",即主动与老师同学打招呼、主动与同学讲话、主动帮助别人。在帮助别人时,不要过于计较能不能得到回报。

(四) 适应大学的内外环境

1. 走出异地求学的心理丧失感

任何事情都有利有弊,有得就会有失。大学生远离家乡,到外地上大学,获得了更好的学习环境，但同时也意味着要离开自己熟悉的环境，离开家人和一些朋友。从事事由父母做主到常常自己拿主意，从教师制定学习目标、学习计划到自己独立适应新的教学风格和学习方式，从中学时代同学们亲密无间到初入大学的孤独失落……大学新生难免产生心理丧失感。

2. 学会自我心理调适

大学生要有意识地掌握一些常用的自我心理调适方法，如自我暗示法、自我放松法等，这对于缓解心理压力、实现心理放松是非常有帮助的。自我暗示法是个体靠思想、语词对自己施加影响以达到心理卫生、心理预防和心理治愈目的的方法。通过运用自我暗示法，个体可以调节自己的情绪、爱好、意志乃至工作能力。比如：考试前，反复告诫自己"沉着、冷静"；面对荣誉，自敲警钟"谦虚、戒骄戒躁"；遭遇挫折时，安慰自己"看到光明，提高勇气"等。

大学生适应能力测试

大学生需要有坚强刚毅的意志和坚定不移的信心，并在实践中使自我心理调适方法得到恰如其分的运用。

> **知识窗**
>
> #### "快乐水车"理论和"幸福悖论"[①]
>
> 1970年，美国心理学家柳波莫斯基通过研究发现了一种被称为"享乐适应"的现象：当人们经历一些改变，如中了乐透奖、加薪、买车或换房子时，一开始会感到非常快乐，但随着时间的推移，人们会逐渐适应这些变化，恢复到改变前的快乐程度。这就像在水车上奔跑，看似不断追求，实际上快乐感却停滞不前，因此被称为"快乐水车"理论。
>
> "快乐水车"理论还解释了为什么"女人衣柜里永远少一件衣服"，或者为什么不成熟的男人会觉得自己的身边总是缺少一个女人。这与人们对物质和快乐的适应有关。
>
> 许多研究发现，金钱和幸福的关系比人们想象的更加复杂。美国普林斯顿大学在2015年进行的一项调查显示，年收入达到7.5万美元是一个幸福的基准。低于这个收入水平，幸福感会随着收入递增而增强，但达到这个基准后，幸福感的增长幅度并不明显。
>
> 此外，美国经济学家理查德·伊斯特林提出了"幸福悖论"：尽管现代经济学通常认为财富增加会导致幸福感增加，但实际上更多的财富并没有带来更大的幸福。例如，富人相对于穷人可能会更幸福一些，但随着时间的流逝，当国家整体收入提高时，富人们并不会感到更幸福。

---

① "快乐水车"理论和"幸福悖论"[EB/OL].（2020-04-27）[2023-08-02]. https://zhuanlan.zhihu.com/p/136816333.

> 一些有趣的研究还表明，当人们的生理欲望被过度满足时，反而会产生不愉快的倾向。这也适用于监狱中的犯人，他们的生理欲望一旦过度满足，比如吃得过于丰盛，反而会变得更暴躁、更具攻击性。

二、人际交往及恋爱心理

> 人的一切烦恼，皆源于人际关系。
> ——阿德勒
>
> 人不能绝灭爱情，亦不可迷恋爱情。
> ——F. 培根
>
> 爱情不是花荫下的甜言，不是桃花源中的蜜语，不是轻绵的眼泪，更不是死硬的强迫，爱情是建立在共同语言的基础上的。
> ——莎士比亚

（一）人际关系的概念

人际关系是指在社会生活中，通过相互认知、情感互动和交往行为发展起来的人与人之间的相互关系，其可以反映人与人之间的心理距离。其中，认知、情感和交往行为是建立人际关系所不可或缺的成分。在人际交往过程中，认知起先行作用，人们通过对自己、对他人、对环境的认知来了解自己的人际关系情况。人际交往会带给人们不同的情绪体验，比如分享的快乐、陪伴的温暖、背叛的痛苦、失去的焦虑等。人与人不同，所以会出现不同的交往行为。此外，环境特征不同，交往行为也可能不同。上述三种成分是交互作用、互相影响的。

我们可以从四个层面来分析和理解人际关系。在个体心理过程的微观层面，人际关系是指人与人的相互作用关系，反映的是人与人之间的心理关系，表现为人与人之间的心理距离，反映人们寻求满足需要的心理状态。在社会关系层面，人际关系是一种交往的需要。通过与他人的互动，个体学习并内化社会规范和价值观。这种学习过程帮助个体更好地适应社会环境，遵守社会规则。在信息传播层面，人际关系是沟通或人际传播的构成过程。沟通是人际关系中最重要的一部分，也是人与人之间传递情感、态度、事实、信念和想法的过程，所以良好的沟通就是一种双向的沟通过程。在文化层面，人际关系从深层次反映了人类的文化积淀。

人际关系的建立和维护是个人能力的体现，需要经历一个不断打破自己的人际舒适圈的过程。所谓"舒适圈"就是个体在日常生活中所习惯的环境、行为和情境，通常是一种让人感到安逸、熟悉和不需要过多努力的状态。当人们处于舒适圈时，往往不愿意冒险、挑战自己或尝试新事物。

"舒适圈"这一概念源自心理学和个人发展领域，它强调了以下几点。

第一，舒适区域的局限性。虽然舒适圈让人感到安心，但它也可能阻碍个人的成长和进步。如果我们一直待在舒适圈，就无法探索新机会、学习新技能或面对挑战。

第二，拓展舒适圈的重要性。为了发展个人潜力，我们需要不断拓展自己的舒适圈。这可能包括尝试新的活动、学习新知识、与不同类型的人交往，甚至是追求一些看似不太可能实现的目标。

第三，平衡。虽然拓展舒适圈很重要，但也不应过度冒险或过于压力重重。在拓展舒适圈的过程中，平衡是关键，我们需要在舒适圈和个人成长之间找到合适的折中点。

缺乏自信的人，舒适圈通常很小，他们总是怕被拒绝，因此不愿主动走出去与人交往。对这种人来说，敢于冒险、勇于尝试没有十足把握的事情，就是踏出了自己的舒适圈。

（二）人际关系的发展阶段

人际关系的建立与发展，实际上是一个情感卷入和交往由浅入深的过程。在这个过程中，交往双方采用自我暴露的方式来增加相互的接纳性和信任感。通常自我暴露水平越高，表明人际关系交往水平越高。

根据交往双方的情感卷入水平、自我暴露水平的不同，奥尔特曼和泰勒提出，良好的人际关系的建立和发展需要经历定向阶段、情感探索阶段、情感交流阶段和稳定交往阶段。

1. 定向阶段

人际交往中，人们对交往的对象往往有很强的选择性。进入一个交往场合，人们往往会选择性地注意某些人，而对另外一些人视而不见或者只是礼貌性地打个招呼。对于注意到的对象，人们会进行初步的沟通，谈谈无关紧要的话题。这些活动就是定向阶段的任务。在这个阶段，人们只有表层的自我表露，如谈论自己的兴趣、专业、对最近发生的新闻事件的看法等。

2. 情感探索阶段

如果在定向阶段双方有好感，产生了继续交往的兴趣，那么就可能有进一步的自我表露，产生兴奋的体验、感受等，并开始探索在哪些方面双方可以进行更深的交往。这时，双方有一定程度的情感介入，但是还不会涉及私密性领域。在这一阶段，双方的交往还会受到角色规范、社会礼仪等方面的制约，比较正式。

3. 情感交流阶段

如果在情感探索阶段双方能够谈得来，建立了基本的信任感，就可能发展到情感交流阶段。在这一阶段，双方有比较深的情感介入，会谈论一些相对私密的问题，如相互诉说学习和生活中的烦恼、讨论个人感情状况等。这时，双方的关系已经超越了正式规范的限制，比较放松和自由，如果有不同的意见也能够坦诚相告。

4. 稳定交往阶段

情感交流如果能够在一段时间内稳定进行，人们就有可能进入关系更加密切的稳定交往阶段。在这一阶段，双方成为亲密的朋友，可以分享各自的生活空间、情感、财物等，自我表达内容更深更广，相互关心也更多。一般来说，能够达到这种境界的关系相当少，这也就是人们常说的"人生难得一知己，千古知音最难觅"。

（三）大学生人际交往的特点和困扰

1. 大学生人际交往的特点

大学生人际交往大都是在学习和生活基础上发展起来的，其主要形式有同学关系、师生关系、家庭关系等。大学生的性格日趋成熟稳重，其价值观、世界观基本成型，在很多问题上表现出独有的观点。因此，他们在人际交往中要求一种宽松自由的环境，在具体交往中表现出如下特点。

（1）交往的范围更加广泛

随着年龄的增长，生活空间的拓展，社会阅历的增加，大学生的人际交往与中学时相比，发生了质的变化，其自我意识逐渐成熟与发展，在精神上脱离了对父母或其他成人的依赖，主要是与新的同辈建立和谐的人际关系，因为同龄人之间有许多共同的心理特征，易于交流。

（2）交往的自主性更强

由于自我意识增强，大学生在人际交往中不愿顺从别人，而希望独立思考，在交往方式、交往内容与交往对象的选择上都更具独立性。他们在沟通交流中更喜欢展示独特的见解、个性和风格。

（3）交往内容更加丰富

大学生既参与校内学习活动，也参与校内或校外的各种社会实践活动；大学生的知识面不断扩大，既了解本专业知识，又广泛涉猎文学、艺术、政治、经济、文化、历史等各个方面的知识；大学生的交往形式更加多样。

(4) 交往的方式更加多元

随着科学技术的发展、新媒介的出现，大学生的交往方式不局限于面对面的交流，还可以通过微信、QQ等媒介交流，交往的方式更加立体多元。新媒介使大学生的人际交往更加方便，沟通更加迅捷，扩大了其人际交往的范围，提升了其人际交往的平等性、互动性和开放性。与此同时，也有一些人过度依赖网络世界，弱化了网络以外的人际关系，在现实生活中变得更孤独、更疏离，甚至现实生活中语言表达能力退化。大学生要学会正常使用网络进行人际交往，增加现实生活中的人际沟通与交往，避免产生网络依赖。

2. 大学生人际交往的困扰

人际交往涉及个体的个性特点、自我认识、对他人的了解、沟通技巧，以及沟通的情境和过程等，是一个复杂的心理活动过程。由于大学生对人际交往的理论和方法认识还不够，缺乏社会经验，因此常常在人际交往中感到困惑。从许多大学心理咨询机构对大学生寻求帮助的统计来看，人际交往问题居首位。大学生的人际交往困扰主要包括以下几点。

（1）自我认知误区

在人际交往中，自我是人际交往的发起者，在人际交往中起着重要的作用。有的大学生对自我缺乏深刻的理解和认识，在人际交往中缺乏自尊自信，影响了与他人的沟通与交往。有的大学生自我评价偏低，他们不能接纳自我，且因为自卑，对自我的认知产生偏差。他们看不到自己的优点，总认为自己一无是处。他们怕被别人看不起，或担心被别人拒绝，所以不敢主动和别人交往。

（2）对他人的知觉偏差

人际交往是交往双方的互动行为，因此除了知己，还要知彼，即不仅要正确地了解自己，还要正确地了解他人。如果不能正确地了解他人，就不可能与他人建立良好的人际关系。在人际交往中，一个人若存在猜疑、刻板印象和偏见，就常对他人产生误解，也会阻碍正常人际交往的进行。

猜疑是一种对别人言行的主观猜测，是对别人缺乏信任的表现。有些大学生在与人交往时，常常觉得别人的某些言行是针对自己的，认为别人是对自己有什么看法。当对别人有太多猜疑时，就会对其失去信任，不敢接近，更不可能向其真诚地分享内心活动，从而不能建立良好的人际关系。

在人际交往中，影响我们和他人建立友好关系的一个因素是凭个人对他人的主观印象去看人：对某人印象好，就愿意与之接近；对某人印象不好，则避而远之。一些大学生基于这个原因，朋友圈子很小，感觉很孤独。在心理学上，我们把这种凭印象对别人做判断的现象称为刻板印象。

偏见也是对他人不正确的认识态度。当我们对一个人有偏见时，就很难全面、客观地去评价他，从而被偏见误导，影响了人际交往。例如，如果刚上大一时因为与某同学发生了一点冲突，就认定那个同学不好相处，始终不愿与其交往，这就是偏见。一个人对别人抱有偏见时，是很难与其正常相处的。

(3) 对网络产生依赖性

有些大学生对网络产生了很强的依赖性，他们沉迷于虚幻的世界不能自拔，以至于荒废了学业、淡漠了友情和亲情。这些大学生对网络的依赖，是他们对自己不能在现实中建立良好的人际关系的一种过度心理补偿。他们往往在现实中希望别人理解自己，但同时又不愿主动与别人交往，他们封闭自我、内心孤独。而网络的开放性、虚拟性和隐蔽性等，能够满足他们渴望交流的内心需求。他们在网络中结识朋友，获得现实生活中无法得到的情感交流、尊重和满足感，而又避免了个人自尊受损的风险。在网络中，他们不必顾及自己的相貌、家境、学习成绩，仅根据话语来形成他人对自己的印象，也不需要过多的"面具"，可以自由真实地表达自己。这些人将大量时间和精力用于网络交往，渐渐地疏远了同学、老师、朋友和亲人，社会交往面变得更窄，与真实的人际关系更疏远，个人也由此产生焦虑、孤僻、压抑、冷淡等心理障碍，甚至导致荒废学业。因此，大学生应学会在现实生活中与人和谐交往，摆脱网络依赖。

> **知识窗**
>
> ### 六度分隔理论
>
> 六度分隔理论（six degrees of separation）认为世界上任何互不相识的两人，只需要很少的中间人就能够建立联系。哈佛大学心理学教授斯坦利·米尔格拉姆于1967年根据这个概念做过一次连锁信实验，试图证明平均只需要6步就可以联系任何两个互不相识的人。这种现象并不是说所有人之间的联系都必须经过6步达到，而是表达了这样一个重要的概念：在任何两个素不相识的人之间，通过一定的联系方式，总能产生必然联系。显然，由于联系方式和联系能力的不同，实现个人期望的机遇会有明显的区别。
>
> 这种现象有其数学解释：若每个人平均认识260人，其六度就是260人的6次方，即308915776000000人（约300万亿人）。消除一些节点重复，那也几乎覆盖了整个地球人口若干倍。虽然这个理论目前仍有一定的争议性，但它仍然在保险行业和直销行业得到了广泛应用。

（四）大学生恋爱心理过程

大学生恋爱心理过程一般分为萌芽期、发展期、稳定期三个阶段。

1. 萌芽期

萌芽期一般为大学一年级。大学一年级的学生刚经过高考的洗礼，一下子从升学压力中解脱出来，思想上暂时得以放松。同时，他们远离了父母的约束，也远离了自己熟悉的环境，面对全新的环境，孤独感油然而生。这时，异性对自己的关心、频繁的异性交往，就容易使得爱情萌芽。这种情况在大学里比较常见。此外，还有少数人在上大学前就已有相恋对象，他们升入大学后，无论是同校还是异校，都继续巩固和发展着他们的爱情。

2. 发展期

发展期一般为大学二、三年级。经过一年左右的大学生活，大学生褪去了刚上大学时的稚嫩、羞涩，再加上同学相互之间有了较为深入的了解，逐渐发展出深厚的友谊。友谊是一种表现为以情感为依恋的人际关系。在性生理与性心理的作用下，异性之间的友谊很容易上升为爱情。这样，在大学二、三年级，就出现了许多大学生恋人。大学生之间的恋情表现为同乡恋、班级恋等多种形式。据统计，在大学二、三年级谈恋爱的人数占大学生总恋爱人数的60%～70%。

3. 稳定期

稳定期一般为大学四年级。经过前期的不断磨合，大学生对待恋爱问题也变得更加成熟老练，对恋爱后需要面对的问题也更加现实与理智。因此，经过时间积淀后的恋情往往具有相对稳定性。这期间新确立的恋情也更可能带有功利色彩。这部分恋爱人数约占大学生总恋爱人数的10%～20%。

（五）大学生恋爱的常见误区

1. 恋爱目的误区

部分大学生谈恋爱以满足其对异性生理和心理的好奇心、追求性刺激、排解空虚寂寞情绪为目的。这是因为在校大学生正值青年前期，生理机能基本成熟，心理机能趋于成熟，对异性生理和心理的好奇心更加强烈。他们渴望与异性交往，进而体验恋爱所带来的新鲜刺激。另外，大学生活使部分没有明确理想和奋斗目标的大学生，没有了努力的方向，感到生活枯燥乏味，也使部分独立性、自制力和人际关系适应性较差的大学生感到孤独、空虚。

2. 恋爱态度的误区

受社会上某些不健康思想和不正确观念如"毕业之后难以找到如意的伴侣""要利用大学生活获得谈恋爱的第一手经验"等影响,一些大学生要么把谈恋爱看作满足性需要的工具,要么把谈恋爱作为满足其虚荣心、获得恋爱第一手经验的途径,恋爱态度过于随意、急躁和轻率。

3. 恋爱对象选择误区

在选择恋爱对象时,一般要考虑双方的匹配性,这样才能保证爱情的稳定。但有的大学生在选择恋爱对象时,仅考虑外貌、经济条件等外部因素,而未考虑双方的心理、社会等因素的匹配性。这样的爱情是很难长久的。有的大学生因为在现实中难以找到合适的恋人,就转向网络,甚至长期以网恋为恋爱的途径。虽然这样的恋爱给人一种时尚、神秘、浪漫的感觉,但其结果往往也是最糟糕的。

4. 恋爱行为误区

部分大学生在公共场合发生过分亲密的行为,这对校园秩序有着不良影响。有些大学生情侣甚至不顾及自己的实际经济条件,在校外租房来维持同居关系。还有的大学生为了显示其"实力",不惜损害对方的感情,脚踩两只或者多只"船",既玩弄了别人的感情也亵渎了自己的心灵。

(六)爱情理论

1. 罗宾的"爱情三体验"

心理学家罗宾试图对爱情进行测量。他把人们的爱情定义为三种基本体验:一是依恋,即我们愿意和另外一个人长期在一起;二是关心,即我们想像照顾自己一样照顾另外一个人,满足对方的需求,希望对方幸福;三是亲近,即我们愿意和另外一个人分享感情、欲望、思想和各种身心体验。

根据这种定义,罗宾开发了一种测量量表来评价我们对特定个体(也就是意中人)的态度——我们到底是喜欢(like)这个人,还是爱(love)这个人?两者在罗宾的测量量表上的得分是不一样的。

2. 哈特菲尔德的"两种爱情"

哈特菲尔德认为人类有两种爱情,一种是共情之爱,另一种是激情之爱。共情之爱指的是一种相互尊重、依恋、信任和喜爱的感情,通常建立在相互理解、相互尊重的基础之上。激情之爱指的是一种强烈的情感（包括强烈的性吸引）、坐立不安的焦虑和行动的热情。当这些情感得到积极回应的时候，人们会觉得特别快乐和满足；而当它们没有得到回应时，人们会感到悲伤、失落和痛苦。哈特菲尔德认为，激情之爱延续的时间通常为六个月到三十个月，其产生需要三个要素，即文化期望、鼓励人们相爱，遇到了理想中的爱人，能够体验到一种强烈的身心冲动。

理想的爱情当然应该是由激情之爱变为共情之爱，因为后者更加持久和幸福。哈特菲尔德认为，虽然大家都希望自己的感情生活永远具有强烈的激情之爱和稳定的共情之爱，但这样的愿望一般难以实现。

3. 约翰的"爱情的颜色理论"

1973年，加拿大心理学家约翰在其出版的著作《爱的颜色》中，将爱情比作色谱图。他认为，就像颜色有"三原色"一样，"爱的风格"也由三个要素组成。

一是情欲之爱，即爱的是一个理想的人，它是一种美化对方的、有强烈的罗曼蒂克和激情体验的爱。

二是游戏之爱，即爱就像一场游戏，并没有多少真实的情感投入，看重的是过程，而不是结果，而且经常更换对象。

三是友谊之爱，即爱就是一种更深层次的友谊。最常见的就是青梅竹马的感情，这是一种细水长流、稳定而温馨的爱。

约翰认为，就像"三原色"的结合能够产生其他颜色一样，爱的三种基本风格也能产生一些组合，并由此提出三种次要的"爱的风格"。

第一种是依附之爱。它是情欲之爱和游戏之爱的结合，代表的是一种依恋之情。这是一种非常强大的爱。

第二种是现实之爱。它是游戏之爱和友谊之爱的结合，代表的是一种现实且实用的爱情。人们通常会考虑对方的现实条件，以期增加自己的回报，减少付出的成本。

第三种是利他之爱。它是情欲之爱和友谊之爱的结合，是带有牺牲和奉献精神、不求对方回报的无私之爱。

4. 斯腾伯格的"爱情三角理论"

当然，在心理学中，最重要也是最有影响的爱情理论，还是斯腾伯格的"爱情三角理论"。他认为，爱情包括三种成分，即亲密、激情和承诺。这三种爱情成分相结合，产生了不同类型的爱。

亲密是指伴侣之间心灵相近、互相结合、互相归属、互相热爱的一种以情感为主的体验。激情是指强烈渴望与伴侣结合，促使关系变得浪漫，其源自外在的吸引以及内在性的需求。承诺可分为短期和长期关系。短期的关系是决定去爱一个人，长期的关系是对两人之间的亲密关系所做的一种持续的承诺。

随着认识时间的增加及相处方式的改变，上述三种成分会发生不同程度的改变。根据斯腾伯格的理论，这三种成分又可以组成七种不同的爱情关系（见图1-1）：单纯亲密的喜欢；只有承诺的空洞的爱；单一激情的迷恋；包括亲密和激情的浪漫的爱；包括亲密和承诺的同伴的爱；包括激情和承诺的愚蠢的爱；三种成分共聚在一个关系中的完美的爱情。除这几种之外，还有一种无爱，其不包括三种成分中的任意一种。

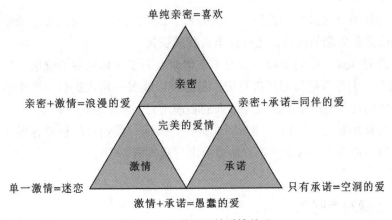

图1-1 七种不同的爱情关系

积极心理学家对于爱的问题也相当关注。大量心理学研究证明，爱情不仅是一种情绪体验，而且和饥饿感、性欲望、求生本能一样，是我们人类最原始的生存本能。一个心中有爱的人，往往更加善良；相反，一个心中充满仇恨的人，往往更加恶毒。如果我们连最基本的爱情都没有体验过，也就很难自然产生对家人、他人、社会和国家的爱。

相关脑科学研究发现，人类由于爱情而产生的生理和心理反应与由于性欲望而产生的反应是不同的。心理学家海伦·费舍尔在其著作《为什么我们相爱？》（*Why We Love*?）中提出，爱可能由三种不同的欲望组成：一是性欲；二是爱情；三是依恋。这三种不同的欲望在人类的大脑对应不同的区域，会产生不同的神经化学反应。

费舍尔认为，在这三种欲望之中，最重要和最有价值的不是性欲，而是爱情。很少有人会为性而死，但是在人类漫长的文明历史中有很多人为爱而生、为爱而死。

（七）从失恋中站起来

爱情是甜蜜的，但就像月有阴晴圆缺，爱情也有分有合。突然与昨日的恋人形同陌路，伤心是很正常的，但大学生要注意避免陷入以下情绪旋涡。一是自卑。失恋会打击人的自信，让人对自我价值的认知急剧下降，容易否定自我，陷入自怨自艾甚至自暴自弃的状态。二是报复。有的人抱着一种"我得不到的别人也别想得到"的错误认知，在情绪过激时失去理智，产生报复心理，做出一些过激的行为，伤害他人也伤害自己。三

是迷茫。热恋中的人常把爱情视为生命的全部，将恋爱看得至高无上，突然从幸福的巅峰跌入谷底，迷茫的情绪自然就乘虚而入。有的人甚至因为失恋而把学业和前途抛到脑后，找不到人生的价值和目标。

失恋后感到痛苦是人之常情，也是可以理解的。但是，长期沉浸于失恋的负面情绪，会对身心健康造成影响。因此，要尽快从失恋中站起来，恢复平稳的心态。走出失恋阴影可以尝试以下方法。

首先，冷静地分析失恋的原因。自我分析、反省或与朋友讨论失恋的原因，这不但可以帮助自己摆脱失恋的苦恼，还有助于自我成长。

其次，及时排解心中的烦闷。宣泄不良情绪有利于个体的身心健康。失恋时可以找亲朋好友倾诉，也可以把伤痛写进日记，甚至可以痛哭一场或进行一些剧烈但安全的运动。恰当的情绪宣泄有助于消除失恋带来的心理压力，恢复心理平衡。

最后，转移注意力。可以主动与朋友聚会，参加一些愉快的活动，置身于欢乐的环境；也可以努力把精力投入学业等，从中寻求自我价值。

（八）正确对待网恋

网恋在大学生中比较常见。大学校园充满浪漫气息，许多大学生追求新潮与刺激，加上学校的现代化教育设施日益普及，图书馆、机房、宿舍、教室都可以方便地上网。这些主客观条件都在把校园变成网恋的"温床"。

有人认为现实生活中的爱情有太多遗憾和缺陷，过于功利和沉重，要考虑经济、外表、学历等现实因素，而网恋则是一种纯粹的精神上的交流和慰藉，因与现实无关而更能打动心灵；有人认为，网恋很单纯，柏拉图式的恋爱很轻松；还有人认为，身边同学都在网恋，没网恋过会被认为老土，反正闲着也是闲着，体验一下也无妨。

实际上，网恋是一把双刃剑，人们既能从中得到快乐，也可能受到欺骗和作弄。网恋是虚幻的，因虚幻而不安全；网恋是自由的，因自由而偏激。网恋占用大学生大量时间，他们在与网络中的恋人愈走愈近的同时，也与教师、同学越走越远。因此，大学生应妥善利用网络这一交流工具，可以乐在其中，并从中有所收获，但不能以其代替生活，使其成为生活的全部。

三、常见的心理障碍

德国存在主义哲学家、神学家、精神病学家卡尔·西奥多·雅斯贝尔斯说过，极端是了解常态的钥匙。心理健康与心理障碍构成了人类心理世界的两极，但这两极并非完全对立、孤立的，而是形成了一个"连续谱"。绝对的持续的心理健康，似乎带有理想化意味。一个人一辈子心理上什么毛病也没有出现，就如同一辈子都不患任何躯体疾病一样，这种情况即使不是不可能，也是十分罕见的。大多数人都在这个"连续谱"不同的位置、状态之间摆动，时程有长有短，程度有轻有重。对于心理障碍的羞耻感常常导致人们的歧视和偏见。实际上，人们既不应随便给自己和他人贴心理障碍的标签，也不能讳疾忌医，而应以科学的态度对待它。

（一）心理障碍概述

人们对于什么是心理障碍、心理障碍有哪些种类、心理障碍出现的原因等容易产生一些模糊的认知和不正确的理解，从而导致误解和歧视，因此在这里有必要进行一些基本的解释和澄清。

心理障碍又称"精神障碍"，指所有够得上诊断标准的心理方面的疾病。在这里，"疾病"和"障碍"有类似的含义，只是疾病是指病因、病理机制、临床表现、治疗和预后都比较清楚，人们对心理障碍的很多理解还停留在假设层面，所以用"障碍"比"疾病"更合适。精神病是指心理障碍中那些重型障碍，其只占心理障碍的一小部分（约10%）。人们平时所说的"神经病""疯子"通常指的也是精神病，但医学领域的"神经病"是指神经系统方面的疾病。

轻型心理障碍是指除了精神病之外的那些心理障碍，包括神经症、人格障碍、适应障碍、情感障碍、进食障碍等，它们占心理障碍的绝大部分（90%）。需要注意的是，人们常说的"心理变态""心理异常"并不是专业的诊断用语。有学者认为，一个人心理正常的标准包括主观世界与客观世界的统一、心理活动的内在协调、人格的相对稳定等。

精神科医生或精神病专业机构的服务对象不仅包括精神病患者，还包括所有具有心理健康问题的人。心理健康问题是一种口语化的表达。在成长过程中，每个人多多少少都会出现一定的心理健康问题——或是对自我、世界的认识过于偏激，或是面对压力时采取不恰当的应对方式——只是每个人的表现和程度存在一定的差异。心理健康问题并不等同于心理障碍。

> **知识窗**
>
> **"自恋"一词的来源**
>
> "自恋"一词在英文中为 narcissism。这个词语来自一个凄美的古希腊神话：美少年纳西斯（Narcissus）在水中看到了自己的倒影，便爱上了自己，每天茶饭不思，最终憔悴而死，后来变成了一朵花，后人称之为水仙花。精神病学家、临床心理学家借用这个词描绘一个人爱上自己的现象。

（二）常见心理障碍的种类与表现

根据世界卫生组织的报告，截至2019年，全球近10亿人患有精神健康疾病。精神障碍是造成残疾的主要原因，而患有严重精神障碍的人平均比一般人群早死10~20年，这主要由本可预防的身体疾病所致。根据最近的研究数据，中国的心理健康问题日益受到关注。截至2019年，中国约有2.5亿人患有心理健康障碍。这些障碍包括焦虑症、抑郁症和其他情绪障碍。具体而言，焦虑症的患病率最高，达到7.6%，而抑郁症的患病率为7.4%。此外，精神残疾人口约占总残疾人口的10%。[①]《中国国民心理健康发展报告（2021~2022）》指出，在成年人群中，青年为抑郁的高风险群体，18~24岁年龄组的抑郁风险检出率高达24.1%，显著高于其他年龄组。

1. 神经症

神经症是一组主要表现为持久的精神痛苦、焦虑、恐惧、强迫、疑病、神经衰弱和抑郁症状的心理障碍的总称。在大学生中，比较常见的神经症有焦虑症、恐惧症、强迫症及神经衰弱症。

（1）焦虑症

焦虑症有两种主要的临床形式，即惊恐障碍和广泛性焦虑。其中，惊恐障碍以反复出现的惊恐发作为原发和主要临床症状，并伴有持续担心再次发作或发生严重后果的焦虑障碍；广泛性焦虑一般为没有明确客观对象和具体内容的提心吊胆和恐惧不安。除焦虑情绪外，患者有时还有显著的自主神经症状，如头晕、心悸、胸闷、口干、尿频、出汗、震颤等。此外，患者还可能出现肌肉紧张以及运动性不安等症状。焦虑症是原发的，患者的焦虑情绪并非由实际的威胁所致，其紧张、惊恐的程度一般与现实处境不相称，患者常为此感到痛苦。

> **案例**
>
> 马某，女，自述大一某天晚自习时，脑海里突然出现一个景象，就是旁边的同学看了她一眼，然后她就进入了特别恐慌的状态。这种强烈的紧张状态大概持续了一年。在此期间她不愿意上学，因为在学校会很紧张，而在家里则比较放松。第二年春天她突然就好了，她将此形容为"就像顿悟了一样"，虽然不知道自己悟到了什么。大二时，她难以确定是选修计算机还是选修英语，在最

---

① 全球近10亿人患有精神障碍[EB/OL].（2022-07-06）[2024-08-02]. https://mp.weixin.qq.com/s?__biz=MjM5NzU4OTM0MQ==&mid=2651076112&idx=1&sn=e8f411b0939310d3e0aecfe5cbc8274d&chksm=bd272e228a50a7349 d28b71404ef8acd7214332596102a9814ff31dd51e959386d9215f61c36&scene=27.

终选了英语之后不知道为什么突然特别焦虑。考试时别人先知道成绩了，她也特别紧张，但不知道为什么，好像也不是怕自己过不了，就是特别焦虑。之后，她到医院接受药物治疗，在大学三、四年级，虽然偶尔还是会紧张、焦虑，但症状轻了很多。她的病情在工作后又有些反复，时好时坏，经常处于严重的焦虑、恐慌之中，整个人很痛苦。

（2）恐惧症

恐惧症是以对特殊物体、活动或情境产生持续的恐惧为特征的一种焦虑障碍。恐惧症的共同特征包括以下几点：一是某种客体或情境常引起个体强烈的恐惧感；二是恐惧时常伴有明显的自主神经症状，如头晕、昏迷、心悸、心慌、战栗、出汗等；三是对恐惧的客体和情境极力回避；四是知道这种恐惧是过分的或不必要的，但不能控制；五是在预计可能会遇到恐惧的客体或情境时便感到紧张不安，即预期焦虑。恐惧症常见的临床类型有三种，即广场恐惧症、社交恐惧症和单纯恐惧症。

案例

小洁刚走进咨询室时不敢说话。咨询师和她交谈，她也不能很好地回应。经咨询师多次开导，她才慢慢道出内心的苦闷。她认为自己是个怪人，两年多来从不主动与人讲话，与人讲话时不敢直视对方，眼睛躲闪，像做了亏心事一样，一说话脸就发烫，低头盯住脚尖，心怦怦跳，并感觉全身都在发抖。她不愿与班上同学接触，觉得别人讨厌自己，其中最怕接触男生，男生出现时会更加不知所措。对教师也害怕，上课时，只有教师背对学生时，她才不紧张。只要教师面对学生，她就不敢朝黑板方向看。因为过于紧张和害怕，她很多时候完全没听到教师所讲的内容。更糟糕的是，现在在亲友、邻居面前说话也不自然了。由于这些"毛病"，她极少去社交场所，也很少与人接触。她看了不少心理学科普图书，试图按社交技巧指导自己，用理智说服自己，用意志控制自己，但作用不大。她跟咨询师哭诉这个怪毛病严重影响了她各方面的发展——学习成绩下降，交往失败，同学们说她清高。眼看就要毕业了，这样下去怎样适应社会呢？

（3）强迫症

强迫症是指患者在主观上感到某种不可抗的被迫无奈的观念、情绪、意向或行为存在。患有强迫症的人，明知某种行为或观念不合理却无法摆脱，因而感到非常痛苦。强迫症主要表现为强迫观念和强迫行为两个方面。此外，强迫症患者的智力水平正常或一般较好，平时比较安静，好思考，儿时受到家庭严厉管束较多，他们可能在面对某些突发事件时急性发病，也可能在长期过分紧张疲劳状态下缓慢起病。大约2/3的患者属于后者，病程相对较长，病状时轻时重。

> **案例**
>
> 小王今年22岁，是个帅气的小伙子。他今年刚上大三，但不得不因为强迫症休学。他认为到处都是狂犬病毒，不敢用手碰任何东西，包括他自己的身体。倘若一只狗从他前面走过，他会吓得浑身发抖。之前每天洗澡要用3~5小时。他也不想洗，但无法控制自己的恐惧，每天都在洗。但这段时间他不洗了，因为他觉得水里也会有狂犬病毒。于是在很热的时候，他也不敢洗澡，身上很快臭得他自己也受不了了。为了避免出汗，他躺在床上一动不动。他天天想着去打狂犬病疫苗，只有打了狂犬病疫苗才觉得有了些许安全感。他上网总是去查有关狂犬病的知识，去书店也是翻看有关狂犬病的书。在家他不洗脸，不洗脚，睡觉时要父母为他脱鞋，如厕时要在马桶上垫厚厚的卫生纸，然后让父母为他擦屁股。他觉得自己活得不像个人，为自己悲哀，也时常对家人发火。

（4）神经衰弱症

神经衰弱症是由于长期的紧张和压力所造成的精神易兴奋和脑力易疲劳的现象，常伴有情绪烦扰、易怒、易发脾气、睡眠障碍、记忆力减退、肌肉疼痛等症状。

目前医学界认为神经衰弱症多与抑郁、焦虑情绪有关。当上述症状出现并持续，以致影响学习及日常生活时，应及时去心理卫生机构进行专业诊断和治疗。心理咨询、心理治疗和体育锻炼等，都能够帮助个体改善紧张状态、缓解精神压力。必要时可以服用抗抑郁药及抗焦虑药。

2. 情感障碍

情感障碍是由各种原因引起的，以显著且持久的心境或情感改变为主的一组疾病。情感障碍可显著影响社会功能，具有反复发作的倾向。常见的情感障碍有抑郁症、躁狂症和双向情感障碍。下面简要介绍前两种。

（1）抑郁症

抑郁症是一种离我们很近的心理疾病。在古代，人们将抑郁症称为"郁症"。在西方国家，抑郁症常常被称为"情绪感冒"，认为抑郁症与伤风感冒一样，是一种常见的心理障碍。据世界卫生组织统计，抑郁症已成为世界第四大疾病，全球超过3.5亿人正在饱受该疾病的困扰。《2022国民抑郁症蓝皮书》相关数据显示，2022年中国有9500万抑郁症患者，这意味着每14个人中就有1位抑郁症患者。[①]青少年是抑郁症的"重灾区"，18岁

---

① 剑桥团队首次证实：每周2.5小时的快步走可以大幅降低抑郁症风险[EB/OL].（2022-04-26）[2024-08-02].https://www.chinacdc.cn/gwxx/202204/t20220426_258619.html.

以下抑郁症患者占总患病人数的30%，其中一半是在校学生。抑郁症的发病群体呈年轻化趋势，青少年心理健康需要引起社会重视。从性别、年龄、地域等维度看，抑郁症还存在以下特点。一是女性患病率高于男性。抑郁症患者中，女性占比为68%。二是发病率随年龄的增加而增长。55~74岁的男性抑郁症患病率超过5.5%，这一年龄段的女性抑郁症患病率超过7.5%。其中，60~64岁女性为高危人群，抑郁症患病率接近8%。三是低收入国家或地区的患病率高于其他国家或地区。

如果出现严重的睡眠障碍，特别是早醒，也就是睡眠的最后一次觉醒时间明显提前，须引起警惕。患有严重的慢性疾病如心脏病、中风、糖尿病、阿尔茨海默病等，出现抑郁症的可能性较大，抑郁症也可能是这些严重疾病的前兆。在抑郁症其他症状出现之前，患者常常会有食欲不振、沉默少语、失眠、性格行为改变等表现。

案例

> 小赵，大一时远离家乡和父母独自来到大学。刚进大学时，她感觉所有事物都很新鲜，但又觉得难以适应。此后，她做很多事情都觉得困难，上课时也无法集中注意力，成绩总是排在班上的后几名。之后，她渐渐觉得大学生活和学习没什么意思，对各种活动都失去了兴趣，有孤独感、无助感、无依靠感，不愿与人交流，也不愿参加任何集体活动，整天待在宿舍，也不跟舍友说话，只是独自躺在床上听音乐，或者自卑自怜、以泪洗面。她时常感到头晕头痛，终日精神抑郁，或闷闷不乐，或长吁短叹，情绪极为低落。

（2）躁狂症

躁狂症是以明显而持久的心境高涨为主的情感性精神障碍。其典型的临床症状主要是情感高涨、思维奔逸和活动增多。与我们常说的喜悦、兴奋不同，躁狂症患者的情感高涨、活动增多，与既往的性格、行为模式有很大差异，甚至不符合社会日常规范，影响患者的日常生活。躁狂症根据发作的持续时间和强度，可以分为轻度躁狂症和重度躁狂症。与抑郁症不同，躁狂症发作时患者有攻击他人的可能性。

3. 人格障碍

人格障碍常常开始于个体的童年或青少年时期，并一直持续到成年。人格障碍患者的人格显著且持久地偏离了社会文化环境应有的范围，从而形成与众不同的行为模式。这一异常行为模式是持久的、固定的、泛化的。人格障碍主要表现为情感和行为的异常，个性上有情绪不稳、自制力差、与人合作能力和自我超越能力差等特征，但其意识状态、智力均无明显缺陷。人格障碍患者对自身人格缺陷常无自知之明，难以从失败中吸取教训，屡犯同样的错误，因而在人际交往、职业和感情生活中常常受挫。人格障碍患者一般能应付日常工作和生活，能理解自己行为的后果，也能在一定程度上理解社会对其行为的评价，因此常常感到痛苦。

常见的人格障碍可以分为偏执型、分裂型、反社会型、社交紊乱型、情绪不稳型（包括冲动型和边缘型）、表演型、强迫型、焦虑型、依赖型等。

4. 性心理障碍

性是人类最重要的生存本能之一，性心理及性行为的表现形式丰富。医学范畴的性心理障碍，是指两性行为的心理和行为明显偏离正常，并以这类性偏离作为性兴奋、性满足的主要或唯一方式。除此之外，与性无关的精神活动并无其他明显异常。性心理障碍的特征是，不会引起常人性兴奋的某些物体或情境对患者却有强烈的性兴奋作用，从而在不同程度上干扰了患者正常的性行为方式。

5. 进食障碍

进食是人类赖以生存的基本生理需要之一，健康的饮食行为是满足人的食欲、保持身体健康的基础。进食障碍多见于青少年女性，这些患者往往存在某些个性弱点，如过分依赖、过分追求完美、处理心理冲突能力较差等，或面临不同的家庭问题；发病前往往有某些难以解决的生活事件，情绪深受影响；患者常常采取不恰当的进食行为缓解内心压力和矛盾。

6. 睡眠障碍

睡眠障碍包括失眠、嗜睡、睡眠-觉醒节律障碍、睡行症、夜惊、梦魇等。其中最常见的是失眠。很多人在生活的某个阶段都出现过失眠的现象。引起失眠的原因有许多，最常见的有以下几点：一是急性应激，如过分兴奋、精神紧张、身体不适、睡眠环境改变等；二是药物引起的失眠，咖啡因、茶碱、可卡因等兴奋性药物可引起失眠；三是心理性失眠，即过分担心自己入睡困难，以致思虑过多或焦虑烦恼，试图入睡或醒来再睡时的沮丧、愤怒和焦虑情绪导致难以入眠；四是心理障碍，抑郁症、焦虑症患者常伴有入睡困难、早醒等症状。

7. 网络成瘾

在信息社会中，互联网给人们的学习、工作和生活带来了诸多便利，但与此同时，互联网的发展也带来了一些社会问题。青少年在网络环境中容易受到伤害。其中，网络成瘾对青少年心理健康造成很大的威胁。

网络成瘾也称互联网游戏障碍，是指由于过度使用网络而导致明显的社会、心理损害。我国于2008年出台了《网络成瘾临床诊断标准》，为临床医学在网络成瘾的预防、诊断、治疗及进一步研究提供依据。网络成瘾已经被世界卫生组织列入精神疾病范畴。这反映了社会对网络成瘾问题的关注，并希望借此引起更多的重视，特别是对于青少年过度依赖网络的问题。美国精神病学学会在2013年发布的《精神疾病诊断与统计手册》(DSM-5)中，虽然最初没有将网络成瘾列为正式的诊断，但引入了"互联网游戏障碍"这一概念，标志着网络成瘾问题得到了全球精神健康领域的正式认可。

(三) 心理障碍的应对措施

心理障碍并非不可治愈。由于对疾病本质认识不够深入，社会公众对心理障碍患者存在一定的偏见和歧视，并持排斥态度，这让心理障碍患者产生了一种羞耻感。这种羞耻感使得心理障碍患者及其家人倾向于掩盖症状，不愿公开病情，不愿就医，错失早期的诊治机会，严重影响疾病的治疗。

对于一部分缺乏自知力的心理障碍患者而言，很多心理障碍都是由早期的烦恼、情绪不佳逐渐发展而来的，因此在初期学会自我调节，对于延缓、遏制疾病进展十分有效。

1. 认识心理障碍

有的人发现自己长期处于焦虑、抑郁状态，或确诊患有抑郁症、强迫症等心理障碍后，害怕别人歧视自己，或惧怕自己"大难临头、患上绝症"等。这种消极的想法只会加重烦恼。对于抑郁症、强迫症，目前有多种药物和心理治疗方法，不必过于恐慌。有些人常以为自己的病情最重、痛苦最多，以致痛苦感增加。正所谓"多虑源于少知"，详细了解所患疾病的性质、原因、表现、治疗方式，更多地接触病友，对疾病有客观的认识，痛苦感也会相应减轻。

2. 接纳心理障碍

当出现焦虑、抑郁、强迫等负性体验时，个体要试图接纳自身的心理障碍。在抑郁—恐惧—焦虑的恶性循环中，对于负性体验的消极评价（如"我不应如此""这样下去，学习、生活一团糟，什么都干不了，我会成为家人的负担""我要控制它"）通常会导致个体的注意力过分集中在症状上，进而使得个体对症状的感受性增强，痛苦感加重。了解自己的心理状态（如"最近情绪差，总高兴不起来、烦躁"），了解出现这些负面情绪的原因（如"仔细回想一下，应该是从2个月前失恋开始的"），认识到情绪的必然性和过程性，接纳自己的烦恼状态（如"失恋了必然伤心，强颜欢笑做不出来，谁没失恋过呢？这一刻我也许是世界上最伤心的人，但不至于一辈子都是"），将注意力放在自己感兴趣的事情上（如看看电影、听听音乐、找朋友倾诉），学会与烦恼相处，把它视作一个伙伴、一个成长的标记。

3. 积极求治

由于未能以正确心态对待心理障碍，部分患者不能及时就诊，从而导致病情迁延。我们应该明白，"讳疾忌医"不是好办法，必要的求助才是强者的选择。人不可能一生都

不患病,更不可能永远没有烦恼。一个心理健康的人,并不是没有烦恼,而是有多样的解决烦恼的方法。每个人都有许多解决烦恼的方法,但解决烦恼的能力不是天生就有的,而是在后天逐渐习得的。人们习惯"有泪不轻弹",认为这是强者的表现,殊不知人无完人,肯承认、接纳自己的缺点,在必要时积极地求助亲朋好友、教师、专业医生等,更是强者的行为。

四、大学生情绪管理

> 能控制好自己情绪的人,比能拿下一座城池的将军更伟大。
> ——拿破仑
>
> 真正的快乐,是对生活乐观,对工作愉快,对事业兴奋。
> ——爱因斯坦
>
> 如果我们能左右自己的思想,就能够控制我们的情感。
> ——克莱门特·斯通

人们对于"情绪"一词,感到既熟悉又陌生。作为社会人,我们每时每刻都处在一定的情绪状态下,或平静或激动,或愉快或愤怒……因此,我们有资格谈论情绪。然而,情绪又是人类最复杂的心理现象之一,常常令人琢磨不透。大学生正处于人生发展的黄金时期、心理成长的重要时期,思维活跃,充满激情,情绪特征鲜明,在生活中经常会因为各种事情而情绪起伏,面临的问题也更加多样化。因此,这里将带大家探索情绪世界的奥秘,掀开情绪的面纱,寻找调节情绪的有效方法,以生活得更健康、快乐。

(一)情绪概述

人们观看扣人心弦的体育比赛时会感到兴奋和紧张,失去亲人时会感到痛苦和悲伤,完成一项任务或工作后会感到喜悦和轻松,遭受挫折时会感到悲观和沮丧,遭遇危险时会感到恐惧,面对挑衅时会感到按捺不住的愤怒,工作不称心时会感到不满,美好的期望落空时会感到失落,面临紧迫的任务时会感到焦虑……这些不同的感受就是我们通常所说的情绪。

情绪是一种多形式、多水平、多功能的复杂心理过程。从形式上看,情绪既具有独特的主观体验,又具有鲜明的客观表现;既可以以心理状态的形式构成其他心理活动的背景,又可以以心理特质的形式蕴含于人格结构之中。从水平结构上看,情绪既是脑的各级水平(包括大脑皮层、边缘系统、丘脑、内分泌系统、自主神经系统和骨骼肌)整合活动的结果，又是特定情境与人的需要的关系的评价产物。这种评价是各种认知水平（包括感知、记忆、思维、意识和潜意识）整合活动的结果。当个体的需求得到满足时，会产生积极情绪；当个体的需求未得到满足时，则会产生消极情绪。从功能上看，情绪既具有适用性和有用性，又具有动机性和组织性，还具有交际功能和社会化功能。

面对如此复杂的情绪现象，心理学家通过多年的研究，逐渐理出了头绪，将情绪的结构归纳为以下三种不可分割的成分：主观体验，生理激起（也称生理唤起），外显行为。完整的情绪活动由这三种成分的共同活动构成。换句话说，就是任何单一的成分都不足以构成情绪，只有当这三种成分整合在一起时，情绪才产生。例如，一个人佯装开心时，他只有开心的外显行为，而没有内在的主观体验和生理激起，因而就称不上真正的情绪体验过程。同时，在情绪活动中，这三种成分以反馈的方式相互影响或循环往复地相互作用，彼此间相互加强或减弱、相互补充或改变。

综上所述，可以给情绪下这样一个定义：情绪是一种由客观现实与人的需要相互作用而产生的包含主观体验、生理激起和外显行为三种成分的整合性心理过程。

> **知识窗**
>
> **爱地巴跑圈**[①]
>
> 　　在古老的西藏，有一个叫爱地巴的人。每次生气和人起争执的时候，他就以很快的速度跑回家，绕着自己的房子和土地跑3圈，然后坐在田地边喘气。爱地巴工作非常努力，他的房子越来越大，土地也越来越广，但不管房子和土地有多大，只要与人生气争论，他还是会绕着房子和土地跑3圈。爱地巴为何每次生气都要绕着房子和土地跑3圈？认识他的人经常感到疑惑，但是不管怎么问，爱地巴都不愿说明。
>
> 　　直到有一天，爱地巴很老了，他的房子和土地已经非常大了。他又生气了，拄着拐杖绕房子行走。等他好不容易走完3圈，太阳都下山了。他的孙子在身边求他："阿公，您年纪已经大了，这附近也没有人的房子和土地比您的更大，不能再像从前那样一生气就绕着跑啊！您可不可以告诉我，为什么一生气就要绕着房子和土地跑3圈？"
>
> 　　爱地巴禁不住孙子恳求，终于说出了隐藏在心中多年的秘密。他说："年轻时，我和人吵架争论、生气，就绕房子和土地跑3圈，边跑边想，'我的房子这么小，土地这么小，哪有时间、哪有资格去和人家生气'。一想到这个，气就消了，于是把所有时间都用来努力工作。"孙子问："阿公，您年纪大了，又成了最富有的人，为什么还要绕着房子和土地跑？"爱地巴笑着说："我现在还是会生气，生气时绕房子和土地走3圈，边走边想，'我的房子这么大，土地这么多，又何必与人计较'。一想到这个，气就消了。"

[①] 爱地巴跑圈[EB/OL].（2017-04-16）[2024-08-02]. https://www.sohu.com/a/134411817_488491.

（二）大学生的情绪特点与情绪困扰

大学生正处于青年期，具有青年人共有的情绪特点和情感特征；同时，由于大学生群体独特的社会地位、知识水平、成长经历，其情绪和情感又具有鲜明的特点。

1. 大学生的情绪特点

（1）情感丰富

随着社会交往范围的扩大、社会化水平的提高，大学生自我认知的内容越来越丰富。从自我意识的发展来看，大学生出现较多的自我体验，不仅限于对个人禀赋、体魄的自我认知，还发展为对个人地位、名望、个性特征、智能水平、道德水准等方面的自我认知，自我尊重的需要强烈，也就相应产生了多种情绪体验，如自满、自信、自大、自负、自傲、自惭、自卑、自怯等。大学生的社交更细腻、更复杂，他们对友谊有了更深层次的理解，有的大学生还开始体验一种更为突出的情感活动——恋爱，而恋爱活动往往伴随着深刻的情感体验，这种特殊的体验对大学生有十分重要的影响。

（2）体验强烈

美国心理学家霍尔称青年期为疾风怒涛般的时期。大学生的情绪具有强烈性、爆发性和易激动性，即冲动性比较强。同样的刺激情境，对于成年人来说，可能不会引起明显的情绪反应，却能引起大学生较强烈的情绪体验。大学生的情绪反应比较强烈，表现为对外部刺激反应迅速敏锐，喜怒哀乐都表现得比较明显，比如高兴时手舞足蹈、气愤时暴跳如雷、消沉时无精打采。同时，大学生情绪起伏波动较多。

（3）情绪延续

大学生的情绪活动不仅受客观事物的现实性作用影响，还受客观事物的痕迹性作用影响。其情绪活动一旦被激发，即使刺激消失，余波还会持续相当长的时间，即构成某种心境。大学生在某一方面得到满足的快乐情绪会延续较长的时间，成为良好的心境；在某一方面由挫折或失败引起的不快或苦恼的情绪也会延续较长的时间，成为不良的心境。心境的产生是大学生在情绪发展上区别于以往的一个显著标志，它表明大学生的情绪活动不仅可以针对某一特定客体而产生，还可以在事过境迁之后，由于大脑中所留下的刺激痕迹的作用，非针对性地指向任何事物。由于心境延续的时间较长，因此其不仅会影响人际关系，还会影响身心健康。

（4）敏感性强

大学生的自尊需求普遍比较强烈，这是因为他们普遍对自己期望、要求较高；同时，自我意识的发展使他们强烈需要肯定自己、保护自己、发展自己，希望得到别人的重视、好评和尊重。因此，他们特别喜欢表现自己，希望能引人瞩目，以证明自己的价值。这具体表现在：喜欢对某件事高谈阔论，慷慨激昂地发表自己的见解和主张，以提高自己的声望；通过各种比赛和竞赛来展示自己的才华，希望能博得别人的好感和青睐；故意在某些事情上做得与众不同，以引人注目；甚至自吹自擂，通过真假参半地炫耀自己的特殊社会关系和某些成就，抬高自己的身价。由于大学生自尊心较强，因此凡是涉及自身或与自身相关联的事物，大学生都非常敏感，并能够产生强烈的情绪反应。

2. 大学生常见的情绪困扰

（1）焦虑

焦虑是一种伴随着某种不祥预感而产生的令人不愉快的情绪，是一种复杂的情绪状态。它包含紧张、不安、惧怕、烦躁、压抑等情绪体验。许多人说不出自己焦虑的原因，但相关研究表明，事情的不确定性是人们产生焦虑情绪的根源。

（2）抑郁

抑郁是大学生中常见的情绪困扰，是一种感到无力应对外界压力而产生的消极情绪，常常伴有厌恶、羞愧、自卑等情绪体验。对大多数大学生来说，抑郁只是偶尔出现，很快会消失。但也有少数大学生长期处于抑郁状态，甚至患上抑郁症。性格内向孤僻、多疑多虑、不爱交际、生活中遭遇意外挫折的大学生更容易陷入抑郁状态。

（3）愤怒

愤怒是当愿望不能实现、行为受到挫折时出现的一种紧张而不愉快的情绪。愤怒是一种原始的情绪，它在动物身上与求生、争夺食物和配偶等行为相联系。愤怒在人的成长过程中出现得较早。3个月大的婴儿就有愤怒的表现，比如限制其探索外界环境便能引起他的愤怒情绪。在成人身上，愤怒依赖于个体已形成的道德标准，常属于道德感的范畴。愤怒的程度从不满、生气、愠怒、愤怒到大怒、暴怒。愤怒的强度和表现与人的修养密切相关。

（4）纠结

当今，"纠结"渐渐成为大学生的常用词。大学生喜欢用"纠结"来表达自己的处境或者心理状态。纠结的核心要素是"缠绕"。人们常用纠结来描述"内心矛盾、犹豫不决""复杂、困惑、烦闷、令人无语""执着于某事无法释怀"等情境。

（三）大学生情绪管理的策略

1. 积极感受幸福

在谈到如何调节情绪时，我们常习惯性想到消极的情绪，这也是我们过去对心理学的看法，即认为心理学就是研究那些有心理问题的人。美国心理学会前主席马丁·赛里格曼在1998年的美国心理学会年度大会上明确提出，把建立积极心理学作为自己任期内的一大任务。积极心理学开始正式受到世人的关注。

幸福是一种主观性很强的体验，幸福主体有时候是兴高采烈，有时候又是心平气和。所以，大多数心理学家都是从人的主观感受方面来研究幸福的，认为幸福就是个人根据自己的标准对生活质量进行综合评价后的一种积极体验，即以研究人的主观幸福感为主。

对大学生来讲，积极的心理体验包括以下三个方面。

第一，对过去的积极体验——生活满意，即满意地面对过去。大学生在成长历程中，有开心的事情也有不开心的事情，有的学生把不好的事情记下来，总是不开心；有的学生把快乐的事情记下来，总是开心。我们的一切行为或思想都是为了获得幸福的生活，而我们自己过去的生活经历又可以主观选择，那我们为什么不选择对自己一生幸福更有价值的体验呢？

第二，对现在的积极体验——福乐。所谓"福乐"就是对某一活动或事务表现出浓厚的兴趣并能推动个体完全投入某项活动或事务的一种情绪体验。其包含愉快、兴趣等多种情绪成分，并且是由活动本身而不是任何外在其他目的引起的。

第三，对将来的积极体验——乐观。乐观是积极心理学研究的一种重要的积极体验。乐观有两个最主要的特点：首先，乐观不是客观的，而是人的一种主观心境或态度，这种心境或态度与一个人的期望紧密相关；其次，乐观虽然指向未来，但它对个体现在或今后一段时间内的行为产生一定的影响。乐观不针对现在或过去，它一般是在假设的基础上推测而成的。因此，乐观既是一种认知判断的结果，更是一种主观愿望的结果。对过去、现在、将来的积极心理体验是大学生需要培养的，也是大学生幸福的源泉。

2. 积极面对消极情绪

在日常生活中，大学生难免产生这样那样的消极情绪，并且不同程度地受其困扰。如何在消极情绪产生时及时控制它，最大限度地减轻其消极影响，是大学生心理健康教育的重要内容。这里以前文谈到的焦虑、抑郁、愤怒情绪为例，谈谈这些消极情绪的调节方法。

（1）克服过度焦虑

心理学家维克多·弗兰克认为，焦虑是人们生存的一种状态，也是个体必须面对的一种人生情境，它源于个体对生存的追求和维持、对自我存在的肯定。若能分清神经质焦虑和正常焦虑，焦虑将成为个体成长的动力源泉。

大学生的焦虑主要有因适应困难而产生的学习焦虑、考试焦虑、健康焦虑等，大多焦虑是正常的，一些轻微的焦虑往往会随时间流逝而自动消失。适度的焦虑有积极的作用，它能使大学生在各种活动上表现出色，维持良好的人际关系；过分的焦虑可使大学生心情过度紧张，情绪不稳定，不能正确地推理判断，记忆力减退，以致影响正常学习和人际关系。对于那些自己感到无法控制的、比较严重和持久的焦虑，应及时寻求心理咨询师的帮助。大多数焦虑可以通过心理调节摆脱。

（2）摆脱无助抑郁

首先要说明，这里所说的抑郁不是抑郁症，而是大学生中常见的一种情绪困扰，是一种感到无力应对外界压力而产生的消极情绪，通常表现为沮丧、总有不切实际的想法、不愉快，或者对一些事情失去兴趣、精力减退、信心丧失、自责、自贬、人际退缩、不愿意参加社交活动以及莫名其妙地发火、觉得人生乏味和无意义等。

抑郁往往与我们无能为力的事情有关。能力低、本事小，使人们对未来的变化缺乏把握，担心没有保障、无所依靠，因而忧心忡忡。要从根源上避免抑郁情绪出现，就必须了解自己，知道自己的长处，接纳自己的短处；知道自己的优势，接纳自己的劣势；知道自己的"能"，接纳自己的"不能"；同时对自己的短处、劣势、"不能"有正确的认识，靠自身努力，加强学习、加强锻炼，提高自己的能力。只有这样，应对生活变化的成功率才会提高，对自己的担忧才会减少，烦恼也会少些。

（3）控制无益愤怒

愤怒是遇到事与愿违的事情，或愿望不能实现并一再受到挫折，致使紧张状态逐渐积累而产生的敌意情绪。

易怒的人不同程度地存在心胸狭隘、虚荣心过强、喜欢感情用事等人格缺陷。他们常常斤斤计较，坏情绪一触即发。尽管他们也常有克制的愿望，但往往控制不住自己，遇到不顺心的事，怒火一下子就蹿了上来。豁达的人则常用宽容、幽默的态度对待生活，很少在鸡毛蒜皮的事情上动怒。

总之，要开阔心胸，改变为小事斤斤计较的习惯，多从大局和长远方面考虑问题。人生在世，难免碰到这样那样使人不快的小摩擦、小冲突，如果为此斤斤计较，偏要占个上风、讨点便宜，或者耿耿于怀、秋后算账，非但不能解决问题，反而会把事情闹得更大，甚至不可收场，应学会"大事清楚，小事糊涂"。对原则问题，不可模棱两可、委曲求全；而对非原则问题，则不可过于较真、大动干戈。

> **知识窗**
>
> ### 装笑也管用[①]
>
> 美国一家广告公司的部门经理弗雷德工作一向很出色。有一天，他感到心情很差，但这天他要在开会时和客户见面谈话，所以不能表现得情绪低落、萎靡不振。于是，他在会议上笑容可掬，谈笑风生，装成心情愉快而又和蔼可亲的样子。令人惊奇的是，他的这种心情"装扮"带来了意想不到的结果——随后不久，他就发现自己心情变好了。
>
> 美国心理学家霍特指出，弗雷德在无意中采用了心理学的一项重要规律——假装某种心情、模仿某种心情，往往能帮助我们真正获得这种心情。

[①] 情绪管理，看完你就不一样[EB/OL].（2018-03-17）[2024-08-02]. https://m.sohu.com/a/225749868_612768/?pvid=000115_3w_a.

五、大学生人格发展

> 只有伟大的人格，才有伟大的风格。
>
> ——歌德
>
> 要测量一个人真实的个性，只需观察他认为无人发现时的所作所为。
>
> ——麦考莱
>
> 人的鲜明的特征是他个人的东西，从来不曾有一个人和他一样，也永远不会再有这样一个人。
>
> ——高尔顿·奥尔波特

人和人之间为什么有很多相同之处，又有很多不同之处？在这个允许个性张扬的年代，什么是个性？为什么有的人天性乐观而有的人一直郁郁寡欢？突发意外时，为什么有的人冷静而有的人慌乱？遭遇挫折时，为什么有的人坚强面对而有的人一蹶不振？这些问题都涉及人格这一心理学核心范畴。

（一）人格概述

1. 人格的概念

人格也称"个性"，英文personality的词源来自拉丁语persona。persona原来主要指演员在舞台上戴的面具。用面具来表示人格，实际上说明人既有表现于外、给人以某种印象的特点，也有某些外部未显露却真实的自我。

由于心理学家各自的研究取向不同，他们对人格的看法也有很大的差异。《心理学大词典》对人格的定义如下：人格，又译"个性"，是个体在社会化过程中形成的给人以特色的心身组织，表现为个体适应环境时在能力、情绪、需要、动机、兴趣、态度、价值观、气质、性格和体质等方面的整合，具有动态的一致性和连续性。[1]

2. 人格的特征

（1）社会性与主体性的统一

人具有主体性，更具有社会性。人格是在个体的遗传和生物基础上形成的，受个体生物特性的制约，具有主体性。同时，人格是在社会中生存的人所特有的。

---

[1] 朱智贤.心理学大词典[M].北京师范大学出版社，1989.

(2) 整体性与独特性的统一

正所谓"人心不同，各如其面"，人格具有独特性。人格的整体性是指人格有多种成分和特质，如能力、气质、性格、价值观以及行为习惯等，但在真实的人身上，它们并不是孤立存在的，而是一个有机的整体。

(3) 统合性与个体性的统一

人是极其复杂的动物，人的行为表现出多元性、多层次的特点。人格结构的组合千变万化，也使人格表现得色彩纷呈。面对压力和挑战时，每个人都会采用不同的应对方式，这种方式反映了个体性。

(4) 稳定性与可塑性的统一

人格的稳定性表现为两个方面：一是跨时间的持续性；二是跨情境的一致性。这两个方面是密切联系的。人格的可塑性是指在同样的社会历史条件下，由于个人主体在社会中的经历、地位、所受教育及主动努力的程度不同，便会形成不同的人格。人们常常使用人格特征解释某人的言行及事件的原因。人格的外在表现是稳定的，除非遭遇意外事件或强烈刺激，人格不会发生结构性的变动。

(5) 功能性与协调性的统一

人格的功能性是指人格对个体行为和生活方式的决定性影响。人格不仅塑造了个人应对日常生活中的挑战和机遇的方式，还在很大程度上决定了个人如何与他人互动以及如何看待自己和世界。人格的功能性包括调节个人行为、决定生活方式、影响人际关系、影响职业选择等。人格的协调性是指人格的各种功能能够协调发展。

（二）健康人格的基本要素

增强大学生人格修养的关键在于培养大学生的健康人格。健康人格的标准有很多。从总体上看，不管依据何种标准，健康人格都应该是有利于自我和社会发展的。从具体特征上讲，大学生的健康人格应包含以下基本要素。

1. 和谐的人际关系

人际关系是人类社会成员最普遍、最直接的关系。良好的人际关系可以调节身心状态，增强责任感，因此最能体现一个人人格健康的程度。拥有健康人格的人乐意与人交往，与人相处时尊敬、信任等积极态度多于嫉妒、怀疑等消极态度；常以诚恳、公平、谦虚、宽容的态度对待他人，同时也能得到他人的尊重和接纳。和谐的人际关系既是人格健康水平的反映，又影响和制约着健康人格的形成与发展。

2. 良好的社会适应能力

社会适应能力反映了人与社会的协调程度。人的社会适应能力是在社会化过程中不断发展的。拥有健康人格的人能和社会保持良好的密切的接触，以开放的态度主动关心

和了解社会；观察所接触的各种事物和现象，看到社会发展的积极面；在认识社会的同时，使自己的思想、行为跟上时代的发展，与社会的要求相符合，表现出很快适应新环境的能力。他们不是让社会去适应自己，而是让自己去适应社会。

3. 乐观向上的生活态度

乐观向上的人常常能看到生活的阳光面，对前途充满希望和信心，对自己所从事的工作或学习具有浓厚的兴趣，并在工作和学习中发挥自身的智慧和能力，最终获得成功。即使生活中遇到困难和挫折，他们也能耐心、勇敢地去应对，不畏艰险、勇于拼搏。相反，悲观的人常常看到生活的阴暗面，对任何事情都没兴趣，遇到一点挫折就情绪低落、怨天尤人，甚至自暴自弃。

4. 正确的自我意识

自我意识是个体对自己及与他人、与周围世界关系的认知。自我意识是一个完整的心理结构，表现在认知过程中就是正确地认识自己，客观地评价自己；表现在情感过程中就是自尊、自信，有自豪感、责任感，悦纳自己；表现在意志过程中就是能够自我监督、自我调节，努力开发身心潜能。具有正确的自我意识的大学生对自己有恰如其分的评价，充满自信，扬长避短，在日常生活中能有效地调节自己，与环境保持平衡。缺乏正确的自我意识的大学生常常表现为自我冲突、自我矛盾，或者自视清高、妄自尊大，做力所不能及的工作，或者自轻自贱、妄自菲薄，放弃一切机遇，不做任何努力。

5. 良好的情绪调控能力

情绪对人的活动和健康有重要的影响。积极的情绪体验能使人振奋精神、增强自信，提高活动效率；消极的情绪体验会降低人的活动效率，甚至使人生病。情绪标志着人格的成熟程度。人格成熟的人情绪反应适度，具有调节和控制情绪的能力，经常保持愉快、满意、开朗的心境，并有幽默感；当消极情绪出现时，也能将其合情合理地宣泄、排解、转移、升华。

6. 高尚的道德情操

道德情操是调整人与人之间以及个人与社会之间利害关系的行为准则和规范的总和。高尚的道德情操是人的精神生活的重要内容之一，它对于调整人的行为、指导人的行动有重要的意义。高尚的道德情操是在特定的环境、教育和实践过程中逐渐形成的。它包括个体正确的道德认知、强烈的道德责任和高尚的道德自律意识。高尚的道德情操是大学生形成健康人格的重要基础。大学生要以身心统一的方式活动，和谐处理与其他个体、群体之间的矛盾，积极调整自己的行为方式，使之与社会、法律、习俗、风尚等保持相对一致，以清醒的道德主体意识和相应的行为方式积极投身于社会的道德实践，除恶扬善，以强烈的道德责任感维护社会的道德原则和道德理想。

（三）大学生健康人格的塑造

前文已经提到，人格具有稳定性和可塑性。社会的快速变迁、社会发展对新时代大学生的要求，促使当代大学生努力塑造健康人格。

1. 发掘自身人格优势

积极心理学家指出，积极的人格特质可以被界定为反映个体思想、情感和行为的积极品质，是个体核心的人格特质。积极的人格特质是人所固有的潜在的具有建设性的力量，是人的长处、优势和美德。具有积极的人格特质的人更具创造性，且有自我实现、不断发掘自身潜能等特点，主观幸福感较强。

美国心理学家塞利格曼等人指出，每个人都有与众不同的人格优势，如果善于在日常生活中利用这些优势，将最大限度地增进自身的幸福体验。在所有优势中，宽容、感恩、爱与被爱、希望、乐观这些心灵优势占有更重要的地位。在面对生活压力事件（如亲人去世）时，悲观者往往以否认、逃避的态度消极应对；而乐观者倾向于赋予事件积极意义，主动寻求社会支持，利用活动或兴趣爱好转移注意力，因此表现出更强的心理调节能力，这对于激发与保持较强的幸福感提供了一种心理保障。

2. 增进积极情绪体验

积极情绪是指个体由于内外刺激或事件满足自己的需要而产生的伴有愉悦感受的情绪。在培养个体积极人格品质、身心全面发展的过程中，积极情绪的培养是一条有效的途径。积极情绪体验有利于个体积极人格品质的形成和发展，反过来，积极人格品质的形成和发展也有利于个体体验更多的积极情绪。具有积极情绪体验的个体，在遇到负性生活事件时，能够正确地认识、客观地评价，在行为上积极应对。良好的心态和积极的行为特征会帮助个体获得他人积极的评价，构建良好的人际关系，使其从客观上获得更多的心理支持。同时，这些良好的心态和积极的行为特征会逐步稳定下来，形成个体积极而健康的人格特征。

3. 增强心理弹性

美国心理学会将心理弹性定义为个人面对生活逆境、创伤、悲剧、威胁或其他生活重大压力时的良好适应力，它意味着面对生活压力和挫折时的"反弹能力"。

由于主客观原因，大学生的挫折承受能力、压力应对能力不足。部分大学生面对挫折和压力适应不良，出现各种心理障碍。大学生的心理弹性取决于个体所处环境的危险性因素与保护性因素的抗衡结果。在发展过程中，大学生面对的压力源众多，心理需求多样。这些需要的满足依赖于家庭、学校、社会等外部资源。温暖的家庭氛围、良好的亲子关系、安全的学校氛围、和谐的社会环境、亲密的同伴关系、良好的角色榜样等，都是大学生成长过程中的保护性因素。

> **知识窗**
>
> **形成健康人格的几大途径**
>
> 第一，对自己和自己生活的世界有积极的看法，把自己看作被喜欢的、被需要的、被热情接待的、有能力生活在这个世界上的人。
>
> 第二，和他人建立热情亲密的人际关系，对他人有基本的信任。
>
> 第三，有时间完全冷静地独处反省，有机会体验各种情感。这也有助于更好地理解自己的人格。
>
> 第四，在学习、工作和与人交往方面有成功的体验。
>
> 第五，接受新思想（新思想可以从读书、听音乐等活动中获得），和有独特见解的人交往。
>
> 第六，发现能充分释放自己情绪的方法。
>
> 第七，增强独立性，逐步减少对他人的依赖。
>
> 第八，提高自身的灵活性和创造性，学会变通，不总是非此即彼。

（四）人格类型与身心健康

研究表明，许多生理疾病都有相应的人格特征模式，这种人格特征在疾病的发生、发展过程中起到了生成、促进、催化的作用。例如，哮喘患者多有过分依赖、幼稚、暗示性很高的人格特征；偏头痛患者多有刻板、好胜、嫉妒心强、刻意追求完美的人格特征；而具有矛盾、强迫性、吝啬、顺从、抑郁特征的人容易患结肠炎、胃溃疡等疾病。

1959年，美国两位心脏病专家弗里德曼和罗森曼听说了一件非常有趣的事情：负责维修候诊室里沙发与椅子的人员告诉他们，这些沙发和椅子只是坐面的前沿部分严重损坏，似乎这些患者都只坐沙发与椅子的前沿部分。这一现象促使弗里德曼和罗森曼怀疑这些心脏病患者可能在某些方面有相似之处，继而对此展开了深入研究。最后，他们提出了A型人格和B型人格相关理论。这是人类首次用科学的研究方法验证人格特点与身心疾病之间的关系。

美国20世纪60年代进行的一次调查显示，在257位冠心病男性患者中，A型人格的人数是B型人格人数的两倍多。弗里德曼和罗森曼认为，A型人格的特征为：性情急、缺乏耐心，成就欲高，上进心强，有苦干精神，工作投入，做事认真负责，时间紧迫感强，富有竞争意识，外向，动作敏捷，说话快，生活常处于紧张状态，属于不安定型人格。总之，A型人格的个体常常表现出过强的时间意识和过强的竞争意识。B型人格与A型人格相反，是

测测你是哪种人格

一种舒缓的、善于自我调节的人格。其表现为性情不温不火，举止稳当，对工作和生活的满足感强，喜欢慢步调的生活节奏。在需要谨慎思考和耐心的工作中，B型人格的人比A型人格的人表现要好，但在正常情况下，他们属于比较平凡的人。

心理学研究认为，"经常想到有许多事情要做却没有时间去做"这种左右为难的复杂心态，会使人们紧张、忧虑、心力交瘁，从而易于引发高血压、心脏病、口腔溃疡等疾病。

（五）气质与性格

人格是一个复杂的结构系统。气质和性格是人格重要的组成部分，它们对人格有不同的影响。其中，气质是对个体内在的心理倾向性的一种描述，而性格则是对个体外在习惯的一种概括。性格是一种意向，气质则是决定意向的倾向性。气质是与生俱来的。如在新生儿期，有的婴儿安静，有的婴儿好哭，这些不同的气质影响哺育者与其互动关系，从而影响人格的形成。气质是人格中的先天倾向。性格是后天养成的，其中社会环境的影响起决定性作用。虽然性格是一种比较稳定的特质，但通过主观努力还是可以逐渐改变的。气质与性格联系紧密，相互影响。气质作用于性格，使人的性格的表现形式具有显著的个人色彩。例如，同样是勤劳的性格特征，不同气质的人表现不同：有的人表现得精神饱满、精力充沛，有的人表现得踏实肯干、认真仔细。气质也会影响性格形成与发展的速度。当某种气质与性格有较强的一致性时，有助于性格的形成与发展；相反，则会有碍于性格的形成与发展。反过来，性格对气质也有重要的调节作用，其在一定程度上可掩盖气质，使总的人格更服从于生活实践的要求。下面分别对气质与性格进行介绍。

1. 气质

1）气质的概念

"气质"一词在日常生活中常常被提及，比如"某人特别有气质""某人气质不凡"等。在这些语句中，气质往往被理解为相貌、仪表、举止和风度等。心理学意义上的气质有完全不同的含义，它是人的高级神经活动类型特点在行动方式上的表现，也就是说，它影响人的心理活动的强度、速度和灵活性等方面。孩子一出生，气质上的差异就很明显，比如有的婴儿大哭、活泼好动，对外界刺激反应迅速；有的婴儿哭声微弱、安静，对外界刺激反应比较慢。人的气质差异是先天的，受神经系统活动过程特性的制约。研究显示，年龄越小，气质的表现越明显，气质的各种特征越清楚。在人的一生中，气质是一种比较稳定且不易改变的心理特征，不以活动的内容、动机和目的为转移，在人的各项活动中都有所体现。比如：有的人做事雷厉风行、干脆利落，有的人则慢条斯理、不紧不慢；有的人爱说爱笑，喜欢热闹，有的人则沉默寡言，喜欢独处等。人与人在这些方面的差异，都是气质的不同表现。

2）气质的类型

人类与生俱来的差异早在古代就被学者们注意并研究。古希腊医生希波克拉底被认为是气质学说的创始人。他认为人体内有四种体液，即血液、黏液、黄胆汁和黑胆汁，这四种体液在人体内的不同比例形成了人的不同气质，即多血质、黏液质、胆汁质、抑郁质。尽管在现代看来，这种以体液来解释人的气质的说法缺乏科学依据，但其依然得到了较大范围的应用。到了近代，生理及心理学家巴甫洛夫从神经心理学的角度解释了希波克拉底的气质体液说，他发现高级神经活动的兴奋过程和抑制过程在强度、均衡性和灵活性等方面具有不同的特点，这些特点的不同组合形成了不同的高级神经活动类型，而这些类型的特点表现在人的行动方式上就是气质。

虽然心理学研究表明，气质不能决定一个人的社会价值，也不具有任何道德评价的意义，即一个人是热情活泼还是冷淡沉静，并不会对他今后成为一个品德高尚、有益于他人和社会的人具有决定性影响。但是，不同的气质类型对于一个人的心理健康水平有一定的影响，比如抑郁质的人多愁善感、敏感内向，遇到挫折往往不能很好地处理自身压力与情绪，容易长时间陷入抑郁状态，影响心理健康。

以下分别介绍四种不同气质人群的特点表现。

（1）多血质

此类气质人群的神经特点是：感受性高，耐受性高，情绪兴奋性高，反应速度快而灵活。表现为情感丰富、活泼开朗、适应性强、喜欢交际等。一般来说，这种人亲切热情，富于同情心，语言的表达力与感染力强；情绪反应快并明显外露，但体验不深刻，喜怒无常；注意力容易转移，兴趣和情绪易变，缺乏耐性。此类气质人群的心理特点是：有很强的灵活性，容易适应变化了的生活环境，但办事凭兴趣，不适合做耐心细致的工作。这种气质类型的大学生在校园里积极参加学校的一切活动，但常有始无终；学习时理解题总比别人做得快，但注意力不容易集中，总希望尽快完成作业；疲倦时，只要稍做休息，便会焕发精神；情绪变化迅速，遇到些许不如意的事就容易情绪低落，但稍得安慰或遇到其他高兴的事，马上就会兴高采烈；善于交际，待人亲切，容易交朋友，但友谊常不稳固，缺少知心好友等。

（2）黏液质

此类气质人群的神经特点是：感受性低，耐受性高，外部表现少，情绪具有稳定性，反应速度慢且不灵活。表现为稳重、考虑问题全面，安静、沉默，善于克制自己，生活有规律等。这类人情绪不易外露，注意力稳定且不容易转移，外部动作少而缓慢，因循守旧，表现出固定性有余而灵活性不足的心理特点。此外，在面临压力时，习惯采取回避的消极应对方式。这种气质类型的大学生在课堂上守纪律，生活中有规律，很少违反作息制度；在与人交往时，态度稳重，不卑不亢，不爱抛头露面或空谈；做事时严肃认真，力求稳妥，不做无把握之事；对新知识接受能力差，但学会之后就很难忘记；兴趣爱好稳定专一，有毅力；沉静多思，情感很少外露。由于这类人过于谨慎，不善于随机应变，习惯墨守成规，做事缺乏灵活性，所以比较适合做需要长时间集中注意力的有条不紊的工作。

(3)胆汁质

此类气质人群的神经特点是：感受性低，耐受性高，外倾性明显，情绪兴奋性高，反应快但不灵活。此类气质的个体表现为精力旺盛、性情急躁、易冲动，兴奋性很高，能以极大的热情处理各项事务。在日常活动中，常常带有强烈的情结色彩：兴奋时，热情极高，反应迅速，思维敏捷，决心克服一切困难，但准确性差，遇事欠考虑，较鲁莽；精力耗尽时，对任何事情都不感兴趣，情绪一落千丈。这种气质类型的人心理特点是兴奋性高，但不均衡，带有快速而突发的色彩。这种气质类型的大学生在校园里常常积极参加各项课外活动，喜欢新体验，尤其是那些热闹的活动，活动效率高；理解能力和接受能力强，但往往不求甚解，对本职工作专注力不高；喜欢与同学争，总想抢先发表自己的意见，对自己的见解无比坚信，有时难免会感情用事，甚至刚愎自用；有英雄情结，喜欢看情节起伏、激动人心的小说和电影等。

(4)抑郁质

此类气质人群的神经特点属于弱型：感受性高，耐受性低，反应速度慢，刻板固执。表现为体验情绪的方式较少，稳定的情感产生也很慢，但对情感的体验深刻有力且持久，具有较强的情绪易感性。这种气质的人沉静，易相处，办事稳妥可靠，不爱表现自己，常常表现出怯懦、自卑、优柔寡断的心理特点，比较敏感，易受挫折，孤僻，反应缓慢，常比别人更容易感到疲倦。这种气质类型的大学生在日常生活中喜欢安静独处，性情孤僻，但在一个团结友爱的集体中，可能是个极易相处的人，他们善于准确地领会别人的意图，能体察别人情绪的微弱变化；遇事三思而后行，细心谨慎，对力所能及的工作能认真负责地完成；在生理上对紧张气氛难以忍受，厌恶强烈的刺激，容易神经过敏，适应能力较差，常因一些小事产生情绪波动；内心体验相当强烈却极少外露，不愿向别人诉说，喜欢生闷气；在陌生人面前很拘束，显得腼腆、扭捏，喜欢独处；爱看感情细腻、描写心理活动的小说和电影等。

3)正确认识气质

在现实生活中，单纯属于某一种气质类型的人很少，绝大多数人是以一种气质类型为主，兼有其他一种或两种气质类型。国内一项有关大学生气质的研究表明，单一气质的人占34.07%，混合气质的人占65.93%。每种气质都有其优缺点，比如：多血质的人灵敏活泼、亲切，适应环境能力强，但注意力不稳定，兴趣经常转移；黏液质的人冷静稳重、踏实自制，但固执冷淡、缓慢呆板；胆汁质的人热情开朗、动作迅速，但性格急、好感情用事；抑郁质的人敏锐细致，工作承受能力强，做事谨慎小心，但敏感多疑、孤僻羞怯。所以每种气质类型都有可能形成积极的优良心理品质，也有可能形成消极的不良心理品质。

气质并无好坏优劣之分，无论哪一种气质类型的大学生，在今后的人生中都可能会拥有不凡的成就，也有可能成为一事无成、平庸的人，关键在于能否发挥气质类型中积极的一面，扬其所长避其所短。所以，一个人应了解自己的气质类型和特征，有针对性地、不断地完善自我，促进自身健康发展。

气质测评量表

2. 性格

1）性格的概念

性格的英文character源于希腊语，其原始含义是"特点、标记"，如今性格一般是指人对客观现实的稳定态度和行为方式中经常表现出来的稳定倾向。它是与社会联系最密切的人格特征，也是人格中最重要最显著的心理特征。性格表现了个体对自己、对他人和周围世界的态度，并表现在言行举止中。性格是一个复杂的综合体，它直接反映了一个人的道德境界，受人的价值观、世界观和人生观影响，所以与气质不一样，性格是有好坏之分的。比如：有的人自私自利、以自我为中心；有的人厚道宽容、乐于助人等。人无完人，每个人的性格都有一些好的特征和一些不良的特征，它们分别对个体的生活起着积极和消极的作用。每个人都应客观地看待自己的性格，加强自我调节，不断优化和完善性格。

2）性格的分类

由于性格的复杂性，关于性格的分类目前在心理学界还没有公认的标准，不同的心理学家对性格有不同的分类。比如：以心理机能优势分类，可以将性格分为理智型、情绪型、意志型；以个体独立性程度分类，可以将性格分为依存型和独立型；以人的社会生活方式分类，可以将性格分为经济型、理论型、审美型、宗教型、权力型、社会型等。

虽然对性格进行分类很困难，但其具有十分重要的意义。了解一个人的性格类型之后，可以因材施教，更好地帮助其完善自我；而根据人的不同性格安排工作，更可以做到人尽其才。美国职业指导专家霍兰德将职业选择看作一个人性格的延伸。他认为，职业选择也是性格的表现。个人的性格与职业之间的适配和对应是职业满意度、职业稳定性与职业成就的基础。

在日常生活中，我们常用外向和内向描述一个人的性格，这就是从心理活动的倾向性方面进行的性格分类。瑞士心理学家荣格在《心理类型学》一书中，根据个体心理活动能量指向的不同，把性格分为内倾型和外倾型。荣格认为，内倾型的人能量指向内部世界，很少向别人显露自己的喜怒哀乐，他们在情感方面经常能自我满足，珍视自己内心的体验，在他人面前容易害羞和紧张。他们做事深思熟虑，但缺乏实际行动。外倾型的人心理活动倾向于外部世界，依靠他人或活动来满足个人情绪的需要，性情开朗活泼。他们善于交际，但很少进行内省；善于在活动和群体交往中表达自己的情绪与情感，但常常缺乏对别人感受的考虑；做事果断，但行为轻率、缺乏考量。

荣格认为，很少有人是完全的外倾型或内倾型性格，大多数人属于中间型，即兼有内倾型和外倾型特征。内倾型和外倾型各有优缺点，了解自己性格的内倾与外倾特点，对于个体的性格塑造以及扬长避短，有一定的意义。

荣格在后来的研究中指出，性格差异还可分出思维、情感、感觉和直觉四种心理机能，它们与内向和外向组合，形成八种性格类型。在此基础上，美国心理学家凯恩琳·布里格斯和她的女儿伊莎贝尔·布里格斯·迈尔斯继续研究并加以扩展，提出了迈尔斯-

布里格斯类型指标（Myers-Briggs type indicator，MBTI）。经过50多年的研究和发展，MBTI已经成为当今全球最为著名和权威的性格测试之一。它是一种迫选型、自我报告式的性格评估测试，用以衡量和描述人们在获取信息、做出决策、对待生活等方面的心理活动规律和性格类型。目前，MBTI已经广泛应用于企业招聘、内部人才盘点及职业规划、职业测试等诸多领域。下面是MBTI中的四个维度，每个人的性格都会落在某个维度的某一点上，这个点靠近哪个端点，就意味着个体在此维度上有哪方面的偏好。

（1）外倾型（E）与内倾型（I）

以自身为界，我们可以将世界分为自身以外的世界（外部世界）和自我的世界（内部世界）两个部分。外倾型的人倾向于将注意力和精力投入外部世界；而内倾型的人则相反，较为关注自我的内部状况，如内心情感和思想等。

（2）感觉型（S）与直觉型（N）

面对同样的情境，不同类型的个体接受信息的方式不同。感觉型的人关注的是事实本身，注重细节和实实在在有形有据的事实和信息，而直觉型的人注重的是基于事实的含义、关系和结论；感觉型的人习惯按照规则办事，固守现实，而直觉型的人，往往跟着感觉走，喜欢突破现实。

（3）思维型（T）与情感型（F）

这两类人做决定的方式有所不同。思维型的人比较注重依据客观事实进行分析，一以贯之、一视同仁地贯彻规章制度，不太习惯根据人情因素来变通。情感型的人则常从自我的价值观出发，变通地贯彻规章制度，做出一些自己认定是对的决策，比较关注决策可能给他人带来的情绪体验，人情味较浓。

（4）判断型（J）与知觉型（P）

从生活方式来看，判断型的人目的性较强，做事一板一眼，有计划、有条理，更愿意以有序的方式生活。知觉型的人好奇心强，适应能力也强，会不断关注新的信息，喜欢变化，也会考虑许多可能的变化因素，更愿意以比较灵活、随意、开放的方式生活。在做决策时，判断型的人较为果断，而知觉型的人一般在得到更多信息后才决断。

3）正确认识性格

性格受个体生理学因素和后天社会环境的共同影响。一般来说，后天的环境和教育在个体性格形成中起决定性作用。"孟母三迁""近朱者赤，近墨者黑"等说的就是环境在个体性格形成过程中的重要性。此外，个体的性格指征是一个复杂的系统，是不同特征的有机结合，具有一定的多面性。比如，在不同的场合，人们常常会表现出性格的不同侧面。我们在评价一个人的性格时，只有从多角度考察其言行，才能对其做出全面准确的评价。

总之，气质和性格都是人格的重要组成部分，但与气质不同，性格是后天形成的，受社会环境因素的影响较大，与行为的内容密切相关。虽然性格是一个稳定的心理特征，但是通过主观上的积极努力，人的性格能在一定程度上改变。气质属于生理属性，而性格属于社会属性，气质后天很难发生改变，而性格会在后天发生改变。

MBTI性格测试

健康躬行

1. 暖身游戏"抢板凳"

活动时长：10分钟。

活动目的：通过游戏增强团队成员之间的互动和合作，培养团队精神。

具体操作：将成员均分为四个小队，每队的圈内放比参与者人数少1个的椅子，教师喊停时，小队成员迅速抢占板凳，没有抢到板凳的同学需要接受"真心话大冒险"的挑战；分别邀请没有抢到板凳的成员和最快抢到板凳的成员分享自己的情绪感受。

2. 情绪识别的秘密

活动时长：25分钟。

活动目的：帮助成员识别自己的情绪，增强情绪认知能力。

具体操作：准备6张情绪面孔图片，将成员分成四个小队，每队随机抽取一张面孔图片；两位成员自己创设情境，通过肢体语言来表现这种情绪，由其他队成员猜测，然后该队成员公布答案；教师邀请参与表演的成员分享自己的感受。

3. 情绪表达有妙招

活动时长：25分钟。

活动目的：帮助成员表达自己的情绪，增强情绪表达能力。

具体操作：每位成员回想最近一段时间自己体验到的情绪，如开心、难过、生气、紧张等，将这些情绪组成一个"情绪大蛋糕"；之后，每个成员采用"我觉得……（情绪词），是因为……"的句式与其他成员分享自己的"情绪大蛋糕"；分享活动感受，并讨论怎样表达情绪才是恰当的。

4. 情绪调控万花筒

（1）理性情绪疗法——信念决定情绪的好坏

活动时长：20分钟。

活动目的：帮助成员掌握情绪调控的具体方法。

具体操作：分析以下案例。小赵是大四毕业生，他去了好几家单位应聘，都未被录用。他认为这是因为自己不是名牌大学毕业生。后来，他没心情看书，感觉四年大学白上了，出现焦虑、烦躁、入睡困难等症状，经常做噩梦。症状持续时间已有一个月。

（2）我的情绪调控方法清单

活动时长：25分钟。

活动目的：帮助成员掌握情绪调控的具体方法。

具体操作：每位成员先思考自己常用的情绪调控方法，然后与其他成员分享，以小队形式总结成员常用的情绪调控方法；每小队派出一名代表与其他小队分享本小队的总结成果（放松训练，如肌肉放松训练、体育锻炼、音乐疗法、太极拳、瑜伽等；宣泄法，如转移注意力、倾诉、眼泪缓解法、模拟宣泄等）。

5. 小组宣言

活动时长：5分钟左右。

活动目的：帮助成员保持良好的情绪。

具体操作：小组成员经过讨论拟定自己小组的情绪调控宣言，并一起宣读。

6. 我的心声

活动时长：10分钟左右。

活动目的：帮助成员掌握良好的情绪调控技能。

具体操作：成员互相分享本次活动中自己的收获和感受之后，大家手牵手围成圈；教师进行活动总结，宣布下次活动时间。

健康拓展

一、阅读欣赏

有自信，然后才有一切[1]

被人们称为"全球第一CEO"的传奇管理大师杰克·韦尔奇有这样一句名言："全部的管理都是围绕'自信'开展的。"凭着这种自信，在担当美国通用电气公司首席执行官的20年时间里，韦尔奇表现出不凡的领导才气。韦尔奇的自信与他所受的家庭教育是分不开的。韦尔奇的母亲对儿子的关切主要表现在培育他的自信心。因为她明白，有自信，然后才能有成功。

韦尔奇从小就口吃，语言表述不清，因而经常闹笑话。韦尔奇的母亲费尽心机地将儿子这个缺点变为一种鼓励。她常对韦尔奇说："这是因为你有大智慧，没

---

[1] 杰克·韦尔奇自传[EB/OL]．（2024-06-07）[2024-08-02]．https://book.douban.com/subject/1159949/．

有任何一个人的舌头可以跟得上你这样聪慧的脑壳。"于是从小到大，韦尔奇从未对自己的口吃有过丝毫的担心。在母亲的鼓励下，口吃的弊端并没有阻碍韦尔奇学业与事业的进步。了解他这个缺点的人大都对他产生了某种敬意，佩服他能战胜这个缺点，在商界超群绝伦。美国天下播送公司消息部总裁迈克尔对韦尔奇十分敬仰，他甚至开玩笑说："杰克真有力量，我巴不得自己也口吃。"

韦尔奇的个子不高，却从小热爱体育活动。读小学的时候，他想报名参加校篮球队。当他把这个想法告诉母亲时，母亲鼓励他说："你想做什么尽管去做好了，你肯定会成功的！"于是，韦尔奇参加了篮球队。他的个头只有其他队员的四分之三，然而因为充满自信，韦尔奇对此始终都没有任何觉察。几十年后，当他翻看自己青少年期在运动队与其他队友的合影时，才惊讶地发现自己几乎是全部球队中最为弱小的一个。

青少年时代在学校运动队的经历对韦尔奇的成长很重要。他认为自己的才能是在球场上训练出来的。他说："我们所阅历的一切都能成为我们信心创建的基石。"在整个学生时代，韦尔奇的母亲始终是他最热忱的啦啦队队长。所有亲戚、朋友和邻居几乎都听过韦尔奇母亲告诉他们的关于她儿子的故事，而且在每个故事的末端，她都会说，她为自己的儿子感到骄傲。

悦纳自我，充满自信，是你踏向成功的第一步！

二、推荐书目

【书名】
《重塑心灵：每个人都拥有让自己成功快乐的能力》（封面见图1-2）
【作者】
李中莹
【出版社】
北京联合出版公司
【出版时间】
2015年6月
【内容简介】
"我没有资格享有美好生活。""只有你才能给我快乐！""你怎么就是不听我的呢？""为何我总是不开心？"在生活中，我们经常会听到自己和别人发出类似的声音，其实这是个人的信念系统、沟通方式和情绪管理能力出现了问题。

图1-2 《重塑心灵：每个人都拥有让自己成功快乐的能力》封面

《重塑心灵：每个人都拥有让自己成功快乐的能力》这本书全面地介绍了NLP的历史、理论框架、基本概念等基础理论，共分为10章，每章都有独立的主题。书中提供了少量既安全又容易产生实效的技巧，以及许多与时代同步发展的新观点与新案例，同时本书的概念与技巧也可为所有人在面对人生时提供启迪。本书所介绍或引用的学术资料，包括心理学、脑神经科学、生理学、社会学、运动机制学、管理学等多方面的内容。

【相关书目】

① 马丁·塞利格曼：《认识自己，接纳自己》，任俊译，浙江教育出版社，2020年。

② 丹尼尔·戈尔曼：《情感智商》，耿文秀、查波译，上海科学技术出版社，1997年。

③ 凯·雷德菲尔德·杰米森：《我与躁郁症共处的30年》，聂晶译，中国人民大学出版社，2009年。

④ 约瑟夫·J.卢斯亚尼：《自我训练：改变焦虑和抑郁的习惯》，曾早垒译，重庆大学出版社，2012年。

三、电影赏析

【片名】

《美丽人生》（剧照见图1-3）

【剧情简介】

该影片以德国法西斯捕杀犹太人为背景。犹太人圭多与一位美丽的意大利姑娘多拉传奇般地相识，两人很快结婚并有了儿子乔舒亚。圭多经营一家书店，多拉有一份教师的工作，生活平静而美好。然而，幸福的时光总是短暂的。不久，法西斯占领了他们所在的城市。在乔舒亚五岁生日这天，纳粹分子抓走了圭多和乔舒亚，强行把他们送往犹太人集中营。多拉虽然没有犹太血统，但她坚持要求自己和儿子一同前往集中营。最终多拉被关在女牢里。圭多不愿意让儿子幼小的心灵从此蒙上悲惨的阴影，就一直告诉儿子他们是

图1-3 《美丽人生》剧照

在做游戏，只要积够1000分，就可以赢得一辆坦克。天真的孩子相信了父亲的话，一直按照父亲的指示进行着一场生死游戏。最终，这位伟大的父亲以自己的生命换来了儿子和妻子的安全。

整部电影中，父亲总是一副开心的面孔，用愉快的语调向儿子描述"好玩"的游戏，用他的行动证明在苦难之中，爱和人生的使命感会让人超越自己的人格。

【相关影片】

① 《寻梦环游记》

② 《盗梦空间》
③ 《肖申克的救赎》
④ 《美丽心灵》
⑤ 《心灵捕手》

四、心理援助热线

中国心理危机与自杀干预中心求助热线：010—62715275。
青少年心理咨询和法律援助热线：12355。
妇女维权公益服务热线：12338。

SCL-90
心理健康症状
自评量表

焦虑自评量表
（SAS）

抑郁自评量表
（SDS）

第一章
拓展资源

第二章 健康生活方式

健康绪言

同宿舍两名女生"上岸"211,"研"值拉满[①]

考研,是无数大学生梦寐以求的目标,是通往更高学府、实现人生理想的重要途径。在这条充满挑战与未知的道路上,成功的秘诀不仅在于聪明的头脑,更在于健康的身体和坚定的意志。今天,我们要讲述的,是云南某高校建筑学专业的女生小王和小张的励志故事。她们以坚韧不拔的毅力和不屈不挠的精神,最终成功考取了双一流211大学。这不仅是个人的荣耀,更是对所有考研学子的鼓舞。

你相信优秀会传染吗?小王和小张是同宿舍的好姐妹,也是学习中的好搭档。她们每天早晨6点钟起床,晚上10点钟睡觉,保持规律的作息时间,这为她们的高效学习奠定了坚实的基础。科学研究表明,良好的作息习惯对人的身心健康至关重要。早起可以让人精神焕发,充满活力,而充足的睡眠则是保持大脑敏捷和较强记忆力的关键。在她们的备考之路上,健康的生活方式成为她们成功的重要因素之一。

除此之外,她们上课从不迟到、旷课,永远坐在教室的第一排。这种严于律己的态度,不仅体现了她们对知识的渴望,更展示了她们良好的学习习惯。寒暑假期间,她们不仅在校外打工,还参加了各种手绘培训班和工作坊,不断提高自己的手绘技巧。通过这些努力,她们不仅积累了丰富的实践经验,还增强了专业技能,为考研奠定了坚实的基础。

---

① 优秀×2!同宿舍两名女生上岸211,"研"值拉满![EB/OL].(2024-05-15)[2024-08-02].https://mp.weixin.qq.com/s?__biz=MjM5OTM2MDgyMQ==&mid=2651104968&idx=1&sn=05c485264df8f371ea6f756b05191e2f&chksm=bdb925bc597bdc81a42aab7fe5487dec02da627c50a74507a4ba5ab95eed8289cb68c08f567d&scene=27.

在备考过程中，她们制订了科学的学习计划，有针对性地扎实学习专业知识。这种计划性和针对性帮助她们在繁重的学习任务中保持高效和有序。正是这种科学的学习方法和坚持不懈的努力，使她们在激烈的考研竞争中脱颖而出。

小王和小张凭借优异的成绩，获得了国家励志奖学金、国家助学金和学费全免等奖励和资助。这不仅减轻了她们的经济负担，也为她们专注于学业提供了有力的支持。最终，小王考入了太原理工大学，而小张则考上了新疆大学。她们的成功，不仅证明了自身的实力，更传递了一个重要的信息：只要心怀梦想，坚持努力，就能够改变自身命运，抵达更广阔的人生彼岸。

这两位女生的故事告诉我们，考研的成功不仅仅是知识和技能的比拼，更是身体和心理素质的较量。保持健康的生活方式，科学制订学习计划，坚定自己的信念和目标，是每一个考研学子应当铭记的宝贵经验。考研的路上或许会有坎坷，但只要我们像小王和小张一样，坚持不懈，不轻言放弃，就一定能迎来胜利的曙光。

健康求知

健康是人的身体和心灵的健康，两者缺一不可，否则就不能称之为健康。
——尼采

人类所能犯的最大错误就是拿健康来换取其他身外之物。
——叔本华

精神畅快，心气和平。饮食有节，寒暖当心。起居以时，劳逸均匀。
——梅兰芳

一、现代健康的概念

随着《"健康中国2030"规划纲要》的推进实施，人们已经对健康的重大意义达成了共识：对于一个人而言，健康是享受幸福生活的前提；对于一个民族而言，健康是屹立于世界民族之林的基础；对于一个国家而言，健康是开创美好未来的根基。良好的健康状态可以提高个体的生活质量，增强个体的学习能力，使个体适应家庭和社区生活，并顺利融入社会。健康既是发展的资源，也是发展的目的。那么，什么是健康？如何科学、全面、深入地理解健康？在"大健康"理念下，心理健康的概念与标准又是什么？

下面是一组与健康有关的陈述，请你根据自己实际的想法选择认同或不认同，借以了解自己的健康观，也希望你在阅读完本章内容之后回过头来再看一看是否有些想法已发生变化。

1. 健康就是没有疾病，无疾病就是健康。
A. 认同　　　　　　　　　　　　　　B. 不认同
2. 身体的健康决定了心理的健康。
A. 认同　　　　　　　　　　　　　　B. 不认同
3. 人能接纳自己，才能接纳别人；人有自信，才能相信别人。
A. 认同　　　　　　　　　　　　　　B. 不认同
4. 悦纳自己是有条件的，只有当自己足够优秀或者得到大家的认可时才能接受自己。
A. 认同　　　　　　　　　　　　　　B. 不认同
5. 生命是自己的，我可以自由决定自己生命的终结。
A. 认同　　　　　　　　　　　　　　B. 不认同
6. 生活中不管有什么情绪都要马上表达出来。
A. 认同　　　　　　　　　　　　　　B. 不认同
7. 爱自己就是以自我为中心。
A. 认同　　　　　　　　　　　　　　B. 不认同
8. 人的成功与否取决于智商的高低。
A. 认同　　　　　　　　　　　　　　B. 不认同
9. 高职生的心理问题就是比其他人多。
A. 认同　　　　　　　　　　　　　　B. 不认同
10. 去看心理医生的人都是有精神病的人。
A. 认同　　　　　　　　　　　　　　B. 不认同

（一）现代健康的含义

世界卫生组织提出了现代社会关于健康的较完整的科学概念：健康是指一个人在生理、心理和社会适应方面的完满状态，而不是仅指一个人没有疾病或身体虚弱的现象。也就是说，健康应包括生理健康、心理健康和社会适应良好三个方面，表现为个体生理和心理上的一种良好的机能状态，亦即生理和心理上没有缺陷和疾病，能充分发挥心理对机体和环境因素的调节功能，保持与环境相适应的、良好的效能状态和动态的相对平衡状态。其中，社会适应性归根结底取决于个体生理和心理的素质状况，而心理活动和生理活动是相互影响、相互转化、相互依存的。生理健康是心理健康的物质基础，心理健康反过来又促进生理健康。身体状况的改变可能带来相应的心理问题，生理上的缺陷、疾病，特别是痼疾，往往会使人产生烦恼、焦躁、忧虑、抑郁等不良情绪，导致各种不正常的心理状态。良好的心理状态可以使生理功能处于最佳状态；反之，则会降低或破坏某种生理功能而引发疾病。作为身心统一的个体，生理和心理是紧密依存的两个方面。没有一种疾病是纯生理的或纯心理的，无论哪一方面出现问题，另一方面都会受到影响。

（二）健康观的演变

1948年4月7日生效的《世界卫生组织组织法》开宗明义指出：健康不仅为疾病或羸弱之消除，而是体格、精神与社会之完全健康状态。可以看出，健康是一个积极的概念，强调社会和个人的资源以及个人的身体能力，已经超出了没有疾病或身体虚弱的范畴。

1978年，在国际初级卫生保健大会上，世界卫生组织（WHO）发表的《阿拉木图宣言》坚定重申：健康不是没有疾病与身体虚弱的现象这么简单，而是身心健康社会幸福的总体状态，是基本人权；达到尽可能高的健康水平是世界范围内的一项最重要的社会性目标。

1989年，世界卫生组织又进一步深化了健康的概念，认为健康包括躯体健康、心理健康、社会适应良好和道德健康。这种新的健康理念使健康的模式从单一的生物医学模式演变为生物-心理-社会医学模式。其中的心理健康和社会适应良好是对生物医学模式下的健康的有力补充和发展，它既考虑了人的自然属性，又考虑了人的社会属性，从而摆脱了人们对健康的片面认识。

躯体健康是个体健康的基础。身体好比是"1"，家庭、事业、金钱、爱情等是"1"后面的若干个"0"，没有健康一切都是空谈。心理健康是个体健康的根本。从积极意义上来说，心理健康是个人保持健康和社区有效运作的基础。在此基础上，促进、保护并且恢复心理健康可被视为个体和社会的关切点。人在环境中生活，总要适应环境，保持一种现实感。由于人们生活的环境在不断变化，因此人们的适应是一个动态的过程，社会适应良好就是发展。道德健康是个体健康的灵魂，道德是人类应当遵守的所有自然规范、社会规范、家庭规范的统称。违反了这些规范，人们的身心健康就会受到损害。

（三）健康从"心"开始

1946年，第三届国际心理卫生大会对心理健康做了如下定义：心理健康是指在身体、智能以及情感上与他人的心理健康不相矛盾的范围内，将个人心境发展成最佳的状态。1948年，世界卫生组织将心理健康定义为：人们在学习、生活和工作中的一种安宁平静的稳定状态。2001年，世界卫生组织又将心理健康定义为：心理健康是一种健康或幸福的状态，在这种情况下，个体得以实现自我，能够应对正常的生活压力，工作富有成效和成果，以及有能力对所在社会做出贡献。

可见，心理健康有广义和狭义之分。从广义上讲，心理健康主要是指一种高效而满意的、持续的心理状态；从狭义上讲，心理健康指的是人的基本心理活动的过程和内容完整、协调一致，即知、情、意、行的和谐统一。判断一个人的心理健康状况应兼顾内外两个方面。从内部状况来说，心理健康的人各种心理机能健全，人格结构完整，能用正当手段满足自己的基本需要，因而主观上痛苦较少，能体验到幸福感；从对外关系来说，心理健康的人的行为符合规范，人际关系和谐，社会适应良好。

心理健康的标准是心理健康概念的具体化，国内外学者提出的心理健康的标准不尽相同。美国学者杰哈塔认为应从六个方面设定心理健康的标准：对自己的态度；成长、发展或自我实现的方式及程度；主要心理机能的整合程度；自主性或对各种社会影响的独立程度；对现实知觉的适当性；对环境的控制能力。

人本主义心理学之父马斯洛认为，具有自我实现的人格特征的人就是心理健康的人，具体评价标准包括以下几个方面：是否有充分的安全感；是否对自己有较充分的了解并能恰当地评价自己的行为；自己的生活理想和目标是否切合实际；能否与周围环境、事物保持良好的接触；能否保持自我人格的完整与和谐；能否具备从经验中学习的能力；能否保持适当和良好的人际关系；能否适度地表达和控制自己的情绪；能否在集体允许的前提下有限度地发挥自己的个性；能否在社会允许的范围内适当地满足个人的基本要求。

我国学者黄坚厚提出的心理健康的四项标准包括：乐于工作；能与他人建立和谐关系；对自身具有适当的了解；和现实环境有良好的接触。

必须强调的是，心理健康是一种状态，更是一个过程。心理健康并不是一种静态的平衡，也并不是永无压力、冲突和痛苦，而是在平衡与失衡的交错中进行有效的自我调节，与现实环境保持动态的和谐，进而追求成长与发展。因此，心理健康的标准是一种理想尺度。它不仅为我们提供了测量指标，更为我们指明了努力的方向。

保持健康的十二项提示如图2-1所示。

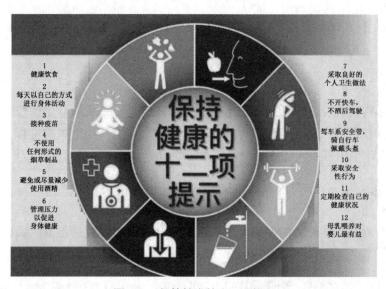

图2-1　保持健康的十二项提示

二、饮食行为与健康

饮食行为与健康是密切相关的。圣人先哲告诫我们：安生之本，必资于食，不知宜食者，不足以生存也。

随着生活水平的提高，温饱问题的逐渐解决，人们对于各种美食中所隐藏的奥秘愈发关注。为了从日常饮食中获取更多的营养，或是改变自身的健康状况，人们对食物越来越挑剔、要求越来越苛求，因为一分一厘的取舍都可能直接影响人类的健康。

健康与饮食是相辅相成的。合理的饮食、充足的营养，可预防多种疾病的发生，延长寿命，提高身体素质。不合理的饮食、营养过度或不足，都会给健康带来不同程度的危害。饮食过度会因为营养过剩导致肥胖症、糖尿病、胆石症、高脂血症、高血压等多种疾病，甚至诱发肿瘤，如结肠癌等，不仅严重影响健康，而且会缩短人的寿命。长期营养不良则可导致贫血、多种维生素缺乏，儿童智力生长发育滞后，人体抗病能力及劳动、工作、学习能力下降。

据世界卫生组织估计，全球每年发生数十亿例食源性疾病。发达国家发生食源性疾病的概率也相当高，平均每年有1/3的人群发生食源性疾病。[①]这表明工业化程度的发达并不能保证食源性疾病发生率的降低。一方面，工业化程度越高，食物供应链越难控制，一旦发生食品安全问题，其影响面和波及面会更大；另一方面，由于工业化产品的规模大，不安全食品的召回、销毁所带来的经济损失也会更大。也就是说，每年由数十亿例食源性疾病而导致的医疗费增加以及产品的销毁可带来巨额资金的消耗。由此可以看出，食品安全对社会、对经济的影响是非常大的，在食品安全性不足的条件下，儿童、孕妇、年老体弱者和免疫力低下的人群更容易发生食源性疾病，成为主要的受害人群。

（一）认识人体所需六大营养物质

1. 蛋白质

蛋白质是构成人身体一切细胞、组织的重要成分，可以帮助身体保持力量和抵抗感染。日常饮食缺乏蛋白质可能会阻碍人体正常生长，影响某些组织的发育，并影响人的智力发育。大学生需要摄入优质蛋白为繁重的脑力劳动提供保障。

2. 碳水化合物

碳水化合物是身体能量的主要来源。碳水化合物的来源包括土豆、面食、米饭、水

---

① 世界卫生日丨远离食源性疾病，警惕毒从口入！[EB/OL].（2021-04-07）[2024-08-02].https://baijiahao.baidu.com/s?id=1696368713652222626&wfr=spider&for=pc.

果、豆类等。碳水化合物分为简单碳水化合物和复合碳水化合物。简单碳水化合物能够迅速进入血液，提供快速释放能量的糖类，提供热量，但维生素和矿物质含量低，主要存在于水果、蜂蜜、牛奶当中。淀粉和纤维是复合碳水化合物，人们饮食中的大多数热量来自复合碳水化合物。谷物和植物性食物中无法消化的部分叫纤维，也称粗粮。不溶性纤维有助于促进肠胃蠕动，如小麦制品、叶类蔬菜和水果；可溶性纤维能降低人体内的胆固醇，如燕麦粉、豆类和大麦。

3. 脂肪

脂肪是提供能量并帮助身体储存和使用维生素的营养物质。脂肪可以储存一些维生素保护脏器、维持体温、建立神经组织。脂肪分为饱和脂肪、不饱和脂肪和反式脂肪。饱和脂肪存在于乳制品、固态植物油脂、畜类禽类产品中，会提高血液里的胆固醇含量。胆固醇是一种由身体制造或能在一些食物中找到的类脂肪物质，是人体组织不可缺少的重要物质，但是如果含量偏高，患冠心病的风险会增加。不饱和脂肪来自植物食品和鱼类。反式脂肪是在植物油加工成固态脂肪的过程中形成的脂肪。反式脂肪让液态油变得更加结实和稳定，可以延长食物的保质期，提高血胆固醇水平。反式脂肪广泛存在于我们的食物中，如人造黄油、薄脆饼干、甜甜圈、零食等。

4. 维生素

维生素是维持生命所必需的物质。维生素存在于天然植物中，很多维生素只能从食物中获取。维生素不参与机体组成，也不提供能量。它们的主要功能是调节为维持人体生命活动而进行的各种生物化学反应过程。维生素可分为脂溶性维生素和水溶性维生素。脂溶性维生素溶于脂肪并储存在身体里，如维生素 A、维生素 D、维生素 E、维生素 K。水溶性维生素溶于水但无法大量存储，如维生素 C 和 B 族维生素。

5. 矿物质

矿物质是一种调节体内多种化学反应的营养物质，是产生于自然界的无机物。矿物质可分为常量矿物质和微量矿物质。常量矿物质是人体需求量在 100 毫克以上的矿物质，如钙、钠、镁等。人对微量矿物质的需求量很小，但是其对身体同样很重要，如铁、锌等。

6. 水

人体中水分的含量占体重的 60% 左右。水是构成血液的基本成分，帮助清除体内废物，调节体温，缓冲脊柱与关节的冲撞，为人体细胞输送营养，把废物带到肾脏然后排出。人体每天摄入足够的水是非常有必要的，尤其是在生病时，多喝水可以补充由发热等症状导致的水分流失并帮助调节体温。但是一定不要用饮料代替水，因为许多饮料含

有作为利尿剂的咖啡因。缺少水的摄入、干燥的环境、发烧、呕吐或腹泻等可能会让人们出现脱水症状，具体表现为疲劳、口干舌燥、头晕、虚弱、皮肤潮红、头痛、视力模糊、吞咽困难、心跳加速等。

（二）合理膳食

吃什么对人们维持健康来说非常重要，怎么吃、吃多少对人们的健康也有重要的影响。有的同学晚上熬夜、早上不起床，早餐自然就省掉了，还有少数同学的生物钟和其他人完全不一样，晚上学习、白天睡觉，一天只吃一顿饭，这对身心健康是极为不利的。坊间流行"早餐像皇帝，午餐像平民，晚餐像乞丐"的说法，实际上就是强调早餐的重要性，早餐不仅要填饱肚子，更要有营养；午餐则在多不在好，要合理搭配、荤素均衡；晚餐则要吃少，因为晚饭后多数时间是用来休息的，吃得太饱或太好不仅会影响睡眠，还会使人的新陈代谢失衡，增加肠胃负担，导致肥胖，所以晚餐应以清淡的素食为主。当然，大学生一般在下午五六点钟吃晚餐，晚上还有大量的脑力劳动，如果十一二点钟才睡觉的话，晚餐也应吃好。

1. 食物多样、谷类为主

人类的食物多种多样，各种食物所含的营养成分不完全相同。除母乳外，任何一种天然食物都不能提供人体所需的全部营养。平衡膳食必须包含多种食物，才能满足人体各种营养需要，达到合理营养、促进健康的目的。具体来说，多种食物应包括以下五大类。

第一类为谷类及薯类。其中，谷类包括米、面、杂粮，薯类包括马铃薯、甘薯、木薯等。这类食物主要为人体提供碳水化合物、蛋白质、膳食纤维及B族维生素。

第二类为动物性食物，包括肉、禽、鱼、奶、蛋等。这类食物主要为人体提供蛋白质、脂肪、矿物质、维生素A和B族维生素。

第三类为豆类及其制品，包括大豆及其他干豆类。这类食物主要为人体提供蛋白质、脂肪、膳食纤维、矿物质和B族维生素。

第四类为蔬菜水果类，包括鲜豆、根茎、叶菜、茄果等。这类食物主要为人体提供膳食纤维、矿物质、维生素C和胡萝卜素。

第五类为纯热能食物，包括动植物油、淀粉、食用糖和酒类。这类食物主要为人体提供能量。植物油还可为人体提供维生素E和必需的脂肪酸。

谷类食物是中国传统膳食的主体。随着经济发展、生活改善，人们倾向于食用更多的动物性食物。根据《中国居民营养素养年度报告（2023）》调查的结果，超重人群应采用日常均衡膳食、降低食物中的脂肪量、保证多种营养素均衡摄入、规律性科学运动等方法。患有肥胖相关并发症人群需要在医学指导下制订减肥目标、改变致肥生活方式等。"西方化"或所谓"富裕型"的膳食提供的能量和脂肪过高，而膳食纤维过低，不利于一些慢性病的预防。这里提出谷类为主是为了提醒人们保持我国膳食的优良传统。另外，要注意粗细搭配，经常吃一些粗细杂粮。稻米、小麦不要碾磨太精，否则谷粒表层所含的维生素、矿物质等营养素和膳食纤维会大量流失。

2. 多吃蔬菜、水果和薯类

蔬菜、水果含有丰富的维生素、矿物质和膳食纤维。蔬菜种类繁多，包括植物的叶、茎、花苔、茄果、鲜豆、食用藻等，不同品种所含营养成分不尽相同，甚至相差很大。红、黄、绿等颜色的蔬菜中维生素含量超过浅色蔬菜和一般水果，它们是胡萝卜素、维生素B_2、维生素C和叶酸、矿物质（钙、磷、钾、镁、铁）、膳食纤维和天然抗氧化物的主要或重要来源。我国近年来开发的一些野果，如猕猴桃、刺梨、沙棘、黑加仑等，也是维生素C、胡萝卜素的丰富来源。

有些水果的维生素及部分微量元素的含量不如新鲜蔬菜，但其含有的葡萄糖、果酸、柠檬酸、苹果酸、果胶等更加丰富。红、黄色水果，如鲜枣、柑橘、柿子、杏等，是维生素C和胡萝卜素的丰富来源。

薯类含有丰富的淀粉、膳食纤维、维生素和矿物质。我国居民近些年吃薯类较少，应当鼓励人们增加薯类的摄入量。含丰富蔬菜、水果和薯类的膳食，对于人们保持心血管健康、增强疾病抵抗能力、降低儿童患干眼症的风险、预防某些癌症等，有十分重要的作用。

3. 常吃奶类、豆类或其制品

奶类除含丰富的优质蛋白质和维生素外，含钙量较高，且吸收率也很高，是天然钙质的极好来源。大量研究工作表明，给儿童、青少年补钙可以提高其骨密度，从而延缓其骨质丢失的速度。豆类是我国的传统食品，含大量的优质蛋白质、不饱和脂肪酸、钙及维生素B_1、维生素B_2、烟酸等。为提高农村人口的蛋白质摄入量及防止城市中过多摄入肉类带来的不利影响，应大力提倡豆类特别是大豆及其制品的生产和消费。

4. 适当摄入鱼、禽、蛋、瘦肉，少吃肥肉和荤油

鱼、禽、蛋、瘦肉等动物性食物是优质蛋白质、脂溶解性维生素和矿物质的良好来源。动物性蛋白质的氨基酸组成更适合人体需要且赖氨酸含量较高，有利于补充植物性蛋白质中赖氨酸的不足。肉类中铁的吸收率较高，鱼类特别是海产鱼所含的不饱和脂肪酸有降低血脂和防止血栓形成的作用。动物肝脏所含维生素A极为丰富，还富含维生素B_1、维生素B_2、叶酸等。但有些脏器如脑、肾等所含胆固醇相当高，对预防心血管系统疾病不利。我国相当一部分城市居民和绝大多数农村居民的动物性食物摄入量还不够，应适当增加摄入量。但部分大城市居民摄入过多食用动物性食物，谷类和蔬菜摄入量不足，这也对健康不利。

肥肉和荤油为高能量和高脂肪食物，摄入量过多往往会引起肥胖，同时它们是某些慢性疾病的危险因素，应当少吃。目前猪肉仍是我国人民的主要肉食，猪肉脂肪含量高，应发展瘦肉型猪、鸡、鱼、兔、牛等动物性食物，它们含蛋白质较高，含脂肪较低，产生的能量远低于猪肉，因此应大力提倡吃这些食物，适当减少猪肉的消费比例。

5. 进食量与体力活动要平衡，保持适宜体重

进食量与体力活动是控制体重的两个主要因素。食物为人体提供能量，而体力活动消耗能量。如果进食量过大而体力活动不足，多余的能量就会在体内以脂肪的形式积存，即增加体重，久之发胖；相反，若进食量不足而体力活动过多，可能由于能量不足引起消瘦，造成活动能力下降。所以人们需要保持进食量与体力活动消耗之间的平衡。脑力劳动者和活动量较少者应加强锻炼，进行适宜的运动，如快走、慢跑、游泳等。而消瘦的儿童则应增加食量，加大油脂的摄入量，以维持正常生长发育和适宜体重。体重过高或过低都是不健康的表现，可造成机体抵抗力下降，易患某些疾病，如老年人的慢性病或儿童的传染病等。经常运动会增强心血管和呼吸系统的功能，使个体保持良好的生理状态，提高工作效率，调节食欲，强壮骨骼，预防骨质疏松。三餐分配要合理。一般以早、中、晚餐的能量分别占总能量的30%、40%、30%为宜。

6. 清淡少盐

清淡少盐有利于健康，即饮食不要过于油腻，不要太咸，不要吃过多动物性食物和油炸、烟熏食物。目前，我国居民油脂的摄入量越来越高，这样其实并不利于健康。相关研究显示，我国居民食盐摄入量过多，人均每日摄入量是世界卫生组织建议值的两倍以上。流行病学调查表明，钠的摄入量与高血压发病呈正相关，因而食盐不宜过多。世界卫生组织建议每人每日食盐用量不超过5克。膳食钠的来源除食盐外还包括酱油、咸菜、味精等高钠食品及含钠的加工食品等。个体应从幼年就养成清淡少盐的饮食习惯。

《中国居民膳食指南（2022）》平衡膳食八准则

> **知识窗**
>
> **健康饮食顺口溜**[①]
>
> 一日三餐别太饱，两顿之间零食少。
> 干果酸奶都不错，半斤水果别忘了。
> 饮料首选白开水，甜饮可乐糖分高。
> 每天代谢毒素多，饮水八杯都冲跑。
> 鸡鸭鱼肉别贪多，多了寿命一定缩。

---

① 一日三餐顺口溜[EB/OL].（2023-05-17）[2024-08-02]. https://wenda.so.com/q/1684894439216124.

牛羊猪肉别重复，每天一两刚刚好。
女性一生多补铁，首选猪肝和猪血。
香菇红枣黑木耳，补铁八字只一撇。
男人从小应补锌，缺锌上课不用心。
瘦肉豆腐豆芽菜，浅海贝类最多锌。
国人缺钙问题多，补钙成了冲击波。
虾皮海带存误说，豆腐牛奶补钙多。
鸡蛋鸭蛋鹌鹑蛋，营养丰富不简单。
蛋白磷脂叶黄素，滋养身体不糊涂。
蔬菜杂粮是个宝，微量元素真不少。
粗粮多含维生素，B族够了皮炎好。
西点蛋糕冰激凌，氢化油脂问题多。
薯片烤串麻辣烫，致癌物质常听说。
腌渍熏烤都不好，多吃毛病自己找。
彩色蔬果抗氧化，肿瘤癌症咱不怕。
白盐白糖白脂油，多食无益多病忧。
黑米黑豆黑木耳，多吃有益多春秋。
每天食物多样化，营养互补才不差。
吃喝饮食很重要，营养均衡是诀窍。
少吃荤来多吃素，多长精神少长肚。
少吃咸来多吃淡，多样饮食少麻烦。

三、睡眠与健康

睡眠是人类生活中必不可少的内容。其重要性恰如世界卫生组织的一份报告中所言：睡眠和空气、食物、水一样，是人类生存的基本必需品。

不少专家都认为，成年人每天要睡7~9小时。长期睡眠不足会危害人的身体健康，也会带来一些其他方面的问题，所以拥有足够的睡眠是非常重要的。

（一）睡眠对健康的重要性

1. 恢复体力

经过白天的工作和劳动，人体消耗了大量的物质和能量，会感到很疲倦。在睡眠期

间，胃肠道及有关脏器继续合成并制造人体的能量物质以养精蓄锐。同时，由于睡觉时人体的体温、心率、血压下降，呼吸及部分内分泌减少，基础代谢率降低，因此体力得以恢复。

2. 补充脑力

睡眠时，由于整个机体处于抑制状态，所以脑部代谢下降，大脑耗氧量减少，大脑得到充分休息和功能恢复。另外，血脑屏障的保护功能在睡眠时有所加强，使血液中的细菌或其他有害物质不易进入大脑，从而使大脑得到保护。

3. 调节情绪

睡眠在维持人的心理健康、促进人的正常心理活动方面发挥着重要作用。睡眠可以调节情绪、舒缓心理压力、淡化恶劣情绪对人体的不良影响。个体如果短时间睡眠不足，会注意力涣散，容易激动、烦躁或精神萎靡；如果长时间睡眠不足，可出现思维混乱、幻觉甚至精神崩溃等。

4. 增强免疫力

人体在正常情况下，能对入侵的各种抗原物质产生抗体，并通过免疫反应将其消除，以维持健康。睡眠能增强机体产生抗体的能力，从而增强机体的抵抗力，还可以使各组织器官自我康复的过程加快。相关研究发现，睡眠不足者第二天的白细胞会减少28%，76%的失眠者第二天的免疫力大幅度下降。因此，严重睡眠不足者更容易患各种疾病。

5. 促进生长发育

睡眠与个体生长发育密切相关。婴儿在出生后相当长的时间内，大脑继续发育，这个过程离不开睡眠。而且，儿童在睡眠状态下生长速度加快，因为睡眠期血浆生长激素可以连续数小时维持在较高水平。所以应保证儿童拥有充足的睡眠，促进其生长发育。

6. 延缓衰老

人体在睡眠时，新陈代谢水平降到最低，合成代谢大于分解代谢，所以能延缓衰老。严重失眠者的衰老速度是正常人的2.5～3倍，机体免疫功能下降，癌症发生率也比正常人高30%。

7. 有益于皮肤健康

在睡眠过程中，皮肤的毛细血管循环加快，分泌和清除过程加强，皮肤细胞增殖速度加快，所以有益于皮肤健康。

> **知识窗**
>
> **世界睡眠日**
>
> 每年的3月21日是世界睡眠日，旨在提高公众对睡眠重要性的认识。睡眠是人体的一种主动过程，它能够恢复精神和缓解疲劳。充足的睡眠、均衡的饮食和适当的运动被公认为国际社会的三大健康标准。
>
> 为了唤起公众对睡眠重要性的关注，国际精神卫生和神经科学基金会在2001年发起了"全球睡眠和健康计划"。这一全球性活动的重点在于提升人们对睡眠质量和重要性的认知。
>
> 2003年，中国睡眠研究会正式将"世界睡眠日"引入中国，进一步推动了这一理念在中国的普及和推广。

（二）睡眠不足对健康的危害

1. 可导致抑郁症

随着时间的推移，睡眠不足和睡眠障碍可导致抑郁症的生成。失眠与抑郁症有着密不可分的关系。国际公共卫生期刊《BMC公共卫生》（*BMC Public Health*）在2023年发表了一项针对百万人进行的大样本研究，数据表明未经干预的失眠人群与不失眠人群相比，被诊断出动脉高血压、心理障碍、焦虑、抑郁和肥胖的比例要高得多。《2024情绪与健康睡眠白皮书》调查结果显示，有睡眠困扰或情绪困扰的人更容易产生夜醒/早醒的烦恼，且睡眠/情绪困扰程度越深，夜醒频次越高。过去一个月，在整体被调查者中，平均每周早醒3次及更多次夜醒的比例为16%。这一情形在重度睡眠困扰者中的比例高达47%，在重度情绪困扰者中高达61%。那些经常失眠的人发展成为抑郁症的概率是那些没有失眠的人的5倍多。实际上，失眠往往是抑郁症的先兆之一。

失眠和抑郁症是互相影响的，睡眠不足会加重抑郁症的状况，而抑郁症反过来又会令人更加难以入睡。从积极的角度来看，治疗睡眠问题有助于抑郁症的缓解，反之亦然。

2. 加速皮肤衰老

想必很多人都有连续几个晚上熬夜后，皮肤蜡黄、眼睛浮肿的经历。这证明了长期睡眠不足可导致皮肤黯淡，出现皱纹和黑眼圈。当个体没有获得充足的睡眠时，身体会释放出更多的应激激素皮质醇。过量的皮质醇会分解皮肤中的胶原蛋白，而胶原蛋白可让皮肤保持光滑而有弹性。

3. 增加死亡风险

英国研究人员曾经观察一万多名英国公务员的睡眠模式在20多年内是如何影响他们的死亡率的。结果显示，那些睡眠时间从7小时减少至5小时甚至更短的人，因疾病致死的风险增加了将近1倍。尤其要强调的是，缺乏睡眠可使患心血管疾病而死亡的概率增加1倍。

4. 引发严重的健康问题

睡眠障碍问题以及慢性睡眠不足可增加个体患心脏衰竭、心律不齐、高血压、中风、糖尿病等疾病的风险。调查显示，有九成失眠患者（以难入睡和易醒为特点的人群）还面临其他一些健康问题。

（三）养成健康的睡眠方式

1. 睡前尽量减少对大脑的使用

睡前大脑处于一种平静的状态才能逐渐放松，这就需要人们睡前减少对大脑的使用。如果睡前运动过量，那么大脑就很难真正平静下来。因此，个体要有意纠正一些睡前的不良生活习惯，以尽快入睡。

2. 营造舒适的睡眠环境

在繁重的生活压力下，很多人会忽视对睡眠环境质量的提升。睡眠环境对睡眠质量有显著的影响，主要体现在以下几个方面。

（1）温度和湿度

适宜的温度和湿度能让身体感觉舒适，有助于更快地进入睡眠状态且不易在睡眠中因不适而醒来。温度过高或过低、湿度过大或过小都可能影响睡眠。

（2）光线

黑暗的环境有利于褪黑素分泌，促进睡眠。如果睡眠环境中光线过强，会抑制褪黑素分泌，使入睡困难、睡眠变浅。

（3）声音

安静的环境能减少对大脑的刺激，使人更容易放松入睡。持续的噪声，尤其是高分贝的噪声会影响睡眠的连续性和深度，导致睡眠质量下降，出现易醒、多梦等情况。

（4）床和寝具

舒适的床垫、枕头等能提供良好的支撑，让人在睡眠中得到充分放松，提高睡眠质量。过硬或过软的床垫、不合适的枕头高度等都可能造成身体不适，影响睡眠。

(5) 空气质量

清新的空气有助于呼吸顺畅，提高睡眠舒适度。如果室内空气污浊，可能会让人产生呼吸不畅、憋闷等感觉，进而影响睡眠。睡前可适当开门、开窗通风，不要在房间内吸烟或食用气味过重的食物等。

(6) 空间布局

宽敞、整洁的睡眠空间能让人在心理上感觉放松和安全，而过于拥挤、杂乱的环境可能会给人带来一定的心理压力，干扰睡眠。

3. 严格控制自己的睡眠时间

能真正改变自己睡眠时间的只有自己，大多数生活休息不规律的人都是因为缺乏自制力。我们需要对自己严格规定几点休息、几点起床。规律的作息能让我们有更多的时间和精力去安排每天的事情。除适当午休外，白天尽量不在房间睡觉，减少躺在床上玩手机等与睡眠无关的活动，这有助于晚上更好地入睡。

4. 形成特定的习惯

入睡前应该保持自己特有的大脑状态，有些人会在睡前思考当天发生的事情，以这样的"总结"状态慢慢进入睡眠状态，但这种方法不见得适合所有人，有的人反而会因此失眠。因此，每个人都要找到适合自己的睡眠方式，千万不要认为他人的方法一定适合自己。

5. 通过调整白天的生活方式来辅助晚上睡眠

调整白天的生活方式对于晚上睡眠也有较大的帮助。比如：控制白天的睡眠时间，午休尽量不要超过半个小时；尽量定期做一些运动；晚上减少对高能量物质的摄入。

知识窗

好睡眠的标准

1. 能在 10～20 分钟入睡，入睡时间长期短于 10 分钟（入睡时间长期大于 30 分钟则为失眠）。
2. 睡眠过程中不醒或偶尔醒来（如小便）且能在 5 分钟内再次入睡，直至第二天早晨。
3. 夜间睡眠无惊梦，做梦醒后很快忘记。
4. 早晨睡醒后精力充沛，心旷神怡，轻松愉快，无疲劳感，工作效率高。
5. 睡眠中没有或很少有噩梦。

> **助眠小技巧**
>
> 1.保持规律作息，每天尽量在相同时间上床睡觉和起床。
> 2.营造舒适的环境，确保卧室安静、黑暗且温度适宜，床垫和枕头舒适。
> 3.睡前放松，如泡个热水澡、阅读轻松的书籍、听舒缓音乐、进行温和的伸展运动等。
> 4.避免刺激性物质，睡前避免喝咖啡或浓茶、吸烟等。
> 5.控制晚间饮食，避免晚餐过饱或过于油腻。
> 6.减少电子设备的使用，睡前半小时尽量不看手机、电脑等。
> 7.适度运动，但避免在睡前剧烈运动。
> 8.心理调节，缓解压力，放松心情，可通过冥想、深呼吸等方式。
> 9.建立睡前仪式，如刷牙、洗脸后再上床。
> 10.白天多晒太阳，有助于调整生物钟。
> 11.避免白天过长午睡，午睡一般以半小时左右为宜。

四、运动与健康

生命在于运动。运动是个体生机、活力的展现，也对个体健康有促进作用。

（一）运动对健康的影响

1. 运动可预防心血管疾病

运动特别是有氧运动，可以提高心脏射血分数，增强心肌收缩力，改善全身的血液供给情况。全身的血管在运动中有节奏地收缩和扩张，弹性增强，可以降低动脉硬化的风险；虽然在运动中心脏为了使身体得到足够的血液供应，跳动加快，在单位时间内搏出更多的血，但是当运动停止以后，心跳反而比运动之前慢，而这种慢心率对于健康长寿大有益处。此外，运动需要消耗能量，促进脂肪的燃烧，从而避免肥胖症和高脂血症，也就降低了患心血管疾病的危险。

2. 运动能防治糖尿病

有人认为糖尿病是一种富贵病，其实，糖尿病跟缺乏运动息息相关。中国、芬兰和美国等不同国家的研究发现，即使中等程度的体力活动，也足以预防60%的Ⅱ型糖尿病病例的发生。那么，缺乏锻炼为什么会引发糖尿病呢？简单地说，运动可刺激胰岛素的分泌，加速细胞对糖的氧化和利用。当肌肉缺乏运动锻炼时，便会抑制胰岛素的分泌，长此以往，便会导致糖代谢紊乱，进而诱发糖尿病。另外，运动也可以加速脂肪的氧化，避免患肥胖病。当前，人们已知肥胖也是糖尿病的一个重要诱发因素，因为脂肪也是一种内分泌腺体，脂肪细胞可降低胰岛素的活性，从而使细胞不能很好地利用糖。

3. 运动能预防骨质疏松

骨质疏松是威胁中老年人健康的一种多发病，而运动是增强钙吸收的有效办法。美国骨科专家弗若斯特提出了一个新观点：在骨质疏松的发病机制中，非机械因素（钙、维生素D、激素等缺乏）并非最主要的，神经系统调控下的肌肉质量（包括肌块质量和肌力）才是决定骨强度（包括骨量和骨结构）的重要因素。缺钙者只有参加适量的体育锻炼，使骨骼承重，才能增强补钙的效果。有关研究指出，相关激素、钙、维生素D可决定3%～10%的骨强度，而运动对骨强度的影响可达40%。这一理论可以解释为什么久卧病床或多数肌肉衰退性疾病的患者即使补钙也无法阻止骨质减少。研究者认为，通过运动锻炼，增强骨承受负荷及肌肉牵张的能力，结合使用骨合成性药物等，可达到刺激骨生成、恢复被丢失的骨质及维持一定骨强度水平的目的。所以，补钙结合适当的负重运动，是防止骨质疏松最有效的方法。

4. 运动能防癌

有关研究指出，经常性的运动可使大肠癌罹患率减少一半。久坐不动容易导致肠蠕动缓慢，形成便秘，而宿便中的毒素（主要是蛋白质的分解产物、细菌毒素以及重金属离子等），持续刺激肠壁，导致肠黏膜上皮细胞突变，引起癌症。①运动能增强肠蠕动，有利于这些毒素及时排出，故而避免癌症。此外，由于大便畅通，减少了毒素的再吸收，也降低了乳腺癌、肺癌和其他癌症的发病率。

5. 运动能健脑防衰老

运动有增强记忆力、活跃思维的功效。美国加利福尼亚大学一位神经学教授发表了一篇比较性论文，他对近6000名65岁以上的妇女进行了脑功能状况的8年跟踪测试，发现经常运动的人出现记忆力减退的可能性最小。加利福尼亚大学脑老化和迟钝研究所的相关研究也表明，运动可以直接对脑产生影响，可以增加脑源性神经营养因子的形成量。脑源性神经营养因子不仅能促进轴突的生长，还能够提高脑细胞抑制氧化物和毒素的能力。

---

① 运动与健康的关系[EB/OL]．(2016-04-16) [2024-08-02]. http://petc.hust.edu.cn/info/1066/1152.htm.

6. 运动促进心理健康

运动可令人心情愉快，促进心理健康。研究表明，情绪和情感是客观刺激物影响大脑皮层活动的结果。在情绪活动中机体所发生的外在表现和内在变化与神经系统多种水平的机能相联系，是大脑皮层和皮层下中枢协同活动的结果。跑步、疾走、游泳、打羽毛球、打排球、打篮球、踢足球、骑自行车、登山等运动能增强心脏功能，促进血液循环和人体新陈代谢，使大脑得到充分的氧气和营养物质，能使大脑皮层的兴奋和抑制恢复平静，从而达到改善不佳心情的目的。此外，运动可以使人精神高度集中，有助于消除过度紧张情绪和疏导被压抑的精力，因此是控制精神紧张和心理失调的有效途径。一些心理学家通过大量研究肯定了运动对情绪的宣泄作用，认为运动不仅是一种休闲或锻炼身体的方式，还具有心理医疗的价值。运动就像一种净化剂，通过社会认可的渠道，使人们被压抑的情感和精力得到宣泄和升华，从而使受伤的心灵得以痊愈。

知识窗

马约翰：中国第一位体育教授[①]

在清华大学这座学术殿堂中，流传着一句响亮的口号："无体育，不清华。"这与马约翰有着莫大的关系。1920年起，马约翰担任清华大学体育部主任，成为中国第一位体育教授。他倡导"运动是健康的源泉"，不仅在清华大学组建了足球、篮球、网球、曲棍球、棒球、垒球等十多个代表队，编排了近百套徒手操，还曾担任中国代表团田径队总教练，带队参加柏林奥运会。

作为清华大学体育部主任，马约翰制定了严厉的体育考核标准，必须通过"五项测验"指标，不过关者不能毕业，让体育成为持有"一票否决权"的学科。那时，清华大学有一套体力测验及格标准，其中有一项不及格便不能毕业。他严格照章办事，国学大师吴宓因跳远未达标准而无法出国留学。直到他刻苦锻炼半年，跳远成绩及格后，才可以出国留学。当然，马约翰在严格中也有通融的一面。梁实秋怎么也学不会游泳，考试时，他让同学拿两根竹竿保护，结果差点溺水，靠竹竿逃生。一个月后补考，看梁实秋动作实在难看，监考的马约翰笑着说："好啦，算你及格了。"

许多后来卓有成就的学者在清华大学读书时，都从马约翰身上受益良多。著名科学家钱伟长刚入学时，身高只有1.49米，体重不到50千克。在马约翰的督促下，钱伟长在大学期间从未有一天停止运动，成为清华大学著名的中长跑运动员。著名流体力学家周培源在清华大学读书时，因两条腿又细又长，被老师和同学称为"仙鹤腿"。他曾在马约翰的调教下，获得清华大学三个中距离赛

[①] 马约翰：中国第一位体育教授[EB/OL].（2011-04-15）[2024-08-02]. https://www.tsinghua.edu.cn/info/1661/56127.htm.

> 跑项目的全校冠军。在我国建筑学界并称"南杨北梁"的"南杨"杨廷宝，曾作为学生代表主持"技击部"的工作，获剑术比赛冠军；而"北梁"的梁思成不仅是足球爱好者、唱歌团成员，还在校运会上得过跳高第一名，出众的爬绳技术更为其日后的考古工作带来便利。这些学者不仅在学术上对当代中国产生了巨大的影响，更在强健体魄的道路上为后来人树立了标杆。
>
> 作为著名的体育家，马约翰在一个岗位上孜孜不倦、勤勤恳恳地工作了52年，而且随着时代的步伐不断前进，被誉为"中国体育界的一面旗帜"。他自己终身坚持体育锻炼，身体非常健康，年逾八十，鹤发童颜，生气勃勃，被誉为"提倡体育运动的活榜样"。

（二）合理运动应遵循的原则

近几年在微信朋友圈里"晒"运动已经成为一种潮流，很多人喜欢把自己当天的步数"晒"出来，查看自己在微信朋友圈的排名。有的人为了超过好友，开启暴走模式，运动过量；还有的人在暴走一段时间后腿疼，腿骨、膝关节受损，甚至站立困难。因此，合理运动非常关键。合理运动应遵循以下原则。

1. 明确目的、自觉锻炼

运动的目的在于增进自身健康、提高自我活力。从遗传与变异观点看，运动对于提高下一代乃至整个民族的身体素质有重要的意义。坚持终身运动的人，要首先明确上述目的，让运动真正源自内心，变为自觉行动。正如毛泽东在《体育之研究》中提出的"欲图体育之效，非动其主观，促其对体育之自觉不可"。一个人只有解决好动机与效果统一的问题，才能自由、自发地去学习和掌握终身运动的知识、技能和技术，才能真正达到增进健康、提高活力、优化自身生命系统整体功能和自娱自乐的目的，才能确定锻炼的内容和要达到的标准要求，才能灵活地运用各种锻炼手段和方法。

2. 持之以恒

任何运动项目都要持之以恒地进行，这样才能达到有益健康的目的。运动贵在坚持，贵在终身。

3. 循序渐进

任何运动都必须量力而行、循序渐进。先进行简单的小量运动，待适应一段时间后，再进行量大、动作复杂的运动。

4. 合理的运动负荷

在坚持终身运动的过程中，要合理（适量）安排身体所能承受的生理负荷。也就是说，使运动者身体有一定程度但能承受得住的疲劳感，并与休息合理交替，以便更好地掌握终身运动的技能和技术，有效地增强体质。

一般来说，运动负荷=运动量×运动强度。运动量包括练习次数、时间、距离和负重总量；运动强度包括练习密度、速度和负重量。运动的强度一般以心率高低判别，一般在每组运动完30秒内进行心率测试。心率每分钟低于120次为小强度；心率每分钟120～150次为中等强度，心率每分钟150～180次为高强度，心率每分钟180次以上为大强度。在坚持终身运动中，运动者要合理安排运动负荷。强度加大，运动量则要相应减少；强度减小，运动量可以相应增加。

5. 全面发展

全面发展是指通过运动使身体的各个部位、各器官系统的机能，以及各种身体素质和基本活动能力获得全面协调的发展。人体的各部位、各器官系统的机能、各种身体素质和基本活动能力既相互联系又相互制约，某一方面的发展会影响其他方面的发展。这种协同关系如果处理得当，就能实现各方面相互促进、共同提高；反之，就会导致身体畸形发展，甚至有损健康。任何一项运动对人体的发展都有一定的作用。运动项目繁多且各具特色，作用于机体不同部位、器官系统的效果也不尽相同，因此，运动者应利用多种形式、手段、内容和方法进行全面锻炼，以优化自身生命系统整体功能。

6. 从实际出发

运动要从自身实际出发。人的身体状况千差万别，不同的人或同一个人在不同的机能状况下对运动的爱好、对运动量的负荷能力不尽相同。因此，运动的任务、内容、手段、方法和负荷等都应以符合自身特点和具体情况来确定。具体来说，运动要根据自身的年龄、性别、健康状况、生理机能、接受能力、心理因素、掌握运动知识及技术水平的差异而定。

7. 巩固提高

坚持运动，不仅要求运动者掌握基本的强身健体的知识、技能和技术，还要求其在实践中不断巩固提高，这是大脑皮层建立动作定型的结果。

> **知识窗**
>
> **体育锻炼的十条忠告**
>
> 1. 不要制订过于严格的时间表。
> 2. 要经常尝试新的锻炼方式。
> 3. 不要为追求时尚而改变自己的锻炼习惯。
> 4. 合理调整饮食结构。
> 5. 改变不良的饮食习惯。
> 6. 思想高度紧张和情绪剧烈波动时不宜进行锻炼。
> 7. 运动量要适宜。
> 8. 运动不必选择高档健身场所。
> 9. 选择的锻炼地点不可过于偏僻或繁华。
> 10. 选择一两个好友与自己共同锻炼。

五、烟草危害及戒烟策略

1987年11月，世界卫生组织在日本东京举行的第六届吸烟与健康国际会议上建议把每年的4月7日定为世界无烟日，并从1988年开始执行。但从1989年开始，世界无烟日改为每年的5月31日，因为第二天是国际儿童节，希望下一代免受烟草危害。

（一）烟草危害

1. 烟草的危害成分

烟草燃烧所产生的烟雾是由7000多种化合物组成的复杂混合物。其中，气体占95%，如一氧化碳、氢化氰、挥发性亚硝胺等；颗粒物占5%，包括半挥发物及非挥发物，如烟焦油、尼古丁等。这些化合物绝大多数对人体有害，其中至少有69种为已知的致癌物，如多环芳烃、亚硝胺等，而尼古丁是引起成瘾的物质。

二手烟是指从卷烟或其他烟草制品燃烧端散发的烟雾，且通常与吸烟者散发的烟雾混杂在一起。二手烟中含有几百种已知的有毒或致癌物质，包括甲醛、苯、氯乙烯、砷、氨和氢氰酸等。二手烟已被美国国家环境保护局和美国国家癌症研究所确定为A类致癌物质。与吸烟者本人吸入的烟雾相比，二手烟的许多致癌和有毒化学物质的浓度更高。

烟草依赖是一种慢性疾病，烟草危害是世界上最严重的公共卫生问题之一，吸烟和二手烟问题严重危害人类健康。烟草依赖是卫生界面临的第一号可预防的流行病。世界卫生组织创建世界无烟日，以期引起全球人类对烟草依赖流行及其致命影响的重视。

2. 吸烟可能引发的疾病

吸烟可能引发的疾病如图2-2所示。

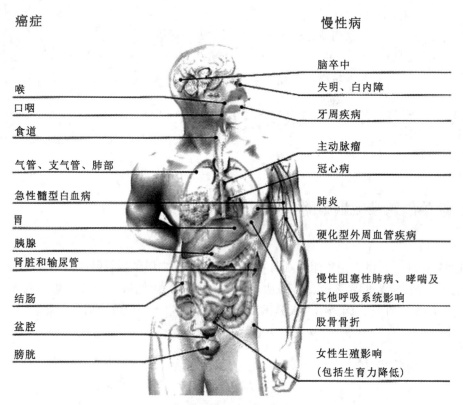

图2-2 吸烟可能引发的疾病

（1）心血管疾病

吸烟与冠心病、高血压、猝死、血栓闭塞性脉管炎的发病有关。吸烟促使血液形成凝块，降低人体对心脏病先兆的感应能力。

（2）呼吸系统疾病

如慢性支气管炎、肺气肿、慢性阻塞性肺病和肺癌。

（3）消化系统疾病

如消化性溃疡、胃炎、食管癌、结肠病变、胰腺癌、胃癌。

（4）脑血管疾病

吸烟会增加患脑出血、脑梗死、蛛网膜下腔出血的概率。另外，吸烟可损伤脑细胞、损害记忆力、影响对问题的思考及引起精神紊乱等。

(5) 内分泌疾病

吸烟可增加患糖尿病的概率，也可能促发甲状腺疾病。

(6) 口腔疾病

如唇癌、口腔癌、口腔白斑、白色念珠菌感染、口腔黏膜色素沉着、口腔异味等。

(7) 眼科疾病

如中毒性视神经病变、视觉适应性减退、黄斑变性、白内障等。

(8) 对女性生殖系统的影响

吸烟使得宫外孕的概率加大。研究发现，烟雾可以刺激小血管壁，使其增厚，进而使得盆腔内血液循环发生变化，从而引起受精卵着床变异等一系列变化。吸烟还会使女性卵子的受精率大大减弱。

(9) 痛经或提前绝经

医生们观察了年龄为15～44岁的251名妇女，在历时18个月的随访中发现，除了与痛经有关的疾病如纤维腺瘤、卵巢囊肿以及子宫内膜异位等，每天吸10～30支卷烟的妇女患痛经的概率是不吸烟妇女的2倍。吸烟史长达10～20年的妇女患痛经的概率是不吸烟者的3倍。这是由于吸烟可使血管收缩、变窄，减慢血液流动速度。

据路透社报道，挪威奥斯陆大学博士西娅-米克尔森及其同事调查了2123名59～60岁的女性。结果发现，吸烟女性绝经期提前的概率要比不吸烟者大59%；而烟瘾较重的女性中，绝经期提前的概率更是接近不吸烟者的2倍。

(10) 使骨质疏松

澳大利亚墨尔本大学的医生对41对孪生姊妹的研究证实，吸烟妇女在老年时骨质更脆弱，更易发生骨折。41对孪生姊妹中吸烟和不吸烟者配对，年龄在23～73岁间，测定其腰椎、股骨颈、股骨干的骨密度。成年后仍继续吸烟的女性，吸烟者骨质量指数比不吸烟者平均低5%～10%。每隔10年进行一次骨密度测定，发现吸烟者比不吸烟者的腰椎骨密度低2%，股骨颈低2%，股骨干低1.4%。研究显示，骨密度每降低10%，骨强度则降低30%，只要10年内骨密度降低10%，那么股骨颈骨折的发生率将增加44%。

(11) 引起尿失禁

1992年的一项研究揭示，吸烟妇女发生尿失禁的危险增加1.5倍，而戒烟者尿失禁的危险增加1.2倍。研究人员观察了322位患尿失禁的中年妇女和284名年龄相同而无尿失禁的妇女。与无尿失禁的妇女相比，患尿失禁的妇女多数为吸烟者或原先吸烟者。吸烟越多，越易发生尿失禁。吸烟者和原先吸烟者加在一起，其总的膀胱控制出问题的危险升高28%。

咳嗽可能是吸烟者发生尿失禁的重要原因。咳嗽严重到一定程度就会引起控制尿流的肌肉的物理性损伤。动物实验已证明尼古丁可使膀胱控制尿流的肌肉受到其毒素影响而损伤。当然，衰老和生育会使支撑膀胱的结构如骨盆底变弱和下垂，导致尿失禁。

(12) 减少母乳分泌量

美国研究人员发现，吸烟对婴儿的另一有害影响是减少了母乳的分泌数量及质量。研究人员称，吸烟妇女产后两周时产乳量比不吸烟妇女少21%，产后4周时少分泌43%，

而到产后6周，则差别达46%，吸烟妇女乳中脂肪含量比不吸烟妇女少19%。如母亲停止吸烟后其乳汁分泌量便上升，说明停止吸烟后，吸烟的不良影响便会减弱或消失。其机理尚待研究。

（13）易患心脏病

妇女吸烟的同时服避孕药可明显增加患心血管疾病如心肌梗死的危险。美国对5779名18~44岁妇女进行普查，发现7.4%的妇女既吸烟又服避孕药，其中1.1%每日吸烟超过20支。研究分析表明，吸烟并服用避孕药的妇女比一般人群急性心肌梗死发生率高200%。

（14）加速衰老

1928年，美国霍普金斯医学院的玻尔医生研究细胞生物学时，首先提出缺氧可使衰老加速的理论。吸烟使得体内长期缺氧及雌性激素分泌减少而致提前衰老。美国学者把一部分年龄相仿的吸烟妇女，根据吸烟时间的长短及吸烟量的多少，划分为四个组进行研究。结果表明：吸烟时间长，吸烟量大者进入绝经期早，嘴唇和眼角过早出现皱纹，牙齿发黄，皮肤粗糙，失去富有弹性丰润的外表，过早地出现衰老的一些征象。

（二）戒烟策略

对于轻度吸烟者、有强烈戒烟愿望者，或难以获取药物/行为疗法的戒烟者而言，恰当的自我指导的戒烟策略，是非常必要的。

英国的一项研究表明，69%的成年吸烟者都想戒烟，但尼古丁是强成瘾药物，所以戒烟并非易事，即使对于有强烈戒烟愿望者来说也是如此。最初的戒烟尝试总是不成功的，因此吸烟者必须做好多次尝试的心理准备。每一个尝试戒烟者都应清楚，戒烟过程中的一个小倒退并不意味着整个方案的失败。

如下戒烟策略可供参考：第一，承诺戒烟，确定戒烟的动机和愿望；第二，与医生交谈、讨论再度吸烟的药物治疗和策略，加大成功的概率；第三，选择戒烟日期，不要试图蜻蜓点水，从戒烟日期开始完全戒烟；第四，丢掉所有与烟草相关的装置，在戒烟日期到来之前把所有的衣服和车洗干净，不要去那些容易让人吸烟的场所；第五，不要考虑饮食问题，直到安全戒烟为止；第六，确保并争取同事、朋友和家人的支持，以鼓励自己保持戒烟状态；第六，学会避免使你想吸烟的情形和行为。

综合性的戒烟干预是最有效的。单独使用行为疗法常常不足以促成戒烟，尼古丁替代疗法或非尼古丁药物疗法通常更有利于吸烟者，即通过药物替代形式如药丸、戒烟贴片等来满足吸烟者对尼古丁的需要。对于许多戒烟者而言，尼古丁替代疗法缓解了戒断症状，同时在生理上和心理上帮助了戒烟者。

试图戒烟者必须在戒烟之前了解可能出现的戒断症状，如易怒、缺乏耐心、有敌意、焦虑、沮丧、注意力不集中、失眠、坐立不安、食欲和体重增加，做好充分的心理准备。戒烟者应当认识到，虽然戒烟要经历一个相当困难的过程，但并非不可能。

> **知识窗**
>
> 世界卫生组织戒烟十大建议[①]
>
> 1. 制订一个停止吸烟的计划并严格遵守。
> 2. 戒烟后，生理上会出现某些反应，不必担心，一周后就会消失。
> 3. 扔掉所有烟缸、未开封的烟、打火机。
> 4. 多喝水，上班时也要准备好水。
> 5. 加强体育活动。
> 6. 用原用于买烟的钱去买自己特别想要的东西。
> 7. 改变习惯，避免进入常买烟的商店，选择无烟环境。
> 8. 别把不愉快的事或喜事作为开戒"就吸一支"的借口。
> 9. 注意饮食营养，增加业余活动，不必担心发胖。
> 10. 不要担忧，一天不吸烟对自己和家人同事都是件好事。

健康躬行

1. 热身活动"齐眉棍"

活动时长：15分钟左右。

活动目的：通过参与度高的游戏活动转移参与者对心理障碍的过度关注，缓解他们的紧张和焦虑情绪，初步构建心理安全网。

具体操作：所有参与者的手都放在轻质塑料棍（或竹竿）下面，将轻质塑料棍（或竹竿）安全水平地往下移动。一旦参与者的手离开轻质塑料棍（或竹竿），或者轻质塑料棍（或竹竿）没有水平往下移动，就算任务失败。

2. 头脑风暴

活动时长：30分钟左右。

活动目的：寻根究源，探寻实现健康生活方式的有效途径。

具体操作：参与者将自己不健康的生活方式列举出来，并进行归因；与他人交流分享为何自己很难克服不健康的生活方式，都有哪些困惑，然后互相辅导，进行总结；教师在黑板上罗列各种困惑，并引导大家一起分析。

[①] 世界卫生组织提出戒烟的十大建议是什么？[EB/OL].（2017-02-07）[2024-08-02]. https://www.hkcdc.cn/index.php?c=content&a=show&id=1172.

3. 健康计划书

活动时长：30分钟左右。

活动目的：通过自我探索设计健康计划书，帮助自己进行自我约束。

具体操作：设定生理健康目标，包含短期目标与长期目标，从饮食、健身、睡眠与吸烟酗酒等方面进行设计；设定心理健康目标，包含短期目标与长期目标，从心态调节、压力管理和危机预防等方面进行设计；设定社会适应目标，包含短期目标与长期目标；学生之间交换健康计划书，互相提出意见，教师进行最终的点评。

4. 自我指导训练

活动时长：30分钟左右。

活动目的：分小组讨论健康生活的有效自我管理方法，互相监督。

具体操作：谈谈自己在现实中进行健康管理遇到什么样的难题，在解决难题时运用了哪些方法；列几句遇到困难时经常运用的自我暗示语，每人在集体面前大声说三遍，注意每次说的不同感受；小组成员间互相监督。

健康拓展

一、阅读欣赏

拥有健康，才能拥有一切[1]

一位妇女发现三位蓄着花白胡子的老者坐在家门口。她不认识他们，但对他们说："我不知道你们是什么人，但各位也许饿了，请进来吃些东西吧！"三位老者问道："男主人在家吗？"她回答："不在，他出去了。"老者们回答："那我们不能进入。"傍晚时分，妻子在丈夫到家后向他讲述了白天发生的事。丈夫说："快去告诉他们我在家，请他们进来。"妻子出去请三位老者进屋，但他们说："我们不能一起进屋。"其中一位老者指着身旁的两位介绍道："这位的名字叫财富，那位叫成功，而我的名字是健康。"接着，他又说："你再回去和你丈夫讨论一下，看你们愿意我们当中的哪一个进入。"妻子回去将此话告诉了丈夫。丈夫说："我们让财富进来吧，这样我们就可以黄金满屋了！"妻子却不同意："亲爱的，我们还是请成功进来更妙！"他们的女儿在一旁倾听。她建议："请健康进来不好吗？

---

[1] 你最值得炫耀的是健康！（2019-10-31）[2024-08-01]. https://baijiahao.baidu.com/s? id=1648846538049315376&wfr=spider&for=pc.

这样我们一家人身体健康，就可以幸福地享受生活、享受人生了!"丈夫对妻子说："听我们女儿的吧! 去请健康进屋做客。"妻子出去问三位长者："敢问哪位是健康? 请进来做客。"健康起身向她家走去，只见另外两人也站起身来，紧随其后。妻子吃惊地问财富和成功："我只邀请了健康，为什么两位也随同而来?"两位长者道："健康走到什么地方，我们就会陪伴他到什么地方，因为我们根本离不开他，如果你没请他进来，我们两个不论是谁进来，很快就会失去活力和生命。所以，我们在哪里都会和他在一起的!"

可见，拥有健康，才能拥有一切。健康之于幸福生活，仿佛空气之于生命。拥有健康不一定就会拥有一切，但毋庸置疑没有健康就一定没有一切! 而人类的健康又与心理健康紧密关联，正如医学哲学家胡天兰德所言：一切不利的影响因素中，最能使人短命夭亡的莫过于不良的情绪和恶劣的心境，如忧虑、惧怕、贪求、怯懦、嫉妒和憎恨等。因此，关注健康就是关注生命。

二、推荐书目

【书名】
《这书能让你戒烟》（封面见图2-3）。

【作者】
[英] 亚伦·卡尔

【译者】
严冬冬

【出版社】
吉林文史出版社

【出版时间】
2008年

图2-3 《这书能让你戒烟》封面

【内容简介】
该书作者是一位事业有成的会计师，也是一位重度上瘾的"老烟枪"。长达33年的烟龄，每天100只烟。日益恶化的健康状况，使他几乎陷于绝望。1983年，他终于发现了"轻松戒烟法"，告别了烟瘾。从此，他立誓帮人们解决戒烟问题。20多年来，他通过自己的书籍和戒烟诊所，让全球1000万人成功摆脱了烟瘾的控制。

【相关书目】

① 托瓦尔特·德特雷福仁：《疾病的希望：身心整合的疗愈力量》，易之新译，当代中国出版社，2011年。

② T.柯林·坎贝尔、托马斯·M.坎贝尔：《中国健康调查报告》，张宇晖译，吉林文史出版社，2006年。

③ 中国营养学会：《中国居民膳食指南》，西藏人民出版社，2008年。
④ 比尔斯：《默克家庭诊疗手册（第2版）》，赵小文译，人民卫生出版社，2006年。

三、电影赏析

【片名】
《锻炼的真相》（The Truth About Exercise）（剧照见图2-4）

【节目简介】
我们做的锻炼大部分是无效的吗？运动能消耗多少卡路里？去除脂肪的最佳方法是什么？一周只锻炼三分钟就够了？久坐真的是健康杀手吗？Michael Mosley通过亲身实践，发现了一些关于锻炼的惊人真相，帮助人们走出锻炼误区，获得健康长寿的秘诀。

【相关影片】
① 《什么是健康》
② 《健康饮食的真相》
③ Food Matters

图2-4 《锻炼的真相》剧照

全国居民健康素养
监测调查问卷

测测你的
健康商数

第二章
拓展资源

第三章 毒品预防

健康绪言

警惕依托咪酯，莫被"上头电子烟"迷惑[①]

近年来，随着电子烟逐渐流行，一些类似电子烟的"上头电子烟"悄然成为新的涉毒工具。这种"上头电子烟"外观与普通电子烟不易区分，但不法分子在电子烟油中添加了合成大麻素或依托咪酯等成分，实际上它们都是新型毒品。

2023年11月，被告人麦某在广州市某便利店附近，以1000元的价格将5个含有依托咪酯的电子烟弹出售给被告人陈某等人。同年12月6日，被告人麦某再次在上述地点，以3500元的价格将15个含有依托咪酯的电子烟弹出售给被告人陈某等人。后被告人陈某将上述部分含有依托咪酯的电子烟弹带至广东省东莞市藏匿。

2023年12月13日，被告人陈某与曾某约定以往返路费2000元、每个烟弹700元的价格向曾某出售6个含有依托咪酯的电子烟弹。在曾某先行支付2000元路费后，被告人陈某驾车从厦门市前往广东省东莞市，将其藏匿的11个含有依托咪酯的电子烟弹取出后驾车返回厦门。

2023年12月15日，被告人陈某与曾某在厦门市思明区某咖啡店内进行交易，曾某通过微信支付毒资4200元及辛苦费300元给被告人陈某，被告人陈某将6个含有依托咪酯的电子烟弹放在店内桌子上，二人随即被民警抓获，并被依法扣押11个电子烟弹、1个烟嘴及被告人陈某用于联系毒品交易的手机1部。

经称重，民警从店内桌子上查获的6个电子烟弹里含有依托咪酯的液体净重

[①] 警惕依托咪酯，莫被"上头电子烟"迷惑[EB/OL]．（2024-06-21）[2026-08-02]. https://m.thepaper.cn/baijiahao_27816821.

8.34克，从陈某随身携带的挎包里查获的4个电子烟弹里含有依托咪酯的液体净重5.6克，从陈某身上查获的未吸食完的1个电子烟弹里含有依托咪酯的液体净重0.55克。

2024年1月11日，被告人麦某在广东省雷州市一房间内被民警抓获。厦门市海沧区人民法院审理后认为，被告人麦某违反国家毒品管制规定，两次贩卖毒品依托咪酯共计14.49克，其行为已构成贩卖毒品罪。被告人陈某违反国家毒品管制规定，贩卖毒品依托咪酯共计13.94克，并进行异地运输，其行为已构成贩卖、运输毒品罪。

公诉机关指控被告人麦某犯贩卖毒品罪，被告人陈某犯贩卖、运输毒品罪的事实清楚，证据确实、充分，指控罪名成立。综上，厦门市海沧区人民以贩卖毒品罪判处被告人麦某有期徒刑十一个月，并处罚金人民币五千元；以贩卖、运输毒品罪判处陈某有期徒刑九个月，并处罚金人民币五千元。

那么，什么是依托咪酯？依托咪酯是一种含有咪唑环的羧化酯类药物，其纯品为白色结晶或结晶性粉末，具有镇静催眠活性，在医学上一般用于静脉全麻诱导或麻醉辅助。吸毒人员滥用依托咪酯，主要是将其添加在香烟的烟丝中，或者是添加在电子烟油中，以电子烟的形式来吸食。

吸食依托咪酯的主要表现为眩晕、手脚抽搐、昏厥倒地等。大剂量吸食，还会出现脾气暴躁等影响人的情绪、思维和意志行为的精神障碍。长期滥用依托咪酯会对肾上腺皮质功能、中枢神经系统、心血管系统、肝脏功能等造成影响。超出身体耐受范围时，甚至会造成死亡。吸食依托咪酯能够产生麻醉作用，造成意识和行为无法自主控制，滥用可能引发多种违法犯罪活动，严重危害社会秩序。2023年10月，依托咪酯正式列管，非法吸食、走私、贩卖、运输、制造依托咪酯的行为一律按照涉毒违法犯罪处理。本案中被告人贩卖含有依托咪酯的电子烟弹的行为构成贩卖毒品罪。广大群众应时刻警惕新型毒品，莫被"上头电子烟"迷惑。

健康求知

一、毒品概述

> 若鸦片一日未绝，本大臣一日不回，誓与此事相始终，断无中止之理。
> ——林则徐

> 禁毒工作事关国家安危、民族兴衰、人民福祉，毒品一日不除，禁毒斗争就一日不能松懈。
>
> ——习近平

（一）毒品的定义

根据《中华人民共和国禁毒法》第二条，毒品是指鸦片、海洛因、甲基苯丙胺（冰毒）、吗啡、大麻、可卡因，以及国家规定管制的其他能够使人形成瘾癖的麻醉药品和精神药品。

麻醉药品是指对中枢神经有麻醉作用，连续使用后易产生生理依赖性和精神依赖性，能形成瘾癖的药品。麻醉药品包括阿片类、可卡因类、大麻类、合成麻醉药类及国家卫生健康委员会认定的其他易形成瘾癖的药品、药用植物及其制剂。我们比较熟悉的麻醉药品有海洛因、吗啡、鸦片、大麻、可卡因等。

精神药品是指直接作用于中枢神经系统，使之兴奋或抑制，连续使用能产生依赖性的药品。精神药品依据其使人体产生的依赖性和危害人体健康的程度，可以分为第一类精神药品和第二类精神药品。我国政府相关主管部门根据《麻醉药品和精神药品管理条例》第三条的规定，建立动态调整的麻醉药品目录、精神药品目录。

我国采取概括加列举的方式对毒品进行定义，具体包括《麻醉药品品种目录》《精神药品品种目录》和《非药用类麻醉药品和精神药品管制品种增补目录》所列管的123种麻醉药品、162种精神药品和174种非药用类麻醉药品和精神药品，以及整类列管的芬太尼类物质和合成大麻素类物质。自2024年7月1日起，右美沙芬、含地芬诺酯复方制剂、纳呋拉啡、氯卡色林将被列入第二类精神药品目录。咪达唑仑原料药和注射剂由第二类精神药品调整为第一类精神药品，其他咪达唑仑单方制剂仍为第二类精神药品。

> **知识窗**
>
> 新修订的《云南省禁毒条例》有哪些变动？[①]
>
> 《云南省禁毒条例》是云南省人民代表大会常务委员会1991年发布的地方法规。2018年3月31日云南省第十三届人民代表大会常务委员会第二次会议通过修订的条例。2018年6月1日，涵盖总则、禁毒宣传教育、毒品管制、戒毒管理和服务、禁毒国际合作、禁毒工作保障、法律责任、附则等8章69条内容

---

① 定了！《云南省禁毒条例》经修订后6月1日正式颁布实施[EB/OL].（2018-05-07）[2024-08-02]. https://mp.weixin.qq.com/s?__biz=MzA5NzUwODgwNg==&mid=2652945152&idx=1&sn=9168dff65125446b7d931917108c91c0&chksm=8b4bd7a9bc3c5ebfdf1428bfa8dae94d9b72fae03676c0486e6bc43240b081080c7b3c1ed3c5&scene=27.

的《云南省禁毒条例》(以下简称《条例》)正式颁布实施。新修订的《条例》有哪些变动和亮点?

1. 对涉毒文艺人士"亮红灯"

近几年,不少艺人吸毒事件曝光,给社会造成了十分恶劣的影响。

《条例》中明文规定,广播影视、网络视听、文艺团体及有关单位依照国家有关规定,对因涉毒行为被公安机关查处未满3年或者尚未戒除毒瘾的人员,不得邀请其作为主创人员参与制作广播影视节目或者举办、参与文艺演出;对上述人员作为主创人员参与制作的广播影视节目以及代言的商业广告节目,不予播出,但进行禁毒宣传教育的除外。

制作、播出广播影视节目或者举办文艺演出,邀请因涉毒行为被公安机关查处未满3年或者尚未戒除毒瘾的人员作为主创人员的,由文化、广播电视行政主管部门按照职责对邀请方、播出方责令改正,处5万元以上15万元以下罚款。播出上述人员代言的商业广告节目的,由市场监管行政主管部门责令停止发布广告,处广告费用1倍以上3倍以下罚款。

2. 严禁毒驾

《条例》规定,严禁吸毒后驾驶机动车、船舶、轨道交通工具、航空器等。交通运输企业应当建立健全驾驶人员涉毒筛查制度,将吸毒筛查纳入驾驶人员体检项目,并主动接受公安机关的监督检查;发现驾驶人员有吸毒行为的,应当责令其立即停止驾驶,并向公安机关报告。

交通运输企业未建立驾驶人员涉毒筛查制度的,由交通管理部门责令改正,逾期不改正的,予以警告,并处5000元以上2万元以下罚款;交通运输企业发现驾驶人员有吸毒行为,未责令其立即停止驾驶并向相关部门报告的,由交通管理部门责令改正,处1万元以上5万元以下罚款;情节严重的,处5万元以上10万元以下罚款,并依法吊销相关许可证。

3. 针对贩毒"特殊人群"设专门场所

在治理特殊人群贩毒方面,《条例》规定,县级以上人民政府根据禁毒工作需要,可以设立专门场所。对怀孕、正在哺乳自己不满1周岁婴儿的妇女,患有艾滋病、癌症、尿毒症等传染病、严重疾病的毒品犯罪嫌疑人,可以指定其在专门场所监视居住;并加强对专门场所的管理和监督,组织财政、卫生、民政等行政主管部门提供医疗卫生服务和救助保障。

4. 对病残吸毒人员实施分类戒治

《条例》还规定,吸毒成瘾人员被依法决定强制隔离戒毒的,由作出决定的公安机关送交强制隔离戒毒所执行。强制隔离戒毒所应当依法予以接收。强制隔离戒毒场所应当开辟专门区域收治病、残吸毒人员,实施分类戒治。

县级以上人民政府根据需要,可以设立关爱机构,对接受社区戒毒(康复)的老、弱、病、残等特殊吸毒人员,执行地乡镇人民政府、街道办事处征求本人或者其父母、其他监护人同意并签订戒毒（康复）协议后，可以送交关爱机构进行集中戒毒（康复）。另外，各级人民政府应当对符合条件的戒毒（康复）人员，采取集中就业安置、分散就业安置、提供公益性岗位、鼓励自主创业等方式进行就业帮扶。县级以上人民政府应当对参与戒毒（康复）人员就业安置的单位和个人以及自主创业的戒毒（康复）人员按照有关规定给予经费补助和税收优惠，支持集中安置基地（点）的建设用地和建设经费。

5.对网上涉毒违法信息"零容忍"监管

《条例》规定，任何单位和个人不得制作、发布、传播、转载、链接包含吸毒、制毒、贩毒的方法、技术、工艺、工具、原料来源等违法信息。各类互联网服务提供者及网络空间的创建者、管理者，应当采取有效措施，防止他人利用互联网、网络空间进行涉毒违法犯罪活动。发现涉毒违法犯罪活动的，应当立即向公安机关报告，并采取停止传播、保存记录等措施。

若违反上述规定，单位、个人、互联网服务提供者及网络空间的创建者、管理者将面临公安机关予以警告，没收违法所得，对单位处1万元以上3万元以下罚款，对个人处2000元以上3万元以下罚款；情节严重的，对单位处5万元以上15万元以下罚款，对个人处5000元以上1万元以下罚款，对互联网服务提供者可以责令限期停业整顿。公安、通信、网络等管理部门应当建立查处网络涉毒行为的协作机制，加强网上涉毒违法信息的监测，依法处理涉毒违法犯罪活动。

6.邮政、寄递、物流实名登记全覆盖

《条例》规定，邮政、寄递、物流等经营单位应当建立寄递实名登记、收寄验视、信息保存以及收寄人员禁毒培训等管理制度，配备必要的检查设备，发现寄递疑似毒品、易制毒化学品等违禁物品的，应当停止运送、寄递，并立即报告公安机关。

（二）毒品与药品的区别

从毒品的概念中可以看出，许多毒品本是药品，医疗领域许多药品在特定的情况下可以成为毒品，毒品与这些药品无法完全分割开来，因此正确区分药品与毒品在实践中十分重要。

《中华人民共和国药品管理法》第二条对药品做了如下定义："用于预防、治疗、诊断人的疾病，有目的地调节人的生理机能并规定有适应症或者功能主治、用法和用量的物质，包括中药、化学药和生物制品等。"因此，一些物质具有药品和毒品的双重属性，主要表现在以下几个方面。

1. 医疗价值方面

具有药用价值的毒品，如果不被非法滥用，它还属于药物，而不是毒品。无论是在中国还是外国，自古以来都把罂粟、大麻、古柯、吗啡、可卡因等归于药品类，这些药品具有显著的镇静、止痛、解毒等药理作用，在合法使用的情况下，它们是具有医疗价值的药品。正是这些物质的医疗作用和科学价值使人类只能控制它而不能完全禁绝它。当然，有些毒品如海洛因、甲基苯丙胺、摇头丸等本身没有任何医疗价值。

2. 使用目的和动机方面

用于医疗目的、解除病痛、按照医疗规范使用的是药品，如通过医师处方得到杜冷丁并按规定的剂量与用法用于癌症止痛，这时的杜冷丁是一种药品；如果是被用来寻求快感或者贩卖以谋取利益，杜冷丁就变成了毒品。因此，在实践中，可以根据何时用、何地用、和什么人一起用、是否存在该药的治疗适应证等判断该药的使用目的和动机。

3. 使用方式方面

对使用目的和动机的判断相对来说比较困难，因为很少有人会承认使用这些药品是在寻求欣快感。因此，使用的途径和用量就成为判断一种致依赖性药品是否成为毒品的重要依据，改变临床上规定的使用途径与用量时更值得注意。例如，止咳药水新泰洛其，当一个人每天口服5瓶时就是在吸毒。再如丁丙诺啡含片，舌下含服用于戒毒时，它是一种药品，而当将它磨粉溶于水注射时，就可以认为这个人是在吸毒。这一点在执法实践中尤为重要。

4. 生产、流通方式方面

本条主要与禁毒执法相关，对于在临床上使用的具有依赖性的药品如哌替啶，如果是由国家认可的企业生产、在国家规定范围内流通、在医疗规范范围内依据医生处方使用，就称其为药品；反之，就称其为毒品。

（三）毒品的特征

毒品具有依赖性、耐受性、危害性、非法性等特征。这些特征使得这些物质既具有医学的属性，也具有法学的属性，所以才会出现同样的物质从医学角度看，是麻醉药品或精神药品，而从法学角度看就可能变成了毒品的情况。

1. 依赖性

毒品的依赖性是一种综合症状，是由于长期反复使用某种毒品，毒品与机体相互作用引起的状态。毒品的依赖性是其被滥用的主要原因。药物依赖性分为生理依赖性和心理依赖性两个方面。

（1）生理依赖性

生理依赖性又称身体依赖性或躯体依赖性，是毒品成瘾的病理生理学特征，是指由于长期反复使用某种物质，机体建立并适应了这种物质存在情况下的平衡状态。中断或打破这种平衡，机体便不能维持正常的生理功能，会产生一系列强烈的躯体方面的损害，从而造成人体生理、生化过程异常或紊乱。生理依赖性通常表现为一种周期性或慢性中毒的状态，随着时间的延长，只有继续使用该物质或增加用量方能维持机体的基本生理活动，否则就会产生一系列功能紊乱和损害的反应，也称撤药反应或戒断症状。

（2）心理依赖性

心理依赖性又称精神依赖性，是毒品成瘾的病理心理学特征。心理依赖性是指人多次用药后导致精神或心理上对所用药物的一种主观渴求或继续使用该药的强烈愿望，以获得心理上的满足和避免精神上的不适。人们通常所说的"心瘾"即心理依赖性的具体表现。心理依赖性的产生有两方面的动力：一是以往用药所体验到的某种效果或感受，驱使用药者为不断追求这种效果或感受而产生继续使用该药的强烈欲望；二是为了逃避停药时出现的烦躁、不安等心理反应而希望继续用药。药品的心理依赖性顽固且持久，对吸毒者留下的心理烙印极难消除，是吸毒者在摆脱生理依赖性后复吸的重要原因。

2. 耐受性

耐受性是指不断使用同一种或同一类药物后，药用效果会退化，机体对该药物的反应迟钝、变弱，必须不断增加使用剂量才能获得与以前相同的药效。例如，吗啡的常用剂量是10毫克，但有的吗啡依赖者竟在2.5小时内静脉注射2克吗啡而未对血压、脉搏、呼吸等产生明显的影响。

正是由于这些物质具有耐受性，几乎每个吸毒者都会经历逐步增大每次吸毒量、缩短吸毒间隔时间及改抽吸为静脉注射等过程，直到走向死亡。

3. 危害性

具有上述特征的物质被滥用后就变成了毒品，对吸毒者的身体和心理以及对社会都会产生很大的危害。

（1）毒品的生理毒性危害个人的身体

毒品会引起一系列严重的戒断症状，使人感到非常痛苦，从而使吸毒者终日离不开

毒品。另外，使用毒品会造成人体多个重要器官或组织受损，导致各种疾病发生，甚至危及生命。

（2）毒品的心理毒性损害人的精神

毒品的心理毒性源于药物的精神依赖性，这种精神依赖性的危害不仅在于其难以消除，而且在于它常常使吸毒者难以自制，将寻觅和吸食毒品作为人生的唯一目标，以致丧失人格，从事各种违法犯罪活动。

（3）毒品有极大的社会危害性

社会危害是毒品社会属性的表现。强调毒品的社会危害性旨在说明毒品问题是一个社会性问题、全球性问题、与整个人类社会息息相关的问题，必须采取综合治理和加强国际合作的方法来解决，仅仅将其视为医学问题或犯罪问题，很难使治理真正奏效。

4. 非法性

对人体和社会的极大危害性使毒品具备非法性这个法律属性。

（1）毒品的非法性表现为毒品是一种受国家管制的特殊药品

经国家管制的麻醉药品和精神药品本身不是毒品，在依法管理、合理使用的情况下，它们特殊的药效能够发挥出来，成为对人类有益的药品。如果超越了法律的规定，并非法违禁使用，它们就变成了毒品。我国对于药品的管理有两类法律规定：第一类是国内现行的药品管理法规，如《中华人民共和国药品管理法》《麻醉药品管理办法》《麻醉药品和精神药品管理条例》和《易制毒化学品管理条例》等；第二类是我国加入的有关国际公约，主要是联合国1972年修正的《1961年麻醉品单一公约》、1971年的《精神药物公约》和1988年的《禁止非法贩运麻醉药品和精神药物公约》，还有我国参加并签订的国际禁毒会议的决议等。

（2）毒品的非法性表现在毒品是法律明文禁止的

按照药品管理法，所有药品的生产、销售都要接受国家的管理和监督。然而，受特殊管理的药品除麻醉药品和精神药品之外，还包括放射性药品、剧毒性药品等，后者不是我们这里所说的毒品。同时，非法药品中包括假药、劣药及包装或销售违反广告法、商标法的药品，它们显然也不是毒品。另外，由于各国的法律传统和法律制度不同，同一种麻醉药品在一个国家被看作毒品，在另一个国家则可能是合法药品。因此，判断是不是毒品的关键依据或决定性标准，就是法律的具体规定。我国有关药品管理尤其是麻醉药品和精神药品管制的法律法规，全面、严格、具体、明确地规定了受管制的药品的种类、名称和范围，为区分药品、毒药和毒品提供了法律依据。

（3）毒品的非法性表现在与其有关的行为是违法行为或犯罪行为

我国《治安管理处罚法》《禁毒法》都规定，使用毒品的行为是违法行为。我国刑法规定，走私、贩卖、运输、制造毒品，非法种植毒品原植物，非法持有毒品，引诱、教唆、欺骗、强迫他人吸食、注射毒品以及非法提供毒品的行为都是犯罪行为，必须予以严惩。

> **知识窗**
>
> ### 《2023年中国毒情形势报告》发布[①]
>
> 报告指出，2023年，中国禁毒部门积极应对毒情形势变化，深入开展"清源断流"行动，大力整治突出毒品问题，全力防控毒品问题反弹风险，推动禁毒工作取得显著成效，毒情形势总体向好态势得以巩固，全国共破获毒品犯罪案件4.2万起，抓获犯罪嫌疑人6.5万名，缴获各类毒品25.9吨，同比分别上升12.6%、21%、18%。
>
> 报告介绍，通过全面开展毒品预防宣传教育，常态化推进"平安关爱"行动，持续加强吸毒人员戒治帮扶，中国毒品滥用规模持续萎缩，毒品滥用治理成效持续显现。截至2023年底，中国现有吸毒人员89.6万名，同比下降20.3%；戒断三年未发现复吸人员407.8万名，同比上升7.6%。全年共查处吸毒人员19.5万人次，同比下降1.1%。
>
> 2023年，针对国内毒品来源情况，中国禁毒部门持续推进"除冰肃毒"专项行动、"除根"行动，全链条打击制毒犯罪，国内规模性制毒活动、制毒物品流失得到持续有效遏制。在境外毒品渗透方面，阿片类毒品和冰毒仍主要来自"金三角"地区，少量麻精药品和新精神活性物质通过国际邮包渗透入境。
>
> 报告显示，2023年，跨境跨区域人、车、物流动增多，中国走私贩毒活动出现回升势头。中国禁毒部门持续推进"清源断流""净边""猎枭"等专项行动，有力打击毒品走私贩运活动，全年共破获走私贩运毒品案件3.2万起，抓获犯罪嫌疑人5.6万名，缴获毒品14.6吨。
>
> 国家禁毒办有关负责人表示，下一步，中国禁毒部门将紧盯毒情形势反映出来的风险问题和漏洞短板，持续深入推进严打整治专项行动，集中整治突出毒品问题，全面深化毒品治理措施，织紧织密涉毒风险防线，纵深推进禁毒人民战争，奋力推动禁毒工作高质量发展，为以中国式现代化推进强国建设、民族复兴伟业贡献禁毒力量。

[①] 我国毒品违法犯罪活动降至近10年来最低点[EB/OL].（2023-06-21）[2024-08-02]. https://www.gov.cn/lianbo/bumen/202306/content_6887706.htm.

二、常见毒品的种类

（一）鸦片类

1. 鸦片

鸦片又叫阿片，俗称大烟，由罂粟果实中流出的乳液经干燥凝结而成。因产地不同而呈黑色或褐色，味苦。生鸦片经过烧煮和发酵，可制成精制鸦片，吸食时有一种强烈的香甜气味。吸食者初吸时会感到头晕目眩、恶心或头痛，多次吸食就会上瘾。

2. 吗啡

吗啡是从鸦片中分离出来的一种生物碱，在鸦片中含量为10%左右，通常为无色或白色的结晶粉末状，具有镇痛、催眠、止咳、止泻等多种药理作用，吸食后会产生欣快感，比鸦片更容易成瘾。长期使用可能会引起精神失常、谵妄和幻想，过量使用会导致呼吸衰竭而死亡。历史上它曾被用作精神药品戒断鸦片，但由于副作用过大，最终被定性为毒品。

3. 海洛因

海洛因的化学名称为"二乙酰吗啡"，俗称白粉，它是由吗啡和醋酸酐反应制成的，镇痛作用是吗啡的4~8倍，医学上曾广泛用于麻醉镇痛，但成瘾快，极难戒断。长期使用海洛因会破坏人体免疫功能，并导致心、肝、肾等主要脏器的损害。注射吸食海洛因还能传播艾滋病等疾病。历史上它曾被用作精神药品戒断吗啡，但由于副作用太大，最终被定性为毒品。海洛因被称为世界毒品之王，是我国目前监控、查禁力度最大的毒品之一。

（二）苯丙胺类

1. 冰毒

冰毒即兴奋剂甲基苯丙胺，外观为纯白色结晶体，故被吸毒者、贩毒者称为"冰"。冰毒对人体中枢神经系统具有极强的刺激作用，且毒性强。冰毒的精神依赖性很强，吸食后会产生强烈的生理兴奋，大量消耗人的体力，严重降低人的免疫功能，严重损害人的心脏、大脑组织甚至导致死亡，还会造成精神障碍，让人表现出妄想、好斗、错觉，从而引发暴力行为。

2. 摇头丸

摇头丸是冰毒的衍生物，以MDMA等苯丙胺类兴奋剂为主要成分，具有兴奋和致幻双重作用，滥用后可出现长时间随音乐剧烈摆动头部的现象，故称摇头丸。摇头丸外观多呈片剂，五颜六色。服用后中枢神经会强烈兴奋，出现摇头和妄动现象，在幻觉作用下常常引发集体淫乱、自残与攻击行为，并可诱发精神分裂症及急性心脑血管疾病，精神依赖性强。

3. "红冰"

"红冰"是冰毒的提纯物，由普通冰毒提纯数倍而成，对人体的危害比冰毒大数倍。"红冰"形如紫晶，状如大粒海盐，在阳光下有光泽，是近几年国际上新出现的毒品类型，在我国北方地区首次被查获。吸毒者一旦沾染"红冰"便深陷其中，且用量持续增大，毒瘾很难戒掉。

4. 麻古

麻古是一种加工后的冰毒片剂，麻古的外观和摇头丸相似。服用麻古后会使中枢神经系统、血液系统极度兴奋，大量消耗人的体力，降低人体免疫功能。长期服用麻古会导致人的情绪低落及疲倦、精神失常，损害人的心脏、肾和肝，甚至导致死亡。

（三）可卡因类

可卡因是从古柯叶中提取的一种白色晶状的生物碱，是强效的中枢神经兴奋剂和局部麻醉剂。它能阻断人体神经传导，产生局部麻醉作用，并可通过加强人体内化学物质的活性刺激大脑皮层，兴奋中枢神经，表现出情绪高涨、好动、健谈、攻击倾向等行为，具有很强的成瘾性，对消化系统、免疫系统、心血管系统和泌尿生殖系统都有损伤作用。

（四）大麻类

大麻为桑科一年生直立草本植物，分为无毒大麻和有毒大麻。无毒大麻的茎、杆可制成纤维，籽可榨油。有毒大麻主要指矮小、多分枝的印度大麻。大麻类毒品主要包括大麻烟、大麻脂和大麻油，主要活性成分是四氢大麻酚。大麻对中枢神经系统有抑制、麻醉作用，吸食后产生欣快感，有时会出现幻觉和妄想，长期吸食会引起精神障碍、思维迟钝，并破坏人体的免疫系统。

（五）其他毒品

1. 氯胺酮

氯胺酮在我国俗称"K粉"，静脉全麻药，为白色结晶粉末，无嗅，易溶于水，通常在娱乐场所滥用。服用后遇快节奏音乐身体便会强烈扭动，会导致神经中毒反应、精神分裂症状，出现幻听、幻觉、幻视等，对记忆和思维能力造成严重的损害。此外，易让人产生性冲动，所以又称"迷奸粉"或"强奸粉"。"K粉"的吸食方式为鼻吸或溶于饮料后饮用，能兴奋心血管，吸食过量可致死，具有精神依赖性。"K粉"成瘾后，在毒品的作用下，吸食者会疯狂摇头，很容易摇断颈椎；同时，疯狂的摇摆还会造成心力衰竭、呼吸衰竭。吸食过量或长期吸食，可对人体的心、肺、神经等造成致命损伤，其对中枢神经的损害比冰毒还厉害。

2. GHB

GHB（γ-羟丁酸）又称"液体迷魂药"或"G"毒，是一种无色、无味、无嗅的液体。通常呈钠盐形态，亦有白色粉末、药片和胶囊等剂型。它属于中枢神经抑制剂，具成瘾性，曾用来当作全身麻醉剂，帮助睡眠及健身。目前GHB并没有合法的医疗用途。

3. 氟硝西泮

氟硝西泮属苯二氮卓类镇静催眠药，是一种新型毒品。氟硝西泮通常与乙醇合并滥用，滥用后可使吸食者在药物作用下无能力反抗而被强奸，并产生顺行性遗忘，对所发生的事情失忆。

4. 杜冷丁

杜冷丁为人工合成的阿片受体激动剂，即盐酸哌替啶，是一种临床应用的合成镇痛药，为白色结晶性粉末，味微苦，无嗅，其作用和机理与吗啡相似，但镇静、麻醉作用较小，仅相当于吗啡的1/10～1/8。长期使用会产生依赖性，被列为严格管制的麻醉药品。

5. 美沙酮

美沙酮又名美散痛。其盐酸盐为无嗅、有苦味、白色或无色结晶状粉末，能溶于水，多为胶囊形式。

6. 盐酸二氢埃托啡

盐酸二氢埃托啡是一种人工合成的强镇痛药，主要用于缓解急性剧烈疼痛，可让人产生很强的心理依赖性。

7. 麦司卡林

麦司卡林又名仙人球毒碱，学名三甲氧苯乙胺，为白色晶体，其盐酸盐可溶于水，呈片剂或胶囊形态。属致幻型毒品。

8. 麦角酸二乙基酰胺

麦角酸二乙基酰胺（LSD）为无色、无嗅液体，多呈粉剂、片剂及丸剂形态。属致幻型毒品。

9. 苯环己哌啶

苯环己哌啶（PCP）俗称天使粉。常呈粉剂，也有片剂、胶囊、针剂等形态。属致幻型毒品。

10. 咖啡因

咖啡因是从茶叶、咖啡果中提炼出来的一种生物碱。大剂量长期食用会对人体造成损害，引起惊厥、心律失常，并可加重或诱发消化性肠道溃疡，甚至导致吸食者下一代智力低下、肢体畸形，同时具有成瘾性，停用会出现戒断症状。

11. 镇静催眠药类

镇静催眠药类是一类抑制中枢神经系统、起镇静和催眠作用的药物。按其医学临床应用可分为巴比妥类、苯二氮卓类和其他类。

常见的巴比妥类药物有巴比妥、苯巴比妥及戊巴比妥等，目前巴比妥类药物有超过2500个品种。常见的苯二氮卓类药物有利眠宁、安定（地西泮）、硝基安定（硝西泮）、氯硝安定（氯硝西泮）、盐酸氟西泮、艾司唑仑（舒乐安定）、三唑仑（海乐神）等。

（六）新型伪装毒品

除了以上所介绍的常见的毒品种类外，目前市面上还出现了不少极具欺骗性和诱惑性的新型伪装毒品，如图3-1所示。

a.伪装毒品跳跳糖

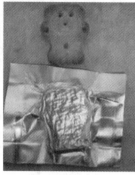
b.伪装毒品跳跳糖

c.伪装毒品奶茶包

d.伪装毒品止咳水

e.伪装毒品彩虹烟

f.伪装毒品果冻

g.伪装毒品茶叶

h.伪装毒品糖片

i.伪装毒品浴盐

图3-1　新型伪装毒品

三、毒品的危害

（一）个人危害

1. 身体依赖性

反复用药会让人体形成一种强烈的依赖性。毒品作用于人体，使人体各项机能产生适应性改变，形成在药物作用下的新的平衡状态。一旦停掉药物，生理功能就会发生紊乱，出现一系列严重反应，即戒断反应，使人感到非常痛苦。用药者要避免戒断反应，就必须定时用药，并且不断加大剂量。

2. 精神依赖性

毒品进入人体后作用于人的神经系统，使吸毒者出现一种用药的强烈欲望，驱使吸毒者不顾一切地寻求和使用毒品。一旦出现精神依赖，即使经过脱毒治疗，在急性期戒断反应基本控制后，要完全恢复原有生理机能也往往需要数月甚至数年的时间。更严重的是，对毒品的精神依赖性难以消除。这是许多吸毒者复吸的原因，也是世界医药学界尚待解决的难题。

3. 毒品危害人体的机理

首先，毒品会直接作用于人体的中枢神经系统。许多毒品，如海洛因、可卡因和冰毒，会通过与脑内特定受体结合，改变神经传递的正常功能。海洛因会模拟脑内的内源性阿片类物质，与阿片受体结合，产生强烈的镇痛和欣快感。然而，长期使用会导致脑内化学平衡被破坏，产生依赖性和成瘾性。一旦停止使用，就会出现强烈的戒断症状，如焦虑、抑郁、失眠和身体疼痛。其次，毒品对人体的心血管系统也有显著影响。可卡因和苯丙胺类毒品会导致心率加快、血压升高，增加心脏病发作和中风的风险。长期使用还会引起血管硬化和心肌损伤，严重时可导致心力衰竭。最后，毒品还会损害人体的肝脏、肾脏、肺等重要器官。注射毒品的行为增加了感染性疾病的风险，如艾滋病和肝炎。吸食毒品如冰毒和大麻会损伤肺组织，导致慢性支气管炎和肺功能下降。长期使用毒品还会引起肝脏毒性，导致肝硬化和肝功能衰竭。

4. 影响寿命

据国外有关部门统计，吸毒者多数短命，一般寿命不超过40岁。

5. 助长传染病传播

吸毒不仅会损害吸毒者本人的健康，还会带来乙型肝炎、丙型肝炎、性病的传播等公共卫生问题，其中最严重的是艾滋病的感染和传播。静脉注射毒品者共用不洁注射器造成艾滋病感染率极高，此外，一些吸毒妇女为了获得购买毒品的金钱，不得不沦为卖淫女，从而成为各种性病感染、传播的高危人群和重要感染源。

（二）家庭危害

吸毒导致大量的家庭悲剧。有吸毒者的家庭往往伴随贫困和矛盾，最后的结局通常是倾家荡产、家破人亡。首先，吸毒会耗费大量钱财；其次，吸毒会导致婚姻死亡，家庭破裂，因为一个人一旦染上毒瘾，就会丧失义务或责任感，最终必然导致离婚；最后，吸毒危及下一代，怀孕妇女吸毒将严重影响胎儿的正常发育，有的甚至导致新生儿先天畸形或染上毒瘾。

（三）社会危害

首先，毒品对社会生产力带来巨大的破坏。吸毒不仅导致个体身体疾病，影响生产活动，还会造成社会财富的巨大损失和浪费，造成环境恶化，缩小了人类的生存空间。

其次，毒品活动扰乱社会治安。毒品活动加剧诱发了多种违法犯罪活动，扰乱了社会治安，给社会安定带来巨大威胁。毒品走私和贩卖有着惊人的利润。比如，2022年受供给量大幅减少、毒品销售贩运流通渠道一定程度受阻等影响，海洛因、冰毒、氯胺酮这三类滥用人数较多的常见毒品的全国零售平均价较2021年大幅上升。其中，海洛因1261.1元（人民币，下同）/克，同比上升31.6%；冰毒1207元/克，同比上升37%；氯胺酮794元/克，同比上升67.7%，这是普通人所不能承受的。为了维持毒品的消费，一些吸毒者通过贩毒或者盗窃、抢劫、卖淫等手段来获得购买毒品的费用。此外，吸毒之后，吸毒者的正常人性的束缚和对法律规范的敬畏消失了，他们觉得"精力充沛"，或是在一块鬼混，或是出现精神失常，会去打架、抢劫。此外，由于毒品的贩卖都是成帮结伙的，吸毒者只有加入他们圈子才能源源不断地获得毒品，这就导致犯罪团伙、黑社会的形成。这种由毒品聚合在一起的黑社会必然是刑事犯罪集团，对社会安全构成极大的威胁。

四、吸毒成瘾机理

（一）一般机理

吸毒成瘾是指在反复使用具有成瘾性药物（毒品）的过程中，机体与毒品相互作用所形成的一种特殊的精神和躯体病态状况，表现为强迫性连续定期服用或注射毒品，目的是体验毒品带来的心理效应或避免戒断症状出现。吸毒成瘾一般有三个主要特征，即药物耐受性、生理依赖性及心理依赖性。

近些年的研究表明，反复使用成瘾性药物会导致大脑持久性改变，扰乱人体正常的生理平衡，改变一个人的认知功能和行为方式。吸毒成瘾是一种慢性复发的脑疾病，按临床医学划分，可以列入精神疾病的范畴。长期以来，许多人仅仅把吸毒看作一种不良习惯，而未将其视为一种疾病。初始吸毒，固然往往是由于个人价值观扭曲和一些外部因素造成的，然而，一旦成瘾，吸毒者不仅脑功能会发生改变，脑结构也会在相应时期发生变化，成为脑的高级神经活动障碍的反复发作性顽症；成瘾后，他们的行为完全受毒品的支配，甚至彻底丧失理智。

成瘾性药物为什么能使人产生依赖性是近几年科学家广泛研究的热点。目前较权威的看法是，吸毒成瘾是依赖性药物与机体相互作用的结果。一方面，依赖性药物进入机体后作用于人的大脑中与学习、记忆有关的神经系统（奖赏系统），使人产生愉悦、轻快的感觉，逐渐产生精神依赖（心瘾），进而形成追求应用该药物的行为；另一方面，依赖性药物作用于机体，使机体发生了适应性改变，形成在药物作用下的新的平衡状态（身体依赖），一旦停掉药物，就会感到不适和身体的损害，出现戒断反应（停药反应），用药者为了避免戒断反应，就必须定时用药，且不断加大剂量。

人们发现，尽管不同种类的滥用药物能产生不同的药理作用和行为效应，但毒品成瘾后都具有相似的特点，如药物耐受性、依赖性（包括生理依赖性和心理依赖性），以及对成瘾药物的敏感性增强，一旦中止用药或者降低用量，都可能导致戒断反应。即使在停止药物滥用很长一段时间后，也随时可能因为环境、情绪、躯体等因素诱发复吸。

近年来的研究显示，所有被滥用的药物都具有神经毒性，可造成神经细胞形态和结构的改变，进而影响其功能。这种形态、结构和功能的损害是慢性、永久性和不可逆转的。

（二）海洛因及苯丙胺类毒品的成瘾机理

1. 海洛因成瘾机理

对海洛因成瘾机理比较一致的认识是：人体内本身就有一种类似阿片类物质的存在，

体内内源性阿片类物质调节体内多种激素及神经递质等信号传递系统,以保持内环境稳定(身体和心理);当个体从外部大量摄入阿片类物质如海洛因时,外来的阿片类物质逐渐取代了原来内在的阿片类物质,遏制了原来人体内正常阿片类物质的生成和释放,从而破坏了人体内的正常平衡,形成人体在生理、心理上对外来阿片类物质的依赖,只有不断地加大这类物质的摄入量,才能保持人体生理、心理上的平衡。如果中断外来供应,吸毒的人就会因犯瘾而引发生理和心理上的痛苦。

2. 苯丙胺类毒品成瘾机理

苯丙胺类毒品是一类非法人工合成的兴奋剂,它对中枢神经和交感神经有很强的兴奋作用。在正常情况下,人体细胞的兴奋活动是通过一种特殊的化学物质——神经递质的释放来实现的,神经细胞中神经递质的释放是有序的。但是苯丙胺类毒品会促使人体神经递质耗竭性释放,由此产生持续的、病理性的兴奋状态,导致神经细胞大量被破坏,引起神经功能系统紊乱。经过数次毒品作用后,神经细胞释放的快乐型神经递质不断减少,吸食者虽然理智上知道不该吸食毒品,但需要毒品的刺激来维持正常或异常的欣快感。毒品的成瘾性主要取决于其精神依赖性,而苯丙胺类毒品可以直接作用于人的中枢神经系统,因此吸食这类毒品的人会表现出比吸食海洛因者更强烈的精神依赖。

五、大学生参与禁毒

我国一直严厉打击毒品违法犯罪行为,不仅颁布了一系列禁毒法律法规,为禁毒斗争提供了有力的法律保障,还加入了国际禁毒公约,认真履行相应的义务。

(一)国际禁毒公约

国际禁毒条约是指国家及其国际法主体间所缔结的以国际法为标准并确定其有关禁毒方面的权利和义务关系的一种书面协议。国际禁毒条约涵盖国际禁毒相关的公约、协定、议定书、宣言、纲领等。这里主要介绍国际禁毒公约。

我国已加入的三大国际禁毒公约为《1961年麻醉品单一公约》《1971年精神药物公约》《联合国禁止非法贩运麻醉药品和精神药品公约》。我国政府根据这些国际公约要求,加强对麻醉药品和精神药物的管制,开展国际间的禁毒合作。

为了加强国际间的禁毒合作,打击毒品犯罪,联合国分别于1990年和1998年召开了禁毒特别联大。第一次禁毒特别联大于1990年2月20日至23日在纽约举行,这次大会的正式名称是"国际合作取缔麻醉药品和精神药物非法生产、供应、需要、贩运和分销问题的联大特别会议"。包括中国在内的一百多个国家派代表团参加,会议通过了《政治宣言》和《全球行动纲领》，宣布20世纪最后10年（1991—2000年）为"国际禁毒十年"。联合国第二次禁毒特别联大——第52届联大关于毒品问题的特别会议于1998年6月8日至10日在联合国总部召开，这次大会的议题是"加强国际司法合作、控制化学品流动、控制兴奋剂、减少毒品需求和打击贩毒洗钱等"。会议通过了《政治宣言》《减少毒品需求指导原则宣言》《在处理毒品问题上加强国际合作的措施》等文件。2012年12月20日，联合国大会通过第67/193号决议，决定于2016年4月召开联合国大会毒品问题特别会议（即第三届禁毒特别联大），在三项国际禁毒公约和相关联合国文书框架内，审议落实2009年《政治宣言和行动计划》，评估现行国际禁毒体制和政策在应对世界毒品问题方面所获得的成就和面临的挑战。2016年4月19日，世界毒品问题特别联大会议在纽约联合国总部拉开帷幕。当时的中国国务委员、国家禁毒委员会主任、公安部部长郭声琨率中国代表团出席并发表讲话。郭声琨强调，中国政府高度重视禁毒工作，坚定不移厉行禁毒方针，坚决打赢禁毒人民战争。中国将继续支持联合国禁毒机构工作，积极参与国际禁毒事务和区域禁毒合作，共同打击跨国毒品犯罪，继续推进实施可持续的替代发展战略，同国际社会一道，携手构建合作共赢的伙伴关系，合力推动国际禁毒事业向前发展，为保障人类健康安全和共同福祉而不懈奋斗。

知识窗

国际禁毒日

每年的6月26日是联合国确定的国际禁毒日。

20世纪80年代，毒品在全球日趋泛滥，毒品走私日益严重。面对这一严峻形势，联合国于1987年6月在奥地利维也纳召开了关于麻醉品滥用和非法贩运问题的部长级会议。会议提出了"爱生命、不吸毒"的口号，并建议将每年的6月26日定为"国际禁毒日"，以引起世界各国对毒品问题的重视，共同抵御毒品的危害。同年12月，第42届联合国大会通过决议，正式将每年的6月26日确定为国际禁毒日。

每年国际禁毒日前后，我国各级政府都会通过报刊、广播、电视等新闻媒介及其他多种形式集中开展禁毒宣传活动。2024年6月是第14个全民禁毒宣传月，这一年全民禁毒宣传月的主题是"防范青少年药物滥用"。

（二）拒绝毒品从我做起

毒品不但危害人民群众特别是广大青少年的身心健康，而且严重威胁社会安定，影响经济发展和社会进步。如今，毒品问题已成为全球性问题，它与恐怖主义、艾滋病并称"当今世界的三大公害"。要想远离毒品的威胁，就必须做到以下几个方面。

1. 学习禁毒知识，做到四个牢记

第一，牢记什么是毒品；第二，牢记吸毒极易成瘾，并极难戒断；第三，牢记毒品害人、害己、害家、害国；第四，牢记吸毒是违法，吸毒是犯罪。

2. 永远不尝第一口

青少年由于社会阅历较浅，辨别是非能力较差，特别容易推崇和盲从同龄人的行为。许多青少年吸毒者都是看到别人吸才尝试的。所以，无论在什么情况下，都不应该萌生尝试毒品的念头，永远同毒品保持距离，特别是在有人——无论是陌生人，还是熟人，或者是亲朋好友——大肆吹嘘毒品的妙境，甚至无偿提供毒品的情况下，更应提高警惕、抵御诱惑，不中圈套，同时将这些人的行为及时报告家长、学校、当地公安机关。

3. 正确面对困难和挫折

人的生活不可能是一帆风顺的，总是要经历诸多挫折和考验，有升学挫折、有就业挫折、有恋爱挫折、有婚姻家庭挫折，还有事业上的挫折。我们应以理智、健康、积极的态度来面对挫折，把挫折当成新征程的起点，从中吸取教训，总结经验，孕育成功，努力成为生活的强者。千万不可做一个整日与烟酒为伍的意志消沉者，更不能借助毒品来消除烦恼和痛苦。

4. 慎重交友

有关调查显示，大多数吸毒人员是在所谓"朋友"的影响下坠入毒品深渊的，因此，要远离毒品就要慎重交友，时时警惕。同时要树立正确的人生观，不因为空虚、寻求刺激、追求时髦而走上吸毒的道路。

5. 远离不健康的场所

当前社会上一些娱乐场所管理混乱，黄、赌、毒等违法犯罪活动猖獗，一旦进入其中就可能身不由己，陷入泥潭难以自拔。因此要洁身自好，自觉远离那些娱乐场所。

6. 学会拒绝吸毒的方法

要懂得分辨善恶，遇到坏朋友引诱时，坚守永不吸毒的信念。遇到吸毒人员应迅速离开，并及时向公安机关报告，坚决不与之交往。

（三）参加禁毒志愿者协会

禁毒志愿者是指不为物质报酬，基于良知、信念和责任，自愿为开展禁毒宣传和预防教育工作，关心、帮助戒毒人员彻底戒断毒瘾，协助、配合禁毒主管部门开展禁毒工作的人。

青年作为时代的先锋必然要成为这场禁毒斗争的主力军。大力发展禁毒志愿者组织，深入开展禁毒志愿者行动，是社会的需要、青年的责任和法定的义务。禁毒志愿者行动可以有效激发广大群众参与禁毒工作的积极性，有力促进禁毒宣传教育和帮教戒毒人员等多方面的工作，是参与禁毒斗争的重要载体，也是开展毒品预防教育的一种新机制。大学生既是禁毒教育的对象，也是禁毒宣传教育志愿者队伍的主力军。

1. 禁毒志愿者的责任

禁毒志愿者的责任，就是在参与、从事禁毒志愿服务过程中应该承担的责任。禁毒志愿者应该在志愿服务的过程中用心，努力实现志愿服务的使命，实现志愿服务本来应该达到的效果；要尽量避免和克服形式主义，坚决避免商业化行为，不做有损禁毒志愿服务本身的事情；要尊重受服务者，平等服务，注重细节，使受服务者切实感受到社会的关爱和帮助；要特别注重禁毒志愿服务的效果，使受服务者从志愿服务中获得切实的帮助和服务，使受服务者的处境因为志愿服务而有所改变；要注重志愿服务的社会影响，通过禁毒志愿服务本身来弘扬、传播良好的社会道德，提高全民族拒绝毒品、防范毒品的能力等。

2. 禁毒志愿者的义务

① 履行禁毒志愿服务承诺。
② 遵守国家法律法规和禁毒志愿者组织的章程及其他制度。
③ 参加禁毒志愿者组织安排的志愿服务活动。
④ 不损害受服务者的合法权益。
⑤ 不以禁毒志愿者身份从事营利性或违背社会公德的活动。
⑥ 维护禁毒志愿者组织和禁毒志愿者的声誉和形象。
⑦ 每年参加时长不少于48小时的禁毒志愿服务活动。
⑧ 自觉远离毒品。
⑨ 相关法律法规、禁毒志愿者组织规定的其他义务。

3. 大学生参与禁毒志愿活动

（1）开展多种形式的毒品及其危害宣传和预防教育工作

可以积极利用校园内的宣传栏、宣传活动、展板、报栏、广播、社团等载体做宣传，为创建"无毒校园"做贡献；可以利用特殊的重大节日，如国际禁毒日，开展形式多样的禁毒宣传教育活动；可以与专业相结合，巩固和扩大活动基地，拓宽服务领域，提高服务水平，为社区提供更多的专业化禁毒志愿服务。

（2）深入基层，参与社区禁毒教育活动，提供社区戒毒康复服务

根据我国禁毒工作的需要，大学生禁毒志愿者行动的工作重心应放在社区，积极配合街道、乡镇、村社和学校、单位做好禁毒宣传教育，抓好创建"无毒社区""无毒村寨""无毒单位""无毒学校""无毒家庭"等工作。

（3）参与禁毒志愿者协会和当地禁毒部门组织的其他活动

这些活动具体包括开展普法宣传、法律咨询、禁毒宣传等服务活动，参与我国禁毒方针及法律法规的宣传教育工作，参与当地禁毒部门组织的其他相关宣传教育活动。

健康躬行

"吸毒者画像"

活动时间：20~30分钟。

活动目的：让学生认识到吸毒的危害，加深对吸毒成瘾机理的理解，自觉抵制毒品。

具体操作：学生分组，每组6~8人，可自愿分组；小组成员讨论吸毒者是什么样的，并为吸毒者画像，表现出心目中的吸毒者形象（技巧：可以引导参与者通过夸张、特写等手法，借用除吸毒者个人之外的其他人物或物品，从多个角度反映吸毒给个人、家庭和社会带来的危害）；每组选一名代表上台展示小组作品，并做简要说明（技巧：多加追问，如"为什么这个人这么瘦弱""是不是所有吸毒者都会很瘦""吸毒是不是都用注射的方式"等，进而加深参与者对吸毒成瘾机理、新型化学合成毒品的理解）；请各小组将作品集中展示在展板上，讨论如何避免更多的人成为画中的人（技巧：引导参与者讨论如何从个人、家庭和社会三个层面抵制毒品，并在展板上记录讨论的结果）。

健康拓展

一、阅读欣赏

一位戒毒者的自述[①]

生活是一口严酷的大熔炉,但从这个熔炉熬出来之后,人们会变得更坚毅、更勇敢、更经得起磨炼了。这是我戒毒以后最深的感受,戒毒一度成了我最大的人生追求。

在一次偶然的机会中,我接触到了白粉,这都怪我那放荡不羁的师弟。那时,我感觉白粉就是万能的,不仅能够缓解肉体的疼痛,而且还让我暂时忘记了精神的痛苦。我再也无心学艺,脑子里整天想的就是如何醉生梦死。如此坐吃山空,存款都化作一缕缕青烟了。

最让我心痛的是,我失去了最爱的她。

她,是我这一生的开端和终结。电影里的故事总有假的,她却那么真实。丽江——它见证了我们的相遇和分离。我再也不去拥有暖洋洋太阳的丽江,就像再也不会拥有她一样。在梦中,阳光从窗外钻进来,穿过厚实的窗帘,天大亮了。我睁开眼,怀里躺着她,熟睡的样子宁静美好。

我总是不知从何说起,不断地回忆过去陷入毒品深渊的种种经历,不断地从头再来,这让我变成了说不出话的哑巴。

现在,我在丽江,寻找自己,流浪。这里是个阳光很旺盛的地方,我已经很多年没有晒过太阳了,从前从来没有这么心安理得地舒服过。

窗外,阳光很暖,让我想起了师弟崇达有时候傻傻的笑容。如果阳光变成了颗粒状,我是很乐意装满满一麻袋送给他的。他一直在那阴暗潮湿的坊子里忙碌着,仍旧因为毒品的魔爪之下,绿霉肯定长了不少。这里却是一个永远不用担心长霉的角落。

我贪婪地吮吸着颗粒状的阳光,无奈地摆弄着随身的包袱,七七八八的黄豆滚了出来,在桌子上乱成一团,各自跳着愉快的舞步。

突然,浑身难受极了,毒瘾又一次发作。天旋地转,那些干巴巴的豆子被我胡乱地塞在了嘴里,"咯咯"的声音,像小鸡仔一样。就像是抓住了救命稻草,我拼命地嚼着,用力过猛,舌头、口腔被咬破了,血渗了出来,甜滋滋的,也是苦涩的。

[①] 实地访谈笔录。

我拨弄着木桌子上剩余的黄豆,"一颗,两颗,三颗……"我数着数着就不耐烦起来,一使劲,豆子们锋芒毕露地跳到了地板上,越滚越远,背叛了我。我不住地低头去看、去数,可惜了,在我被毒瘾死死控制的时候。

这些豆子是我为自己准备的戒毒替代品。口袋里、背包里,到处都是。我能够忍受,什么都能,只要她愿意回来,只要我们能永远在一起。我只希望我能过上普通人的生活,有她陪伴。

夜深了,凉风越过大海、越过山谷地来了。我梦见自己成了风的儿子,在世间自由自在地飘来飘去。

此刻,我在这里等你,你在何方?旷野上的风啊,快些走,我要早日找到她。

二、推荐书目

【书名】

《绝对禁区——成瘾者心理访谈与解析》(封面见图3-2)

【作者】

李庆安、郑茜、曲晓光等

【出版社】

当代世界知识出版社

【出版时间】

2018年7月

【内容简介】

"对于整个人类而言,毒品泛滥就像是刻在文明躯体上的一道刺目伤痕。"毒品无论之于国家、社会还是个人,都不啻为一场巨大的灾难。然而,任何看似没有征兆的灾难都是有迹可循的。找出这些"踪迹",让更多的人免遭毒品的侵害,是很多有识之士一直在进行的尝试。

图3-2 《绝对禁区——成瘾者心理访谈与解析》封面

《绝对禁区——成瘾者心理访谈与解析》一书,正是为修复这些伤痕所做的一点努力。作者以生动而凝练的笔触,为读者呈现了八个取材于成瘾者真实经历的故事,让我们窥见成瘾者心灵深渊的一角以及掩藏在毒品遥远而模糊的形象背后的残酷真相。

【相关书目】

① 多米尼克·斯特里特费尔德:《蛊惑世界的力量:可卡因传奇》,余静译,中信出版集团,2017年。

② 阿尔伯特·霍夫曼：《LSD：我那惹是生非的孩子：对致幻药物和神秘主义的科学反思》，沈逾、常青译，北京师范大学出版社，2016年。

③ 理查德·达文波特：《搜寻忘却的记忆》，蒋平、马广惠译，译林出版社，2008年。

④ 李华：《美沙酮门诊：戒毒工作实录》，广西师范大学出版社，2018年。

三、电影赏析

【片名】

《湄公河行动》（剧照见图3-3）

【剧情简介】

该片根据"10·5中国船员金三角遇害事件"改编。其讲述了一支行动小组解开中国商船船员遇难所隐藏的阴谋，揪出运毒案件幕后黑手的故事。

2011年10月5日，两艘中国商船在湄公河金三角水域遭遇袭击，13名中国船员全部遇难，泰国警方从船上搜出90万颗冰毒。消息传回国内，举国震惊。为了查明真相，云南缉毒总队长高刚接受了特殊任务，率领一支骁勇善战的战斗小组进入泰国境内，与潜伏在泰国的情报员方新武碰头，二人联手深入金三角查案。经过调查，他们发现案件背后果然有着重重疑点，真正的凶手在嫁祸残害

图3-3 《湄公河行动》剧照

无辜的中国船员后，不但逍遥法外，更意图利用毒品制造更大的阴谋……二人决定不惜一切代价拿下真凶，打击毒品犯罪，为无辜国人讨回公道……

【相关影片】

① 《门徒》

② 《边缘日记》

③ 《毒枭》

毒品认知态度与
教育测评

第三章
拓展资源

第四章 疾病预防

健康绪言

学校肺结核聚集性案例[①]

近年来，我国高校陆续暴发的肺结核疫情事件引发了社会的广泛关注。尤其是江苏某高校肺结核疫情，在学术界和媒体界引起了极大的反响。据"财新"报道，一名大三年级的软件工程专业学生透露，该校此次肺结核疫情或可追溯至两年前。2018年新生军训期间，就有同班同学因为肺结核休学，此后每隔一段时间就会有几名同学查出肺结核。

根据我国2017版《学校结核病防控工作规范》，各级各类医疗机构的临床医生对就诊的学生及教职员工肺结核疑似患者或已确诊患者，必须按照《传染病信息报告管理规范》要求，在24小时内进行网络报告。当发现3例及以上有流行病学关联的患者时，应当向同级卫生计生（现为卫生健康）行政部门、上级疾病预防控制机构和学校报告并反馈。然而，江苏某高校在肺结核疫情控制措施上存在明显漏洞，校方并未严格落实相关规范。

江苏某高校肺结核疫情的暴发，与学校防控措施不到位有直接关系。一位软件工程专业的学生向"财新"表示，尽管学校组织了肺结核筛查，但检测准确性令人怀疑。例如，2018级软件工程2班有11人CT影像异常，但这些人在胸片检查时均无问题。这种筛查方式的准确性问题，导致了潜在病患的漏诊和误诊。

[①] 江苏师大22名学生感染肺结核，学校聚集性案例为何不断？[EB/OL].（2020-10-16）[2024-08-02].https://m.thepaper.cn/baijiahao_9584750.

首都医科大学附属北京胸科医院结核科高孟秋主任指出,胸片和CT存在分辨率差异,CT更清晰,能提供更多信息,能发现更微小的病灶。胸片筛查肺结核有可能会漏掉极微小的肺结核病变,但危害并不会像肿瘤漏诊那样大,极微小结核病灶一般不具有传染性,虽然未被发现,多数情况下未经治疗,可自行痊愈,只有少数情况下,病灶进展。因此,学校在选择筛查方式时,应综合考虑准确性、成本效益和可及性问题。

近年来,学校群发肺结核事件屡见不鲜。2020年初,扬州某高校多位学生感染肺结核住院;2018年,陕西某高校出现肺结核病例;2017年,湖南某中学20多位学生确诊……一份2019年发布在《中国防痨杂志》上的研究发现,虽然2004—2018年全国学生结核病疫情整体呈现下降趋势,但近几年有上升势头。2018年全国共报告学生肺结核患者48289例,报告发病率为17.97/100000,与2014年(13.91/100000)相比上升了29.19%。16~22岁占全部学生患者的3/4,即集中在高中阶段和大学阶段。

导致学校聚集性肺结核事件频发的原因主要包括以下几个方面。一是人员密集、接触密切。学校尤其是高校,学生集中居住、生活和学习,人员密集,接触频繁,增加了疾病传播的风险。二是流动性强。大学生的流动性较强,频繁出入学校,也增加了肺结核传播的可能性。三是卫生条件差。一些高校在扩招后,基础设施建设滞后,卫生条件较差,为肺结核的传播提供了温床。四是诊治延误。肺结核的核心症状包括咳嗽、咳痰超过2周、咯血或血痰,但这些症状具有一定的非特异性,患病早期较难发现或不被重视。一份来自浙江省台州市的肺结核流行病学分析显示,学生结核病患者延误就诊率达到46.72%。延误时间越久,传染性越强,很多原本痰中不带菌的患者由于延误诊治变成带菌患者,增加了传染概率。

健康求知

人有贵贱少长,病当别论;病有新久虚实,理当别药。

——李时珍

精神不运则愚,血脉不运则病。

——陆九渊

所食之味,有与病相宜,有与病有害;若得宜则益,害则成疾。

——张仲景

一、常见传染疾病的预防

传染病是由病原体引起的，能在人与人、动物与动物或人与动物之间传播的一类疾病。中国目前的法定报告传染病分为甲、乙、丙3类，共41种。此外，还包括国家卫生健康委员会决定列入乙类、丙类传染病管理的其他传染病和按照甲类管理开展应急监测报告的其他传染病。

中华人民共和国成立以来，我国在传染病的预防和控制方面取得了显著的成绩。20世纪70年代天花病毒在国内停止传播，霍乱、鼠疫等烈性传染病得到有效控制；目前脊髓灰质炎已基本消灭，麻疹、白喉、百日咳等传染病的发病率也显著下降。但是，随着经济社会不断发展，交通运输业日益发达，人群流动相应增多，新发传染病时有出现。因此，对传染病的管理防治仍是相当必要的。

（一）传染病的基本特征

传染病的基本特征即传染病特有的共同点，可以用作鉴别传染病与非传染病的重要依据。

1. 具有特异性病原体

传染病的种类很多，每种传染病都有特异性病原体。病原体分为病毒、衣原体、立克次体、支原体、细菌、螺旋体、真菌、原虫和蠕虫等。但少数传染病的病原体至今仍不太明确。传染病的病原体大多有特定的侵犯部位，在机体内有增殖、散播的规律性。

2. 具有传染性

传染病患者或健康带菌者排出的病原体，经过一定的传播途径进入健康人体内，引起相同的疾病，称为传染性。传染性的强弱与病原体的毒性、数量、传播途径及人体的免疫力有关，这是传染病与其他感染性疾病的主要区别。传染病患者有传染性的时期称为传染期。传染期在每种传染病中都相对固定，可作为隔离患者的依据之一。

3. 具有流行性

在一定的条件下，传染病可在人群中蔓延，引起不同程度的流行。根据流行过程的强度和广度，传染病可分为散发、流行、大流行、暴发流行四种。散发是指某种传染病在一个单位或某地区的人群中散落发生，并维持常年发病率水平。若一个单位或地区的某种传染病的发病率显著超过该病的发病率水平，称为流行。若在一定的时间内某种传染病在一个地区迅速蔓延，甚至波及全国，超出国界、洲界，称为大流行。短时间内的某单位或某个地区，出现大量同类患者，其传染源及传染途径相同，则称为暴发流行。

4. 具有季节性

某些传染病的传播受气候条件或媒介昆虫的生活习性影响，因而表现为在一定季节内发病率升高，如呼吸道传染病多在冬春季发病，肠道传染病多在夏秋季发病。

5. 具有地方性

某些传染病由于特定的中间宿主、地理条件及人群生活习惯等，只在某些特定地区发生和存在，称为具有地方性。如血吸虫病就具有明显的地方性。

6. 具有感染后的免疫性

人体感染病原体后，无论是显性或隐性感染，都能产生针对病原体的特异性免疫。感染后免疫属于自动免疫。免疫持续时间在不同传染病中有很大差异。一般来说，病毒性传染病感染后，免疫持续时间最长，甚至保持终身，但也有例外（如流感）；细菌、螺旋体、原虫性传染病感染后免疫持续时间通常较短，仅为数月至数年，但也有例外（如伤寒）；蠕虫病感染后通常不产生保护性免疫，因而容易重复感染。

（二）传染病的传播途径

传播途径是指病原体离开传染源后，到达另一个易感者的途径。传播途径受外界环境中各种因素影响，从最简单的一个因素到包括许多因素的复杂传播途径都可能发生。

1. 经空气、飞沫传播

这种情况是病原体借患者呼吸、谈话、咳嗽、打喷嚏时排出体外，散布到空气中，易感者通过呼吸将病原体吸入体内。呼吸道传染病如流行性感冒、麻疹、肺结核等，都是通过空气、飞沫传播的。

2. 经水传播

这种情况是水源受到病原体污染，未经消毒就饮用后造成传染病的流行。如霍乱、伤寒、痢疾等肠道传染病都可以经水传播。还有一些传染病通过与疫水接触而传播，如钩端螺旋体病、血吸虫病等。

3. 经食物传播

被病原体污染的食物或有病动物的肉、乳、蛋等都可能携带病原体。如果人们食用这些食品时没有进行适当的消毒，就可能造成肠道传染病的流行。

4. 接触传播

（1）直接接触传播

直接接触传播是指在没有外界因素参与的情况下，传染源直接与易感者接触，如性接触传播性病和艾滋病、狗咬人传播狂犬病等。

（2）间接接触传播

间接接触传播是指接触被传染源的排泄物或分泌物污染的生活用品和生产工具所造成的传播。其中，手在传播中起到非常重要的作用。许多肠道传染病、人畜共患的疾病、性病、表皮传染病等，都可经由这种途径传播。另外，使用消毒不严或被污染的医疗器械是乙型病毒性肝炎、艾滋病等的一个常见传播途径。

5. 经血液、血制品和胎盘传播

输注带病毒的血液、血制品可传播乙型病毒性肝炎、丙型病毒性肝炎及艾滋病等。另外，妇女如果在妊娠期患有肝炎、艾滋病等，病原体可经胎盘及血液传给胎儿，形成母婴传播，又称垂直传播。

6. 土壤传播

经土壤传播的疾病有很多，有些传染病的病原体必须在土壤中发育到一定阶段才具有感染性，如破伤风杆菌、炭疽杆菌、钩虫卵等都要在土壤中发育到芽孢期或蚴虫期，再通过人的伤口或皮肤而感染，引起破伤风、炭疽、钩虫病。

7. 虫媒传播

病原体在昆虫体内繁殖，完成其生命周期，通过不同的侵入方式进入易感者体内。蚊、蚤、蜱、恙虫、蝇等昆虫为重要的传播媒介，如蚊传播疟疾、丝虫病、流行性乙型脑炎、蜱传播回归热、虱传播斑疹伤寒、蚤传播鼠疫、恙虫传播恙虫病。由于病原体在昆虫体内的繁殖周期中的某一阶段进行传播，故称生物传播。病原体通过蝇机械携带传播于易感者称机械传播，如细菌性痢疾、伤寒等。

（三）常见传染病及其预防

1. 流行性感冒

流行性感冒（以下简称流感）是流感病毒引起的急性呼吸道感染，也是一种传染性强、传播速度快的疾病。其主要通过空气中的飞沫、人与人之间的接触或与被污染物品的接触传播。典型的临床症状有急起高热、全身疼痛、显著乏力和轻度呼吸道症状。该病是由流感病毒引起的，可分为甲（A）、乙（B）、丙（C）三型，甲型病毒经常发生抗原变异，传染性强，传播迅速，极易发生大范围流行。甲型H1N1流感就是甲型流感的一种。流感具有自限性，但在婴幼儿、老年人和存在心肺基础疾病的患者中容易引起肺炎等严重并发症而导致死亡，是国家法定丙类传染病。

流感的流行具有明显的季节性，主要发生在冬春季。它的流行也有一定的规律，一般3～5年形成一次小流行，8～10年形成一次大流行。对于流感的预防和控制，世界上目前多采用疫苗预防法。由于流感病毒具有变异性，每年流感疫苗所用毒株不同，所以采用注射疫苗的方式预防流感，疫苗一般也只针对当年流行的流感毒株生效。

流感是通过飞沫传播的。当患者咳嗽、打喷嚏或大声说话时，病毒随飞沫播散到周围空气中，侵入易感者的鼻黏膜而传染；通过尘埃及日常用品的间接接触传播也有可能出现。流感的预防措施有以下几种。

① 尽量少与呼吸道传染病患者接触。

② 发病季节尽量少去公共场合，因为这些地方人多拥挤，空气不好，得传染病的机会也多。

③ 不要随地吐痰，无论是患者还是健康人的痰和鼻涕都含有大量的病菌。随地吐痰、乱擤鼻涕，既传播疾病，也是不文明的坏习惯。吐痰应入痰盂或先吐到纸里再扔进垃圾箱。

④ 注意个人和公共卫生，注意保持房间卫生清洁和室内通风，勤晾晒衣被。

⑤ 出现流感症状应卧床休息，多饮水和进流质或半流质饮食，多漱口，保持鼻、咽、口腔卫生。

知识窗

预防流感小妙招

1.接种疫苗

接种疫苗是预防流感最有效的手段，可以显著降低个人患流感和发生严重并发症的风险。建议老年人、儿童、孕妇、慢性病患者和医务人员等高危人群每年接种流感疫苗。为了在流感高发季节获得保护，最好在10月底前完成免疫接种。如果错过时间，也可以在流行季任意时间接种。在同一个流感流行季节，

已经完成流感疫苗接种的人不需要重复接种。

2. 日常生活中预防流感小妙招

① 保持良好的呼吸道卫生习惯，咳嗽或打喷嚏时，用纸巾、毛巾等遮住口鼻。

② 勤洗手，尽量避免触摸眼睛、鼻或口。

③ 加强体育锻炼，合理膳食，充足休息，提高自身免疫力。

④ 避免近距离接触有流感症状的患者，流感流行季节尽量避免去人群聚集场所。

⑤ 出现流感症状后，患者尽量不带病上班、上课，接触家庭成员时戴口罩，减少疾病传播。

⑥ 有流感症状的患者去医院就诊时，患者自身及陪护人员要戴好口罩，避免交叉感染。

2. 病毒性肝炎

病毒性肝炎（包括甲型、乙型、丙型、丁型与戊型）是法定乙类传染病，具有传染性强、传播途径复杂、流行面广、发病率高等特点；部分乙型、丙型及丁型肝炎病可演变成慢性病，并可发展为肝硬化、肝癌，对人体健康危害甚大。病毒性肝炎病毒存在于患者或病毒携带者的唾液、汗液、分泌物与乳汁中，通过黏膜或皮肤微小的创口进入机体造成感染。

病毒性肝炎的发病者有长短不一的潜伏期，甲型病毒性肝炎感染后一般2~8周发病，乙型病毒性肝炎感染后一般1~6个月发病。发病后出现乏力、食欲不振、恶心、呕吐、厌油腻、肝肿大、肝功能异常等症状。部分人出现黄疸，其中以甲型病毒性肝炎患者更为多见。病毒性肝炎病程为2~4个月，大多数可以痊愈，少数为慢性，其中乙型病毒性肝炎较为多见。极少数是重症肝炎。

病毒性肝炎的预防措施有以下几点。

① 提高个人卫生水平，养成饭前便后洗手的良好习惯。

② 不要随意在流动小摊点、小饭店吃饭，这些地点的食具往往未经消毒处理，极易造成感染。

③ 同学之间不相互使用茶具、餐具、毛巾等。

④ 病毒性肝炎病毒还存在于患者的精液、阴道分泌物及经血之中，与病毒性肝炎患者或病毒携带者进行性接触也会被传染，故性接触也是一条重要的传播途径，应避免与此类患者进行不安全的性接触。

3. 麻疹

麻疹是由麻疹病毒引起的急性呼吸道传染病。麻疹潜伏期为7～21天，以10～14天最为常见。人类为唯一自然宿主，麻疹患者是麻疹的唯一传染源。麻疹传染性极强，其传染性开始于卡他期，以出现口腔颊黏膜斑前后时间段传染性最强，出疹5天后即无传染性。

麻疹临床表现为发热（38℃或更高），咳嗽或上呼吸道卡他症状，起病早期（一般于病程第2～3天）在口腔颊黏膜见到麻疹黏膜斑，皮肤红色斑丘疹由耳后开始向全身扩展，持续3天以上呈典型经过，全身皮肤出现红色斑丘疹。

麻疹主要是对症治疗，加强护理和防治并发症。让患者卧床休息，保持室内安静、通风、温度适宜。发现疑似或诊断病例，应立即隔离，一般隔离至出疹后5天，并发肺炎者延长隔离期至出疹后10天。

4. 流行性腮腺炎

流行性腮腺炎是由腮腺炎病毒引起的急性呼吸道传染病。病原体是一种黏液病毒，存在于患者的唾液、鼻咽分泌物及脑脊液中。病原体对低温抗力较强。在高温、阳光照射、来苏儿、酒精等作用下可迅速死亡。

流行性腮腺炎临床表现为起病急、发热、头痛，并出现腮部肿痛；腮腺肿胀以耳垂为中心，然后向前、后、下等方向进行性发展；局部皮肤紧张、灼热，咀嚼吞咽时疼痛加剧。病程一般为1～2周。并发症为睾丸炎、脑膜炎、心肌炎。

流行性腮腺炎患者要隔离到腮腺消肿为止。接触流行性腮腺炎患者后，口服板蓝根制剂也有一定的预防作用。

5. 肺结核

结核病又称肺痨，由结核分枝杆菌引起，主要侵害人体肺部，发生肺结核。肺结核在我国法定报告甲乙类传染病中发病数和死亡数均排在第二位。如果发现不及时、治疗不彻底，会对健康造成严重危害，甚至可能引起呼吸衰竭和死亡。

肺结核是呼吸道传染病，很容易发生传播。肺结核患者通过咳嗽、咳痰、打喷嚏将结核菌播散到空气中，健康人吸入带有结核菌的飞沫即可能受到感染。与肺结核患者共同居住、同室工作或学习的人都是肺结核患者的密切接触者，有可能感染结核菌，应及时到医院去检查排除。

肺结核的临床表现为患者有全身症状和呼吸系统症状。全身症状主要有长期低热，午后及傍晚开始，次晨降为正常，可伴有乏力、夜间盗汗、消瘦等。呼吸系统症状有咳嗽、咳痰、咯血、胸痛、气急等。

预防肺结核，应做到如下几点。①

（1）避免接触结核病患者

注意避免与未接受规范化治疗的活动性肺结核患者密切接触，尤其是不要与这类患者在不通风的密闭环境下长时间共处。

（2）做好防护措施

与可能患病的人员接触应注意做好防护措施，如佩戴口罩。诊治结核病的医疗场所的医护人员更要注意做好个人防护，注意佩戴好口罩，必要的时候应规范佩戴手套、帽子。

（3）接种结核疫苗

结核疫苗即卡介苗。一般情况下，新生儿为该疫苗的主要接种对象。另外，皮肤划痕接种卡介苗也可以用于预防结核病。用于成人预防结核病时，应先做结核菌素试验，阴性者方可接种，一般在接种后4~8周可产生免疫力。用于儿童预防结核病时，在接种卡介苗后的2~3个月进行结核菌素试验，阳性者表示接种成功，阴性者应补种。

（4）强化筛查

结核分枝杆菌感染者包括潜伏性结核分枝杆菌感染者、无症状患者、活动性患者和所有体内携带结核分枝杆菌的人员。在人体免疫力正常的情况下，多数感染结核分枝杆菌的人并不会立即发病，一般多发生于结核病的后期。这就为结核病的主动筛查提供了充足的时机。

我们知道传染病的防控措施为控制传染源、切断传播途径、保护易感人群，这种传染病的防控策略也适用于结核病的防控，并应遵循早发现、早隔离、早诊断、早治疗的"四早"原则。

知识窗

世界防治结核病日

世界防治结核病日（World Tuberculosis Day）定于每年的3月24日，是为了纪念1882年3月24日德国微生物学家罗伯特·科霍向一群德国柏林医生宣布他对结核病病原菌的发现。世界卫生组织于1993年在英国伦敦召开的第46届世界卫生大会通过了"全球结核病紧急状态宣言"，并积极宣传防治此病的重要性。

设立世界防治结核病日的主要的目的是动员公众支持全球范围内的结核病控制工作，使人类历史上最大的传染病杀手之一——结核病能得到及时的诊断和有效的治疗。2024年3月24日是第29个世界防治结核病日，这一年的主题是"你我共同努力 终结结核流行"。

---

① 【深度科普】世界防治结核病日：关于结核，我们该如何防治[EB/OL].（2022-03-24）[2024-08-02].https://www.cdstm.cn/subjects/jcnrtj/202203/t20220324_1066683.html.

6. 沙眼

沙眼是由沙眼衣原体感染引起的一种慢性传染性结膜角膜炎。沙眼在我国流行较广，是危害性很大的一种传染性眼病。沙眼衣原体寄生在人的眼结膜里，其分泌的毒素是引起病变和相关症状的主要原因。在日常生活中，健康人接触或使用沙眼患者用过的毛巾、脸盆、水或其他物品，均可能被感染。沙眼患病率比较高，人群普遍易感。患病后免疫力很低，容易再次感染。

沙眼初期一般没有明显症状，少数患者感觉眼内有微小异物感或发痒，眼分泌物增多，眼睛易疲劳。病情发展后，就有怕光、流泪、眼内发痒、发干等症状，重者眼睑向内翻转，产生倒睫毛，擦伤角膜，影响视力，严重者甚至可能失明。

沙眼的预防措施有以下两点。

① 养成良好的卫生习惯，提倡一人一巾，用流水洗手、洗脸。

② 定期检查眼睛，做到早发现、早治疗。

7. 痢疾

在流行季节有痢疾接触史或有不洁饮食史，出现发热、血便、里急后重、突发高热、惊厥、面色苍白、四肢末梢发冷者应考虑中毒性菌痢。本病潜伏期为数小时至7天，多数为1～2天，主要表现为畏寒、发热、腹痛、腹泻，最先为大便质稀或水样，而后出现黏液和脓血，一日内排便5～20次不等。严重者可出现大便失禁、严重脱水、血压下降等症状。急性细菌性痢疾若治疗不彻底可发展为慢性细菌性痢疾，其症状为食欲不振、营养不良、贫血、消瘦、经常腹痛、大便较稀且带黏液或脓血。病情时好时坏，病程可达数年。

痢疾的预防措施有以下几点。

① 不喝生水。

② 生吃的瓜果、蔬菜要洗净，最好用消毒液消毒。

③ 隔夜的饭菜要加热后再食用。

④ 不要暴饮暴食，特别是夏秋季节天气炎热，肠胃消化能力减弱，暴饮暴食会增加肠胃负担。

⑤ 饭前便后要洗手，不吃别人用脏手拿过的食物。外出购买食品时，要监督售货员用工具取食物。

⑥ 若使用食堂、饭馆的餐具，必须是经过煮沸消毒的。

⑦ 不吃苍蝇爬过的食物。因为苍蝇在垃圾、粪便上停留，体内外有大量的病原体，苍蝇叮爬食物，同时把身上的病原体沾到食物上，人吃了这些食物容易生病。

> **知识窗**
>
> 肠道传染病的预防
>
> ① 保持室内环境卫生，清除苍蝇、蟑螂。
> ② 讲究饮食卫生，食物要新鲜，不吃变质、不洁、生冷、生腌食物；食物要盖好，防止苍蝇、蟑螂叮爬；瓜果要洗净或去皮再吃；装食物的容器和加工食品的工具要洁净。
> ③ 注意个人卫生，饭前便后要洗手，经常剪指甲，不要用手直接抓取食物。要喝开水，不喝生水。
> ④ 提高卫生防病意识，在夏秋季节外出就餐要避免去卫生条件差的餐馆；尽量减少家庭聚餐。
> ⑤ 出现腹痛、发热、呕吐、腹泻等症状要及时就医，污染物和排泄物要消毒处理，防止疾病传播。

二、常见慢性病的预防

慢性病是指不具有传染性、长期积累形成疾病形态损害的疾病的总称。慢性病主要包括心血管疾病（如高血压、冠心病）、脑血管疾病（如中风）、代谢性和营养性疾病（如高脂血症、糖尿病、痛风、肥胖）及恶性肿瘤等。慢性病是造成劳动力丧失和死亡的重要因素，其中心脑血管疾病和恶性肿瘤是在多数国家排在前三位的致死疾病。据统计，我国每天约有1.5万人死于慢性病，占全部死亡人数的70%以上，每年因慢性病造成的各种经济损失和医疗费用高达数百亿元，给家庭、社会、国家造成沉重的负担，是一个非常突出的社会公共卫生问题。

（一）高血压

高血压是我国最常见的心血管疾病，也是慢性病中最常见、最具代表性的疾病之一。高血压是多种心脑血管疾病的重要病因和危险因素。近20年来，我国高血压患病率呈持续上升、逐年增长的趋势。

高血压既是独立的心血管疾病，在各种心血管疾病中患病率最高，又是中风和冠心病等多种慢性病的主要危险因素，还是导致心脑血管疾病患者死亡的主要原因之一。然而，目前在高血压的防治中还存在人群中高血压的知晓率、患病后的受治率、控制率很低的问题。《中国心血管健康与疾病报告2022》显示，我国高血压病患人数为2.45亿，但高血压患者的知晓率仅为51.6%。[①]因此高血压的预防及健康教育显得十分重要。

1. 诊断标准

随着年龄的增长，血管逐渐硬化，特别是主动脉及大动脉的硬化，容易引起患者收缩压水平的升高，导致单纯收缩期高血压。人体正常血压中的收缩压（高压）大于等于140 mmHg和（或）舒张压（低压）大于等于90 mmHg即可诊断为高血压。同时，高血压按照收缩压和舒张压高低不同可分为3级，分别为1级高血压、2级高血压、3级高血压，具体如表4-1所示。

表4-1 高血压分级

分级	收缩压（高压）（mmHg）	舒张压（低压）（mmHg）
1级	140～159	90～99
2级	160～179	100～109
3级	大于180	大于110

2. 临床表现

（1）一般表现

高血压的发生、发展是一个缓慢的过程，多数患者早期无症状，常在体检时无意中发现。有的患者仅有头晕、头痛、颈项酸痛、心悸、耳鸣、眼花、乏力、健忘等症状。如未能进行早期诊断和及时有效治疗，血压的持续升高将引起人体重要器官的损伤，出现并发症。

（2）并发症

高血压病程的进展和血压的持续升高会造成患者心、脑、肾等重要器官的损伤和功能障碍，出现相应的疾病，如中风、冠心病、高血压性心脏病、心力衰竭等，其中以中风最为多见。高血压是引起中风最重要的独立危险因素。据统计，80%以上的中风与高血压有关。其次为冠心病，血压水平越高，动脉硬化的程度越严重，发生冠心病的危险性就越大，50%～70%的冠心病患者伴有高血压。上述并发症是高血压对机体的主要危害，也是高血压患者致残、致死的主要原因。

（3）预后

高血压的预后不仅与血压升高水平有关，还与其他心血管危险因素存在以及靶器官

[①] 国家心血管中心最新发布：2022年全国心血管疾病报告[EB/OL].（2023-08-07）[2024-08-02].https://mp.weixin.qq.com/s?__biz=MzA4NDUwMjE4Mw==&mid=2450916860&idx=2&sn=c33098c30a48e668db753e1c6e444e13&chksm=88049634bf731f2210d01e27422d0555b84dcf6c9497d08677da8d9e863f9d6699e31d1c238e&scene=27.

损害程度有关。从指导治疗和判断预后的角度,可将高血压患者分为低危、中危、高危和极高危患者。

3. 高血压的预防

高血压及其危险因素是可以预防和控制的。虽然高血压的病因尚未完全清楚,但不良生活方式的影响是肯定的。因此,有人称高血压为生活方式病。人是自己健康的主宰者。发达国家近20年来对慢性病控制的经验表明,从青少年时期开始培养健康的生活方式,可以使高血压患病率降低50%。

大学生应掌握与自身文化水平相当的保健知识与技能,对自己的健康负责,注重科学营养、平衡膳食,食物选择多样,增加新鲜蔬菜、水果和牛奶的摄入量。每日摄入脂肪的热量低于总热量的30%;限制钠盐的摄入量(每天不超过6克);克服惰性,坚持适当的体育锻炼,维持正常体重;改变不良行为习惯,不吸烟、不酗酒;合理安排学习时间;讲究心理卫生,消除过度紧张情绪,保持心理健康;定期进行体格检查,及时发现和治疗高血压。

(二)糖尿病

糖尿病是包括遗传因素与环境因素在内的多种因素共同作用的结果,是胰岛素分泌和(或)作用缺陷引起的以血中葡萄糖水平升高为特征的代谢性疾病。

糖尿病是常见多发病,世界卫生组织将其列入十大疑难病。世界各国糖尿病发病率都在逐年上升,我国的糖尿病患病人数正随着国家经济发展、人口老龄化、生活方式改变而迅速增加。糖尿病已成为发达国家中继心血管疾病和肿瘤之后的第三大非传染病,是严重威胁人类健康的公共卫生问题之一。

1. 诊断

① 糖尿病的典型症状为多尿、多饮、多食和体重减轻,并且任意时间的血糖水平达到或超过11.1 mmol/L。

② 空腹(至少8小时内没有热量摄入)血浆葡萄糖大于等于7.0 mmol/L。

③ 口服葡萄糖耐量试验中2小时血浆葡萄糖大于等于11.1 mmol/L。

2. 临床表现

糖尿病是一种慢性疾病,Ⅰ型起病较急,Ⅱ型起病缓慢,早期轻症者常常无症状,无症状期至症状出现或确诊历时几年至数十年不等。Ⅱ型糖尿病患者饮食良好,体态肥胖,精神体力一如常人,往往在体检或在检查其他疾病的过程中偶然发现尿糖阳性,测定空腹血糖正常或偏高，但餐后2小时血糖高峰超过正常。到了症状期，患者会有轻重不等的多尿、多饮、多食和体重减轻以及心脑血管疾病等并发或伴随症状。

3. 防治原则

除了少数病因明确的继发性糖尿病可通过原发病的治疗而治愈外，大部分糖尿病是终身性疾病，但它是可防、可治的疾病。也就是说，可以降低糖尿病及其并发症的发生概率，把糖尿病的危害程度降到最低。

糖尿病的预防分为三级。一级预防针对的是一般人群，通过健康教育预防和控制肥胖，加强体育锻炼和体力活动，提倡膳食平衡，戒烟、限酒等降低糖尿病的发病率；高危人群应定期检查，做到早发现、早诊断、早治疗。二级预防针对的是空腹葡萄糖受损和葡萄糖耐量降低患者，做好早诊断、早期综合干预治疗工作。三级预防针对的是病情较为严重的糖尿病患者，通过对糖尿病进行规范治疗和疾病管理，控制并发症发生与发展，积极治疗其并发症，提高患者的生命质量。

（三）冠心病

冠心病是冠状动脉粥样硬化性心脏病的简称，是一种常见的心脏病，是指由于脂质代谢不正常，血液中的脂质沉着在原本光滑的动脉内膜上，动脉内膜一些类似粥样的脂类物质堆积而成白色斑块，称为动脉粥样硬化病变。这些斑块渐渐增多会造成动脉腔狭窄，使血流受阻，导致心脏缺血，产生心绞痛，故又称缺血性心肌病。

1. 诊断标准

当一个具有冠心病发病基础（如年龄较大、多重危险因素）的患者出现具有下列特征的胸痛时，要高度怀疑其患了冠心病：第一，疼痛部位为胸骨后；第二，疼痛感放射至下颌、左上肢、左肩；第三，疼痛的性质为压迫性、烧灼样；第四，持续时间1~5分钟，不超过15分钟；第五，诱因为劳累、受寒或饱餐；第六，休息、舌下含化硝酸酯类药物（1~3分钟）可以缓解疼痛。

2. 临床表现

冠心病可以分为隐匿型、心绞痛型、心肌梗死型、心力衰竭型（缺血性心肌病）、猝死型五种。其中最常见的是心绞痛型，最严重的是心肌梗死型和猝死型。

心绞痛是一组由急性暂时性心肌缺血、缺氧起的综合征，其基本表现如下：第一，胸部有压迫窒息感、闷胀感、剧烈的烧灼样疼痛，一般持续1~5分钟，偶尔长达15分钟，可自行缓解；第二，疼痛常放射至左肩、左臂前内侧直至小指与无名指；第三，疼痛在心脏负担加重（如体力活动增加、过度的精神刺激和受寒）时出现，在休息或舌下含服硝酸甘油数分钟后消失;第四,疼痛发作时,可伴有(也可不伴有)虚脱、出汗、呼吸短促、忧虑、心悸、恶心或头晕症状。

心肌梗死是冠心病中最严重的类型,多以心绞痛发作频繁和加重为基础,也有无心绞痛史而突发心肌梗死的病例(此种情况最危险,常因没有防备而造成猝死)。心肌梗死的具体表现如下:第一,突发时胸骨后或心前区剧痛,向左肩、左臂或他处放射,且疼痛持续半小时以上,经休息和含服硝酸甘油不能缓解;第二,呼吸短促、头晕、恶心、多汗、脉搏微弱;第三,皮肤湿冷、灰白、重病病容;第四,大约有十分之一的患者的唯一表现是晕厥或休克。

(四)脑卒中

脑卒中又称中风或脑血管意外,是指患脑血管疾病的患者因各种诱发因素引起脑内动脉狭窄、闭塞或破裂,从而造成急性脑血液循环障碍。脑卒中一般可以分为两大类:一类为缺血性中风,由脑部动脉本身的病变导致;另一类为出血性中风,如人们熟悉的脑出血、蛛网膜下腔出血。

1. 病因

(1) 高血压病

无论是出血性中风还是缺血性中风,高血压都是最主要的独立危险因素。患者需要通过降压药、低盐饮食等将血压逐渐降至收缩压140 mmHg、舒张压90 mmHg以下。

(2) 糖尿病

通过控制饮食、降糖药,将血糖降至3.9~6.1 mmol/L这一正常范围。

(3) 心脏疾病

如风湿性心脏病、冠心病容易引起脑卒中。患者尤其要避免心房颤动引起栓子脱落造成脑栓塞。

(4) 血脂代谢紊乱

极低密度脂蛋白、低密度脂蛋白是引起动脉粥样硬化的最主要脂蛋白,高密度脂蛋白是抗动脉硬化脂蛋白。高脂、高蛋白、高热量膳食是诱发血脂代谢紊乱的主要因素,因此应提倡低脂饮食,少食含糖量高及多油食物,多食蔬菜。

(5) 短暂性脑缺血发作(TIA)

TIA本身是缺血性中风的一个类型,也可以是脑梗死的先兆或前驱症状,应及时治疗。

(6) 吸烟与酗酒

吸烟与酗酒会增加脑卒中风险。吸烟可以加速动脉硬化,增加纤维蛋白原,促进血小板聚集,降低高密度脂蛋白水平;饮酒对脑卒中的影响也是复杂的。少量饮酒可能对脑卒中具有一定的保护作用，但过量饮酒则会使脑卒中的风险增加。为了降低脑卒中的风险，应尽量避免吸烟和过度饮酒。

（7）血流变学检查指标紊乱

全血黏度偏高时，患者的脑血流量下降，其中红细胞压积偏高和纤维蛋白原水平增高是缺血性中风的主要危险因素。

（8）肥胖与超重

肥胖与超重均为缺血性中风的危险因素，但与出血性中风无关。

（9）年龄和性别

年龄是动脉粥样硬化的重要危险因素，粥样硬化程度随年龄增长而增加。对于50岁以上的人群而言，随着年龄增长，中风发病率亦有所增加，但青中年中风发病者人数亦有所增加，不可忽视。一般来说，女性中风发病率要低于男性。

2. 临床表现

以猝然晕倒、不省人事或突然口眼歪斜、半身不遂、舌强语謇、智力障碍为主要特征。中风包括缺血性中风（短暂性脑缺血发作、动脉粥样硬化性血栓性脑梗死、脑栓塞等）、出血性中风（脑出血、蛛网膜下腔出血）、高血压脑病和血管性痴呆四大类。

3. 预防措施

中风预防的关键在于积极预防动脉粥样硬化的发生和发展，即重视疾病的一级预防，针对以上危险因素改变不良行为，建立科学文明的生活方式。

（1）合理膳食

膳食总热量不宜过高，要将体重维持在正常范围，避免摄入过多的动物脂肪和含胆固醇较高的食物，如肥肉、肝、脑、肾、肺等。控制食盐量，选择多样化食物，避免暴饮暴食。

（2）坚持适宜的体育运动

运动可以增强个体心血管系统功能，调节脂肪代谢，尤其是中等量的有氧运动如长跑、游泳等，可以减少机体过多的脂肪。

（3）改变不健康的生活方式

调整饮食，避免三餐不规律，避免暴饮暴食，减少高盐、高糖、高脂、高热量食物的摄入；避免久坐，增加有氧运动，如散步、跑步、游泳等，促进身体健康；保持规律的作息时间，确保充足的睡眠；不抽烟、不酗酒。

（4）积极治疗

积极治疗高血压、肥胖、糖尿病等疾病。

（5）定期体检

定期进行体格检查，以便早期发现、早期治疗。

> **知识窗**
>
> 中风的先兆
>
> ① 突然头晕。
> ② 肢麻、面麻和舌发麻。
> ③ 吐字不清,流涎。
> ④ 突然一侧肢体活动不灵活或无力,或者出现抽筋、跳动等情况。
> ⑤ 头痛程度突然加重。
> ⑥ 原因不明的跌跤。
> ⑦ 精神状态发生变化。
> ⑧ 全身无力伴出汗。
> ⑨ 恶心、呕吐伴呃逆。
> ⑩ 嗜睡,整天想睡觉。
> ⑪ 一时性视物不清。

(五)肿瘤

肿瘤是机体在各种致癌因素作用下,局部组织的某一个细胞在基因水平上失去对其生长的正常调控,导致其克隆性异常增生而形成的新生物。肿瘤可分为良性肿瘤和恶性肿瘤。良性肿瘤的细胞分化比较成熟,不浸润,不转移,停留在局部,一般对身体影响较小,主要表现为局部的压迫和阻塞症状。恶性肿瘤细胞分化不成熟,生长速度快,浸润破坏器官的结构和功能,并可发生转移,对身体影响较大。

1. 检查方法

(1) 肿瘤标记物

虽然肿瘤标记物缺乏特异性,但在辅助诊断和判断预后等方面仍有一定的价值。主要包括酶学检查,比如:肝癌和骨肉瘤患者的碱性磷酸酶水平通常明显升高;肺癌患者的 $\alpha 1$-酸性糖蛋白可有所升高,消化系统肿瘤患者一般CA19-9偏高;肿瘤相关抗原,如癌胚抗原(CEA)在胃肠道肿瘤、肺癌、乳腺癌患者身上明显升高,甲胎蛋白(AFP)在肝癌和恶性畸胎瘤患者身上明显升高。

(2) 基因检测

基因检测包括基因表达产物的检测、基因扩增检测和基因突变检测,通过确定是否有肿瘤或癌变的特定基因存在,从而做出诊断。

（3）影像学检查

①X线检查。一般的X线检查包括透视与平片。比如：部分外周性肺癌、骨肿瘤可以在平片上出现特定的阴影；上消化道造影可能发现食管癌、胃癌等，钡灌肠造影可以显示结肠癌等；钼靶X线摄影用于乳腺癌的检查。

②超声检查。超声检查简单、无创，广泛应用于肝、胆、胰、脾、肾、甲状腺、乳腺等部位的检查，并可在超声引导下进行肿物的穿刺活检，成功率较高。

③计算机断层扫描（CT）检查。CT检查常用于颅内肿瘤、实质性脏器肿瘤、实质性肿块及淋巴结等的诊断与鉴别，其分辨率高、显像清楚，可以在无症状的情况下发现某些特定器官的早期肿瘤。低剂量螺旋CT可以降低对人体的放射线照射剂量，图像清晰程度也能满足临床需求，从而可以实现对某些特定部位肿瘤的高危人群的大面积筛查，如肺癌的早期筛查目前已经取得了良好的效果。

④放射性核素显像。根据不同肿瘤对不同元素的摄取不同，应用不同的放射性核素对肿瘤进行显像。可用于显示骨肿瘤、甲状腺肿瘤、肝肿瘤、脑肿瘤等。

⑤核磁共振成像。与CT相比，核磁共振成像的对比率分辨更高，没有骨伪影干扰，并可显示任意截面，因此是检查中枢神经系统和脊髓肿瘤的首选方法。其对于观察肿瘤和血管关系、纵隔肿瘤和肿大淋巴结、盆腔肿瘤也有一定的价值。

⑥正电子发射断层成像（PET）。其以正电子核素标记为示踪剂，通过正电子产生的γ光子，重建示踪剂在体内的断层图像，是一项能够反映组织代谢水平的显像技术，对实体肿瘤的定性诊断和转移灶的检查准确率较高。

（4）内镜检查

内镜检查是应用腔镜和内镜技术直接观察空腔脏器和体腔内的肿瘤或其他病变，并可取组织或细胞进行组织病理学诊断，常用的有胃镜、支气管镜、结肠镜、直肠镜、腹腔镜、胸腔镜、子宫镜、阴道镜、膀胱镜、输尿管镜等。

（5）病理学检查

病理学检查为目前最具确诊意义的检查手段。

①临床细胞学检查。包括体液自然脱落细胞检查，如痰液、尿液沉渣、胸腔积液、腹腔积液的细胞学检查以及阴道涂片检查等；黏膜细胞检查，如食管拉网、胃黏膜洗脱液、宫颈刮片以及内镜下肿瘤表面刷脱细胞；细针吸取细胞检查，如用针和注射器吸取肿瘤细胞进行涂片染色检查等。临床细胞学检查取材简单，应用广泛，但多数情况下仅能做出细胞学定性诊断，有时诊断困难。

②组织病理学检查。根据肿瘤所在不同部位、大小、性质采取不同的取材方法。空腔脏器黏膜的表浅肿瘤，多在内镜检查时获取组织进行病理学检查；位于深部或体表较大而完整的肿瘤宜行穿刺活检；手术时切取部分肿瘤组织进行快速病理学检查。对色素性结节或痣一般不做切取或穿刺活检，而是完整切除检查。各类活检均有促使恶性肿瘤扩散的潜在可能性，因此，需要在术前短期内或术中施行。

2. 恶性肿瘤的预防

恶性肿瘤常被认为是不治之症，但现在随着现代医学科学的发展、医学知识的普及，越来越多的人认识到癌症是一种可防可治的疾病。国际抗癌联盟早在20世纪80年代就明确提出防治癌症的"三个1/3"，即通过积极预防，三分之一的人可以避免癌症；通过早期发现、早期治疗，三分之一的患者可以得到根治；通过科学合理的综合治疗，三分之一的癌症患者可以提高疗效、减轻痛苦，延长生存期。

人们据此提出了恶性肿瘤的三级预防概念。

一级预防是消除或减少可能致癌的因素，防止癌症的发生。约80%的癌症与环境和生活习惯有关。改变生活习惯，如戒烟、限制饮酒、食物多样化、少吃腌制食品、控制体重、适当运动，注意环境保护、鉴别环境中的致癌和促癌剂、加强职业防护等，均是较为重要的防癌措施。近些年的免疫预防和化学预防均属于一级预防，如乙型肝炎疫苗的大规模接种、选择性环氧化酶-2（COX-2）抑制剂对结直肠腺瘤进行化学预防等。

二级预防是指癌症发生后，在早期阶段发现并予以治疗。这主要包括：对癌症危险信号（如持续性消化不良、绝经后阴道流血、大小便习惯改变、久治不愈的溃疡等）的认识和重视；高发地区和高危人群定期检查；发现癌前病变并及时治疗；加强对易感人群的监测；肿瘤自检（对身体暴露部位定期进行自我检查）。

三级预防是治疗后的康复，防止病情恶化，提高生存质量，减轻痛苦，延长生存期。

> **知识窗**
>
> **慢性病的三级预防**
>
> 不论病因是否确定，在不给予任何治疗和干预的情况下，疾病从发生、发展到结局的整个过程称为疾病的自然史。我们可以将疾病的自然史粗略地分为发病前期、发病期和发病后期三个阶段。
>
> 在发病前期，虽未发病，但已存在各种潜在的危险因子，如血清胆固醇高是冠心病的危险因子，吸烟是肺癌的危险因子，肥胖是糖尿病的危险因子。发病前期也可包括某种病理生理的改变，如血管粥样硬化等。在发病期，患者一般有轻重不一的临床表现。在发病后期，患者可能痊愈也可能死亡，还可能会留下后遗症等。在疾病的自然史的每一个阶段，我们都可以采取相关措施防止疾病的发生或恶化。因而预防工作也可以根据疾病的自然史相应地分为三级：一级预防为病因预防；二级预防为"三早"预防，即早发现、早诊断、早治疗；三级预防为对症治疗、防止伤残和加强康复工作。
>
> 一级预防也叫初级预防，主要是针对危险因子采取的措施，也是预防疾病的根本措施，其包括自我保健和健康教育。自我保健即在发病前期进行干预，以增强人的健康状况，促进健康。健康教育是以教育手段促使人们主动采取有

利于健康的行为,从而消除危险因子,预防疾病,促进健康。在危险因子或机制尚未明确或出现之前,人们要采取各种措施保持健康体魄,这应是一级预防的核心。一级预防还包括保护和改善环境,保证人们生产和生活区的空气、水、土壤不受工业"三废"(即废气、废水、废渣)、生活"三废"(即粪便、污水、垃圾),以及农药、化肥等的污染。

二级预防又称"三早"预防,它是发病期所采取的防止或减缓疾病发展的主要措施。为了保证"三早"的落实,可采用普查、筛检、定期健康检查、高危人群重点项目检查以及设立专科门诊等措施。

三级预防主要为对症治疗,防止病情恶化,降低疾病的不良作用,防止复发转移,预防并发症;对已丧失劳动力者或残废者,通过康复治疗,促进其身心康复,使其恢复劳动力,保存其创造精神和社会劳动价值。

三、常用的健康指标

(一)体格指标

体格是人体形态发育的特征,其包含多项指标。最能反映体格,也最常用的三项指标是身高、体重和胸围。

1. 身高

身高是指人体站立时,从站立面到头顶的垂直距离。它主要反映人体的骨骼发育状况,是人体纵向发育水平的重要标志。影响身高的主要因素有先天遗传和后天营养状况。我国男性18岁、女性16岁时身体的纵向发育已趋于稳定。

测量身高可用测量仪。测量时,被测者赤足,以立正姿势站立,背靠立柱,躯干自然挺直,头颈直立,两眼平视前方,使耳屏上缘与眼眶下缘水平。测量者站在侧方,轻轻下拉活动侧板,直至板面紧密贴合被测者头顶。以厘米为单位记录,通常精确到小数点后一位。

2. 体重

体重是人体赤裸的质量指数,它是反映人体横向发育的重要指标,在一定程度上能反映人体骨骼、肌肉、皮下脂肪、内脏器官生长的综合状况和身体发育的充实度。一般来讲,体重与横断面积的发育呈正比,与肌肉量呈反比。因此,人类形态学又把体重作

为综合反映人体维度、宽度、厚度以及发育状况的指标,也将其视为衡量身体健康和体力强弱的重要指标。

测量体重一般用杠杆秤。测量时,男生只穿短裤,女生穿短裤、背心。被测者赤足站在秤台中央,身体保持平衡,不与其他物体接触。以千克为单位记录,通常精确到小数点后一位。

体重指数BMI=体重/身高的平方。体重指数的国际单位为kg/m^2。BMI的不同分类标准如表3-1所示。

表3-1 BMI分类(单位:kg/m^2)

BMI分类	WHO标准	亚洲标准	中国参考标准	相关疾病发病的危险性
偏瘦	<18.5	<18.5	<18.5	低(但其他疾病危险性增加)
正常	18.5～24.9	18.5～22.9	18.5～23.9	平均水平
超重	≥25	≥23	≥24	增加
偏胖	25.0～29.9	23～24.9	24～27.9	增加
肥胖	30.0～34.9	25～29.9	28～29	中度增加
重度肥胖	35.0～39.9	≥30	≥30	严重增加
极重度肥胖	≥40.0	≥40.0	≥40.0	非常严重增加

3. 胸围

胸围是人体宽度和厚度最具代表性的测量值。它反映人体胸廓大小及胸部、背部肌肉的发育情况。由于胸腔里有心脏、肺等重要器官,胸围的测量对于了解内脏器官的机能状况有较大意义。胸腔容积增大,胸部和背部肌肉力量增强,有利于呼吸和循环机能的改善,并使人体保持正常的形态。因此,胸围也是反映人体生长发育水平的一个重要指标。

测量胸围一般用每米误差不超过0.2厘米的带尺。测量时,被测者自然站立,两脚分开与肩同宽,双肩放松,上肢自然下垂。测量者将带尺围绕胸廓一周,将带尺上缘经背部肩胛骨下角下缘至胸前。男生和未发育女生,带尺下缘经乳头上缘;已发育的女生,带尺经乳头上方第四肋骨处,测量平静状态下的胸围。

(二)身体成分

身体成分是指组成人体各组织器官的总成分,它反映了人体生长发育内在结构的比例特征,其总质量就是体重。它包含脂肪成分和非脂肪成分两大类。脂肪成分质量称为体脂质量。体脂质量占体重的百分比称为体脂率。非脂肪成分质量包括内脏、骨骼、肌肉、水分、矿物盐等各种成分的质量，又称瘦体重或去脂体重。如果人体内部各个成分之间比例失调，就会破坏正常的生理机能活动，影响人体的正常发育与健康。

皮褶厚度法是当前研究身体成分最普遍而实用的方法。它主要测量皮下脂肪的厚度，用于预测人体密度和体脂率。被测者取站位，裸露被测量部位，测量者用拇指和食指将测量部位的皮褶捏起，然后使皮下脂肪测量计的两接点距离捏指端1厘米处钳住皮肤，待指针停止后，立刻读数，取至0.5毫米单位。各部位可连续测量三次，取平均值。

身体密度（男）=1.0991－0.0005×腹部皮褶（毫米）－0.0004×肩胛下皮褶（毫米）－0.0005×大腿皮褶（毫米）－0.0003×年龄；身体密度（女）=1.0837－0.0004×三头肌皮褶（毫米）－0.0004×腹部皮褶（毫米）－0.0004×大腿皮褶（毫米）－0.0003×年龄。

利用体脂率计算公式，可以很方便地计算个人脂肪重量及比率或肌肉的增减数量，准确度也很高。

女性的身体脂肪计算公式为：参数a=腰围－厘米（腰部的周长）×0.74；参数b=（总体重－千克×0.082）+34.89。

男性的身体脂肪计算公式为：参数a=腰围－厘米（腰部的周长）×0.74；参数b=（总体重－千克×0.082）+44.74。

身体脂肪总质量（千克）=$a-b$。男女体脂率（身体脂肪百分比）=（身体脂肪总质量÷体重）×100%。男性体脂率超过25%、女性体脂率超过30%，则可判定为肥胖。

> **知识窗**
>
> **理想体重的计算**
>
> 许多人都很关心自己的理想体重范围。我们用一个例子来说明具体计算方法。假设学生张某为男性，体脂率为25%，体重92.5千克。第一步，计算张某的瘦体重92.5×（1－25%）=69.4（千克）；第二步，计算张某的理想体重，男性理想体脂率为10%~20%，计算理想体重的公式是：理想体重=瘦体重÷（1－理想体脂率）。因此，张某10%体脂率的理想体重=69.4÷（1－10%）=77.1（千克）；张某20%体脂率的理想体重=69.4÷（1－20%）=86.75（千克）。张某的理想体重范围为77.1~86.75千克。

（三）生理功能指标

生理功能是人的整体及其组成的各系统、器官所表现出来的生命活动。生理功能的好坏直接关系到人的身体健康。安静时脉搏、血压和肺活量是最能反映心血管系统和呼吸系统机能的指标。

1. 脉搏

脉搏是指心脏节律性地收缩、舒张，是由大动脉的压力变化而引起四肢血管扩张和收缩的一种搏动现象，它主要反映心脏和动脉的机能状态。测脉搏是运动训练时进行医务监督经常使用的一种有效反映心血管功能状况的手段。安静脉搏是相对安静状态下的脉搏频率，即单位时间内动脉管壁搏动的次数，可用于检查心脏生长发育的程度。长期坚持体育锻炼后，安静时脉搏下降是身体机能发生良好变化的反映。安静时脉搏下降，说明心脏的收缩功能强、潜力大。

一般可以通过触摸脉搏、按压脉搏、读数脉搏等方式测量脉搏。采用触摸脉搏方法时，可以选择表浅的动脉，桡动脉是比较常用的测量部位。具体测量方法为：将食指、中指和无名指的指端按在被测者腕部动脉处，压力的大小以清楚触及动脉搏动为宜。连续测3个10秒。如果其中两次相同，并与另一次相差不超过1次，即认为是安静状态的脉搏，然后换算成1分钟的脉搏次数。

正常成人脉搏为每分钟60～100次，常为每分钟70～80次，平均约每分钟72次。经常参加体育锻炼对心血管系统有良好的作用，可使脉搏低于每分钟60次。

2. 血压

血压是指血液在血管内流动时对血管壁产生的侧压力，一般是指动脉血压。人体的动脉血压推动血液流向全身各器官，保证人体各器官的血液循环和氧气供应。血压过低，会使全身各器官和组织缺血、缺氧，造成功能性障碍；血压过高，会加重心脏负担，增加微循环血量，造成高血压，诱发心脏病和心血管疾病。因此，保持动脉血压的相对稳定，对于正常人的生命活动是十分重要的。血压是检查、评价心血管机能水平的一项重要指标。一般来说，长期坚持体育锻炼，安静状态下的收缩压和舒张压下降，是生理机能发生良好变化的反映。血压下降说明体育锻炼提高了血管弹性，使血管缓冲血压变化的能力增强。

一般用水银血压计测量血压。测量血压时，被测者多取坐位，测量前应静坐15分钟，并脱去多余的衣袖，最多保留一件薄衣；测量者先将袖带套在被测者上臂并绑紧，利用气泵充气加压，然后慢慢减压，使用听诊器听被测者的心跳声。听到的第一声跳动就是最高血压（收缩压），继续减压到完全听不到跳动声的瞬间（消音点）为最低血压（舒张压）。

3. 肺活量

肺活量是指在不限时间的情况下，一次最大吸气后再尽最大努力所呼出的气体量。它代表了肺一次最大的机能活动量，是反映人体生长发育水平的重要机能指标之一。一般情况下，体重和胸围大的人，肺活量也大。经常参加体育锻炼的人呼吸系统功能良好，在安静状态下所测定的肺活量不论是绝对值还是相对值都较大。长期坚持体育锻炼后的肺活量增加是生理机能发生良好变化的反映。

测量肺活量时多使用回转式肺活量计。被测者取站立姿势，然后深吸气，经憋气后尽力深呼气，直到不能呼气为止。待回转筒停稳后，按指标器读数。

我国成人肺活量正常值范围：男性为3500~4500毫升，女性为2500~3500毫升。

（四）体力指标

体力是指体育活动时所能释放的力量和耐力。体力是人体赖以生存和活动的一种能力，它既表现在集体运动方面，又表现在机体对外环境刺激的抵抗能力方面。因此，通过测量体力可以较准确地了解人体的健康状况。根据我国大学生实际情况，选用50米跑、立定跳远、引体向上（男）、仰卧起坐（女）、1000米（男）、800米（女）这五项指标来进行体力测试比较科学。

1.50米跑

场地器材：50米长的直跑道若干条（要求地面平坦，跑道线清楚），发令旗一面，口哨一个，秒表若干（至少一道一表）并在使用前进行校正。

测试时，被测者至少两人一组，起跑姿势不限，不得抢跑或串道，如抢跑须重跑。

2. 立定跳远

场地器材：沙坑、丈量尺（沙坑与起跳面在同一水平面，起跳线至沙坑近端不得少于30厘米）。

测试时，被测者两脚自然开立，脚尖不得踩线，两脚应原地同时起跳，不得有垫步或连续起跳动作。每人跳三次，丈量起跳线后沿与最近着地点后沿的垂直距离，记录其中最好一次的成绩（犯规成绩无效）。测量时，可以赤脚跳，最好不要穿皮鞋、塑料鞋和钉鞋跳。

3. 引体向上（男）

场地器材：单杠（或肋木）。

测试前，被测者双手正握单杠（或肋木）悬垂。身体平衡后，两臂同时用力向上引体，上拉到下颌超过横杠上缘，然后还原为完成一次。测试时，身体不可摆动或有蹬脚动作。

4. 仰卧起坐（女）

场地器材：泡沫垫或棕垫。

测试时，被测者仰卧于垫上，两腿屈膝稍分开，大小腿屈成90°左右，两手紧贴脑后，另一个人压住其两脚踝关节处。起坐时，以双肘触及两膝成功计为一次。发出"开始"口令的同时开表计时，到一分钟停表，记录完成次数，未触及膝盖不计次数。注意，仰卧时两肩胛必须触地。

5. 1000米跑（男），800米跑（女）

场地器材：周长为400米、300米或200米的田径场或其他不正规但距离丈量准确的场地，校正好的秒表。

测试前，被测者应做好准备活动，跑完全程后不应立即停下，而应继续慢跑或走动，使心率逐渐恢复至跑前水平。被测者每组不得少于两人，用站立式起跑方式，以秒为单位记录成绩。

知识窗

身心健康自我评估的八大标准——"五快三良好"

"五快"指的是吃得快、便得快、睡得快、说得快、走得快。吃得快即进食时有良好的食欲，不挑食；便得快即一旦有便意，能很快排泄且感觉轻松自如；睡得快即上床后能很快入睡且睡眠质量好，醒后精神饱满；说得快即思维敏捷，语言表达准确；走得快即行动自如、协调，精力充沛。

"三良好"指的是良好的个性、良好的处世能力、良好的人际关系。良好的个性即情绪稳定、性格温和、意志坚强、感情丰富、胸怀坦荡、豁达乐观；良好的处世能力即观察问题客观现实，具有较好的自控能力，能适应复杂的社会环境；良好的人际关系即助人为乐、与人为善，对人际关系充满热情。

四、大学生体质测试

（一）大学生体质测试的意义和目的

大学生在校期间的体质测试是教育部门为了监测学生体质健康状况而实施的一项重要工作。大学新生入校时都要求进行体检，其目的就在于了解大学生身体是否适合所填报的专业学习，了解新生在入学前后的身体状况。大学生有某些疾病或者生理缺陷是不能填报某些专业的，如视力过低就不能填报精密测量专业，有先天性心脏病或风湿性心脏病就不能填报体育专业。对大学生身体情况的了解，有助于学校对学生的专业进行调整或者学生自己重新选择学校或专业，也有助于学生在对自己身体状况有相关了解后，合理安排自己在校期间的学习和生活。

（二）大学生体质测试的内容和项目

根据相关规定，大学生在大学期间需要完成4次体质测试。这些测试旨在全面评估学生的身体状况，包括身高、体重、视力等日常健康指标，以及生理机能测试、身体成分测定等。这些测试不仅关乎学生的健康，也是学生毕业的重要条件之一。具体到测试的频率和内容，大学每年组织两次全校性统一体测，上半年安排三个年级进行测试，下半年则仅安排当年新入学的学生进行测试和一次全体学生的集中补测。测试项目包括但不限于身高、体重、视力等基本健康指标以及一些特殊的检查如化验、X线、心电图等，以确保学生在求职时不会因为健康问题被拒绝。此外，测试成绩每个学年会上传至学生体质数据上报平台，作为学生毕业的必要条件之一。

此外，对于新生而言，入学前几周会进行一次体检，主要检查学生的基本健康状况，如身高、体重、视力等，以确保高考体检的正确性和可靠性。而在学生即将大学毕业时，会再次进行一次体检，主要是检查学生的身高、体重、视力和血样，以确保学生在求职时不会因为健康问题被拒。

1. 体检主要检查内容

（1）病史的采集

完整的健康检查应有病史调查的内容，包括过去（疾病）史、家族史、现有症状、生活方式与行为习惯（如烟酒嗜好等）、女性的月经史和婚孕史、心理状态等。病史的采集并非可有可无或是医生的随便问问，其具有先进的医疗仪器所不能替代的作用。它不仅能对疾病的诊断提供帮助，还能提示疾病的危险因素，指导体检的重点。

（2）临床体检

临床体检包括基本的生命体征和生理指标的检查（如脉搏、血压、身高、体重等）以及临床各科（如内科、外科、五官科、眼科、口腔科、女性的妇产科等）的全面检查。

（3）实验室及辅助项目的检查

常用的实验室及辅助项目的检查有血常规、尿常规、血糖、血尿素氮、血脂、肝功能及乙肝表面抗原、甲胎蛋白、心电图、X线透视或拍片、B超等。根据检查对象的不同病史、年龄及疾病危险因素来选择检查项目，必要时还可增加其他检查项目。

体检的主要目的是在早期发现一些慢性病和恶性肿瘤。这不同于一般的有了病痛后到医院去看病，而是要从一个看似健康的人身上"找出病"来，所以对医生的要求更高，检查要更仔细才行。

2. 防癌普查

目前，癌症已成为严重威胁人类健康和生命的常见病、多发病。当人们发现不适到

医院就诊时，多数已是失去最佳治疗机会的癌症中晚期。因此，挽救癌症患者的生命，尽可能延长他们的生存期，关键就在于"三早"，即早期发现、早期诊断、早期治疗。开展癌症普查就是实现"三早"的重要措施。因此，即使外表看起来很健康的人，也应该定期接受防癌普查。

大学生比较年轻，多在25岁以下，而很多癌症的多发人群是中老年人。但大学生究竟要不要做防癌普查，还需要根据各人的年龄、性别及是否为高危人群等具体情况来定。如肝癌的防癌普查是以慢性乙肝患者及乙肝病毒携带者为主，40岁以上的人群应每隔半年至一年进行一次肝癌的防癌普查，而一般人则3~5年普查一次。另外，对于乳腺癌的普查，年轻女性应2~3年一次，中年女性应1~2年一次，50岁以上女性应半年至一年普查一次，尤其应注意经常进行乳房自查。

防癌普查分为多脏器普查或单项选择性普查，大学生通常只需要做单项选择性普查，如患有慢性乙肝及乙肝病毒携带者的大学生可定期检查。

（三）体检的注意事项

由于体检项目比较多，有些因素是可能影响化验结果的，大学生们在体检前应注意一些事项。

① 体检的前一天要注意休息，不过度运动或熬夜，不能饮酒过多等，以免引起肝功能异常。

② 体检前饮水过少或饮牛奶过多，可能会出现少量的蛋白尿，因此要合理饮水或牛奶。

③ 体检时按医生的规定和体检顺序进行。

④ 体检时保持安静和心理平静，以免引起高血压或心律失常等。

（四）体检后做些什么

① 如果查出患有某种疾病，应向医生了解是否需做进一步检查、在生活方式和行为习惯上应做哪些调整和改变等。

② 如果结果显示自己有患某种疾病的可能，应向医生询问是否需要治疗、要明确诊断还需要做哪些检查、在生活方式和行为习惯上需要注意什么、是否需要定期复查等。

③ 如果发现某些检查或化验指标临界或异常，应引起警惕，除定期监测和复查外，还要根据其诱因采取一些预防措施，或对个人的生活方式和行为习惯进行调整，如过度紧张者应适当放松。

五、大学生保险服务

（一）大学生医疗保险的性质

大学生是居民医疗保险的一个特殊群体，大学生医疗保险属于城镇居民医疗保险的范畴，是一项由政府和个人共同筹资，以住院为主兼顾门诊的医疗保险。它不同于商业保险，是国家社会保障体系的重要组成部分。

（二）参保范围

各类全日制普通高等学校（包括民办高校、独立学院、成人院校）中接受普通高等学历教育的全日制本专科生、全日制研究生。

（三）保障方式

大学生住院和门诊大病医疗，按照属地原则通过参加学校所在地城镇居民基本医疗保险解决，大学生按照当地规定缴费并享受相应待遇，待遇水平不低于当地城镇居民。同时按照现有规定继续做好大学生日常医疗工作，方便其及时就医。

鼓励大学生在参加基本医疗保险的基础上，按照自愿原则，通过参加商业医疗保险等多种途径，提高医疗保障水平。

（四）资金筹措

大学生参加城镇居民基本医疗保险的个人缴费标准和政府补助标准，按照当地居民参加城镇居民基本医疗保险相应标准执行。个人缴费原则上由大学生本人和家庭负担，有条件的高校可对其给予补助。大学生参保所需政府补助资金，按照高校隶属关系，由同级财政负责安排。中央财政对地方所属高校学生按照城镇居民基本医疗保险补助办法给予补助。大学生日常医疗所需资金，也是按照高校隶属关系，由同级财政予以补助。

各地要采取措施，对家庭经济困难大学生个人应缴纳的基本医疗保险费及按规定应由其个人承担的医疗费用，通过医疗救助制度、家庭经济困难学生资助体系和社会慈善捐助等多种途径给予资助，切实减轻其医疗费用负担。

（五）参保缴费时间及待遇享受期

大学生参加城镇居民基本医疗保险按学年或学制缴费。待遇享受期为缴费当年的9月1日至次年的8月31日。

参保后又中断缴费在6个月内的，办理续接手续时，个人全额补缴中断缴费期间的医疗保险费（包括国家财政补贴及个人自付部分），缴费次月起享受医疗保险待遇；中断缴费在6个月以上的，除按规定全额补缴医疗保险费外，待遇享受设置6个月等待期。

（六）转学、休学及出国交流大学生的医疗保险待遇

大学生参保缴费后，在医疗保险待遇享受期内转学、休学或出国交流，其医疗保险待遇不受影响，转学的大学生在第二年应参加转入高校的大学生医保；出国交流、休学的大学生可继续缴费并享受相应待遇。

对于各种原因被取消学籍、办理退学的大学生，在享受完当年的医疗保险待遇后，高校不再为其办理参保缴费。

（七）大学生医疗保险的保障范围及医疗待遇支付（以云南为例）

大学生医疗保险的保障范围包括普通门诊、门诊意外伤害、门诊特殊病种、门诊慢性病、门诊紧急抢救、住院报销等。

1. 普通门诊

为参保大学生门诊就诊设立大学生门诊统筹基金（以下简称统筹基金）。统筹基金设置支付比例及最高支付限额。在一个医疗保险年度内，参保大学生在门诊发生的医疗费用，由统筹基金按80%的比例支付，统筹基金最高支付限额为500元（包括校内及校外就医）。

一般门诊疾病的就诊指定医院为校医院。学生在校医院看病时须携带二代医保卡、学生证、身份证，在费用结算时直接由统筹基金支付，学生只需支付个人自付部分。享受急诊抢救服务的学生返校后携带发票和就诊病历在校医院报销。自行到其他医院就医的，发生的门诊医疗费用由个人承担。

2. 门诊意外伤害

门诊意外伤害包括骨折、关节脱位、呼吸道异物等。

（1）费用支付标准

意外伤害在门诊治疗时的医疗费用，由统筹基金支付80%、个人支付20%。一个年度内统筹基金累计最高支付1500元。

对于自杀、自残（精神疾病除外）、有第三方责任人的交通事故、打架、斗殴、酗酒、吸毒及其他因犯罪或违反《治安管理处罚法》等情况发生的意外伤害，统筹基金不予报销。

（2）费用报销程序

参保大学生将门诊病历、门诊处方、相关票据、二代医保卡及有关检查检验报告单等材料，报送校医院医保科，由校医院医保科整理汇总后，报市医疗保险经办机构报销。

3. 门诊特殊病种

（1）病种范围

病种范围包括恶性肿瘤门诊放化疗、慢性肾功能衰竭尿毒症期门诊肾透析、器官移植术后服抗排斥药。

（2）费用支付标准

门诊治疗上述三种特殊病种发生的医疗费用，由统筹基金支付60%、个人支付40%。

（3）费用报销程序

参保大学生在门诊治疗上述特殊病种时，首先在定点医院开具"大学生基本医疗保险门诊特殊病种审批单"（由专科主治医师出具、科室主任签字、定点医疗机构医保办盖章），然后报市医疗保险经办机构审批备案。

市医疗保险经办机构审批通过后，参保大学生在门诊治疗上述特殊病种时，符合规定的医疗费用统筹基金支付60%、个人负担40%。个人负担部分由个人向定点医疗机构直接结算；统筹基金支付部分由市医疗保险经办机构与定点医疗机构按月结算。

（4）首次审批时需要携带的资料

原始病历复印件（包括病案首页、长期医嘱、临时医嘱、出院小结）、诊断证明、相关检查检验报告单（包括血常规、尿常规、肝肾功能、电解质等）、环孢素血药浓度（限器官移植术后服抗排斥药）、病理报告（限恶性肿瘤门诊放化疗）、二代医保卡、"大学生基本医疗保险门诊特殊病种审批单"等。

4. 门诊慢性病

（1）病种范围

病种范围包括：冠状动脉粥样硬化性心脏病（不含隐匿型）；慢性肺源性心脏病；脑血管病恢复期；肝硬化失代偿期；糖尿病合并慢性并发症；慢性肾小球肾炎及肾病综合征；恶性肿瘤晚期；精神疾病；红斑狼疮；帕金森综合征；多耐药肺结核；慢性活动性肝炎；慢性再生障碍性贫血；白血病；血友病。

(2) 费用支付标准

门诊治疗慢性病费用按年度结算。一个年度内，在定点医疗机构发生的门诊治疗慢性病的医疗费用累计超过350元的，超出部分由统筹基金支付50%、个人支付50%。一个年度内，统筹基金累计支付门诊慢性病医疗费用最高限额为2500元。

大学生患血友病门诊使用凝血因子进行治疗，统筹基金支付比例为60%、个人自付40%。一个医疗年度内，最高支付上限为20000元。

(3) 费用报销程序

参保大学生发生上述疾病以后，须到校医院医保科领取并如实填写"大学生基本医疗保险门诊慢性病审批单"，同时将申请办理慢性病的相关证明材料通过校医院医保科报市医疗保险经办机构审核认定，其审核认定标准参照市城镇居民基本医疗保险门诊慢性病审核认定标准执行。通过审核认定患有上述慢性病的大学生，于每年9月上旬将门诊发票、门诊病历、门诊处方、诊断证明、二代医保卡等材料，报校医院医保科，由校医院医保科整理汇总后，于10月上报市医疗保险经办机构。市医疗保险经办机构按照规定进行审核结算后，将报销的医疗费用通过学校发放给参保大学生本人，并将报销费用记录在二代医保卡上。

5. 门诊紧急抢救

(1) 病种范围

病种范围包括昏迷、严重休克、大出血、中毒、严重脱水、高热惊厥、严重创伤所致的严重呼吸困难、自发性或损伤性气胸、血气胸、喉梗阻及气管支气管堵塞、严重心律失常、各种原因造成内外出血危及生命、急性心力衰竭、呼吸衰竭、肾功能衰竭等生命体征有重大改变的情况。

(2) 费用支付标准

参保大学生门诊紧急抢救病种治疗所发生的医疗费用，按一次住院费用的结算办法进行结算。

(3) 费用报销程序

参保大学生将门诊发票、门诊抢救病历、医疗费用清单、二代医保卡复印件等材料，报校医院医保科，由校医院医保科整理汇总后，上报市医疗保险经办机构。市医疗保险经办机构按照规定进行审核结算后，将报销的医疗费用通过学校发放给参保大学生本人，并将报销费用记录在二代医保卡上。

6. 住院报销

对于在城镇居民基本医疗保险定点医疗机构发生的符合政策规定的住院（包括意外伤害）费用，设定统筹基金起付标准和年度累计最高支付限额。

（1）起付标准

起付标准按照定点医疗机构的级别划分为社区卫生服务机构200元、一级医院300元、二级医院400元、三级医院500元。

（2）费用支付标准

起付标准以上的符合政策规定的住院医疗费用，依所住医院的级别按照以下比例支付：一级医院（含社区），统筹基金支付90%、个人承担10%；二级医院，统筹基金支付80%、个人承担20%；三级医院，统筹基金支付70%、个人承担30%。

一个年度内医保统筹基金累计最高支付限额（包括门诊意外伤害、门诊慢性病、门诊特殊病种、住院）不设封顶线。

大学生在二级以上医疗机构住院治疗白血病、先天性心脏病所发生的医疗费用，统筹基金支付比例统一为80%。

（3）当地住院费用的结算

大学生所患疾病经门诊主诊医师诊断需要住院治疗的，由患者或其家属持患者本人身份证、二代医保卡、住院证等，到当地医保定点医疗机构的医保办办理住院挂账手续。在定点医疗机构治愈出院时，大学生可直接在定点医疗机构按照医保政策进行挂账结算，学生只需向定点医疗机构缴纳个人应付的部分。

（4）异地住院就医费用结算

大学生在假期、实习、休学期生病需要在异地住院治疗的，可就近到当地定点医疗机构或公立医院就诊，所发生的医疗费先由个人垫付。随后将住院资料交校医院医保科，由校医院医保科经办人员报市医疗保险经办机构进行结算报销。

健康躬行

制作宣传展板

活动时长：30分钟。

活动目的：培养学生收集资料、整理资料的能力；提高学生的主体参与意识及与他人合作的能力；让学生对传染病的防治有全面、正确的认识。

具体操作：对学生进行分组，每组6～8人；以小组为单位收集和整理有关传染病的相关知识，每组制作一块展板来宣传有关传染病的防治知识和生活常识；各组分别展示自己的宣传展板，并选一名代表进行讲解，投票选出最佳宣传展板，教师进行点评。

健康拓展

一、阅读欣赏

"治未病"[①]

曾经,魏文王问名医扁鹊:"你们兄弟三人都精于医术,那么,谁的医术最高明呢?"

扁鹊说:"大哥最好,二哥次之,我是最差的。"魏文王非常惊讶,毕竟三人中只有扁鹊名声在外。扁鹊解释道:"我的大哥能够在病人还没有发现自己不舒服的时候,就下药把将要发生的疾病铲除了,所以他的医术很难被人知晓,也就没有名气。我的二哥呢,能够在疾病刚刚发作,病人还没有觉得自己很不舒服的时候,下药将疾病去除,结果大家都以为他只能治一些小病。而我呢,只能治疗那些已经发展得很严重的疾病,这时候,病人的家属心急如焚,而我正好能通过手术、开药方等让病人的情况得到好转,于是大家都以为只有我才会治疗大病。其实,是人们理解错了。"

在扁鹊看来,真正的好医生应当能够指导患者预防疾病发生,用现代医学的话来讲,就是要重视预防医学。这一观念早在中国的传统思想中就出现了。譬如,《周易》说:"水在火上,既济。君子以思患而预防之。"也就是说,君子应当为了可能发生的灾患时时做好准备。

中医学历来重视预防,如《灵枢·逆顺》中说:"上工刺其未生者也,其次刺其未盛者也,其次刺其已衰者也……故曰:'上工治未病,不治已病。'"也就是说,最好的医生应该在疾病还没有显现的时候就通过针刺将其消灭。具体到实践中,张仲景提出:"见肝之病,知肝传脾,当先实脾。"即发现肝脏出现问题时,要想到脾可能会受到影响,所以要提前预防,令脾免受疾病感染。

再如,《黄帝内经·素问·刺热》写道:"肝热病者,左颊先赤;心热病者,颜先赤;脾热病者,鼻先赤;肺热病者,右颊先赤;肾热病者,颐先赤;病虽未发,见赤色者刺之,名曰治未病。"中医学将脏腑疾病与表现在面部的发红特征联系起来,认为通过观察看起来和内脏没太大关系的外在表现,能够推知即将发生的疾病,进而通过针刺将疾病扼杀在萌芽阶段,这就叫作"治未病"。

---

① "治未病"是什么? 看完这几个故事就明白了![EB/OL].(2020-08-17)[2024-08-02].https://www.163.com/dy/article/FK8E9HBP0514BK5D.html.

二、推荐书目

【书名】
《人体的故事：进化、健康与疾病》（封面见图4-1）

【作者】
[美] 丹尼尔·利伯曼

【译者】
蔡晓峰

【出版社】
浙江人民出版社

【出版时间】
2017年6月

【内容简介】
这是一部从现代语境出发、回溯人类历史的人体进化简史，也是一本从进化、健康与疾病的相互关系着手，审视人体命运的著作。

图4-1 《人体的故事：进化、健康与疾病》封面

作为哈佛大学进化生物学教授，作者丹尼尔·利伯曼在书中汇集了多年来针对人体进化展开的深入研究，详细讲述了人类如何一步步掉入了当前失配性疾病频发的泥沼。而进化无疑是帮助我们寻找病因、预防并治疗失配性疾病的一剂良方，得以让我们重新思考人类的过去、现在和未来。

这是自贾雷德·戴蒙德的《枪炮、病菌与钢铁：人类社会的命运》和尤瓦尔·赫拉利的《人类简史：文明的支柱》之后，又一本有趣的关于人类进化的书。丹尼尔·利伯曼教授这本书的一个显著特点，就是用进化生物学的观点来考察我们今天的生活，而不是只关注几万年前的事。他提出了"失配性疾病"的概念，即文化变革改变了我们的基因与环境的作用方式，导致许多健康问题，譬如近视、肥胖、Ⅱ型糖尿病和阿尔茨海默病等。他还建议用进化理论去指导人们创造健康的美好未来。这些观点可以激发我们从不同的角度去思考人类自身。

【相关书目】

① 悉达多·穆克吉：《众病之王：癌症传》，李虎译，中信出版社，2013年。

② 托瓦尔特·德特雷福仁、吕迪格·达尔可：《疾病的希望：身心整合的疗愈力量》，当代中国出版社，2011年。

③ 肯尼思·F.基普尔：《剑桥世界人类疾病史》，张大庆主译，上海科技教育出版社，2017年。

三、电影赏析

【片名】
《滚蛋吧！肿瘤君》（海报见图4-2）

【剧情简介】

29岁生日前那天，熊顿因吐槽奇葩老板而丢了工作，又遭遇极品男友劈腿而丢了爱情，还莫名其妙进了趟派出所，但坏运气并没到头，在生日PARTY上欢腾过后，熊顿突然晕倒在了自己的房间。之后，熊顿踏上了一段虽痛苦但仍然充满欢乐、囧事不断的抗癌之旅……从急诊室到血液科再到化疗，每一段旅程都有不同的"旅伴"——熊顿爱情幻想的主角梁医生，调皮可爱的小男孩"毛豆"，以及虽然光头素颜但性感如旧的"女王"夏梦。这一群特殊的人相遇在医院这个特殊的地方，给本来枯燥痛苦的治疗生活带来了无数啼笑皆非的欢乐。他们每一个人都从熊顿这里获得了力量，即便身处人生最艰难的时刻，也一样可以对命运微笑。同时，这些形形色色的人也给熊顿有限的生命带来了无限的精彩。虽然熊顿最终还是离开了，但她走之前已经教会了我们如何用微笑赶走这个世界的阴霾。

图4-2 《滚蛋吧！肿瘤君》海报

【相关影片】

① 《抗癌的我》
② 《触不可及》
③ 《我不是药神》
④ 《送你一朵小红花》
⑤ 《我们一起摇太阳》

你的身体年龄和
生理年龄相符吗？

第四章
拓展资源

第五章 安全应急与避险

健康绪言

史上最牛校长[1]

汶川地震是人类的又一场浩劫,严重破坏地区超过10万平方千米,其中,极重灾区共10个县(市),较重灾区共41个县(市),一般灾区共186个县(市),共造成69227人死亡,374643人受伤,17923人失踪,是1949年以来破坏力最大的地震,也是唐山大地震后伤亡最严重的一次地震。地震中出现了太多可歌可泣的故事和先进人物,这里介绍的这位绝对称得上史上最牛校长。地震发生时,他并不在学校,但是全校师生按照他以前的要求,有序疏散,在地震发生后,全校2300多名师生,从不同的教学楼不同的教室中,全部冲到操场,以班级为组织站好,用时1分36秒,堪称奇迹。

他就是叶志平,原是四川省绵阳市安县(今安州区)桑枣中学校长。他是四川绵竹人,22岁参加工作,分配到沸水小学任教,25岁调至桑枣中学,担任教学工作和班主任工作,并长期担任毕业班教学工作,27岁担任桑枣中学团委副书记、工会副主席,32岁入党,而后一直担任桑枣中学校长兼党支部书记。

为何在地震发生时,该校师生能创造奇迹?这和他平时的要求是分不开的,自从担任桑枣中学的校长后,他就为学校当时新建的实验教学楼操心。因为这座楼不是正规的建筑公司建造的,陆陆续续建了两年,结果没有人敢为这栋楼验收。他看在眼里急在心上,先后对这栋楼进行了三次大规模的改造,先拆除了与实验

---

[1] 史上最牛校长,汶川地震,该校师生转移用时1分36秒,无一伤亡[EB/OL].(2018-10-08)[2024-07-25].https://www.163.com/dy/article/DTJQN49H054015EJ.html.

教学新楼相连的一栋质量很差的厕所楼,改在一楼的安全处重新建了厕所,然后将楼板间缝隙中的水泥袋去掉,重新实实在在地灌注了混凝土,最后又将整栋楼的22根承重柱子重新浇灌水泥,加粗为50厘米以上的五零柱。

除了严格要求教学楼的建筑质量,他认为在紧急情况下有序疏散学生也至关重要。从2005年开始,他每学期都会在全校组织一次紧急疏散演习。学校规定了每个班固定的疏散路线。就这样在汶川地震发生时,该校2300多名师生仅用了1分36秒就转移到了安全区域,而那时候他并不在学校,当知道发生地震后,他从绵阳市区疯了似地冲回学校,可看到的情况是:学校外的房子百分之百受损,学校里的八栋教学楼部分坍塌,而他改造了的教学楼以及他的学生和老师均安然无恙。

如果不是他平时严格要求,这样的奇迹是断然不会出现的,可见"最牛校长"的称号实至名归。不幸的是,2011年6月27日,叶志平因脑出血在四川成都辞世,享年57岁。叶志平的一生是伟大的,他所付出的努力在地震中得到了非常好的检验。虽然他离开了我们,但是他那爱护师生的精神将永远留在我们心中。

健康求知

祸兮,福之所倚,福兮,祸之所伏。

——老子

生于忧患而死于安乐。

——孟子

是故君子安而不忘危,存而不忘亡,治而不忘乱,是以身安而国家可保也。

——《周易·系辞下传》

一、突发事件与个人安全防范

《中华人民共和国突发事件应对法》所指的突发事件,是指突然发生,造成或者可能造成严重社会危害,需要采取应急处置措施予以应对的自然灾害、事故灾难、公共卫生事件和社会安全事件。

（一）火灾

掌握火灾逃生自救的一些基本方法很重要。火灾是我们身边非常普遍、非常可能遭遇的灾难。

1. 报警

发现火灾及时报警，牢记火警电话"119"。报火警时需要注意以下要点。
① 说清楚着火点的具体地址。
② 说清楚是什么东西着火以及火势大小，以便消防队调配相应的消防车辆。
③ 说清楚报警人的姓名和使用的电话号码。
④ 注意听清楚接线员的询问，正确简洁地予以回答，待对方明确说明可以挂断电话时，方可挂断电话。
⑤ 报警后要到有明显标识的路口等候消防车，指示消防车去火场的道路。

2. 扑救

火灾的扑救方法要根据火灾的类型和火势大小决定。

（1）A类火灾

常见于固体物质，如纸张、木材、布料等。可以使用水基、干粉、泡沫等灭火器进行扑救。在确保自身安全的前提下，扑灭火源，防止火势蔓延。

（2）B类火灾

常见于液体和可燃油脂，如汽油、柴油、酒精、润滑油等。对于液体火灾，不宜使用水进行扑救，首先应切断火势蔓延的途径，然后使用干粉、泡沫、卤代烷灭火器等进行扑救。

（3）C类火灾

常见于气体，如天然气、丙烷、乙炔等。对于气体火灾，不宜用水进行扑救，可以使用二氧化碳灭火器进行扑救。在使用二氧化碳灭火器时，需要注意安全，不要将灭火器直接对着人或动物喷射。

（4）D类火灾

常见于金属，如镁、铝、钠等。对于金属火灾，需要使用专门的金属灭火剂进行扑救，如硼砂、干粉等，也可以使用沙子、水泥等非燃烧性物质进行覆盖灭火。

（5）E类火灾

常见于电器，如电线、插座、电器等。对于这类火灾，需要先断电再进行扑救。可以使用二氧化碳、干粉、泡沫等灭火器进行扑救。如果火势较大，应立即切断电源，避免触电事故的发生。

3. 撤离

(1) 保持镇静

当周围发生火灾时，一定要保持镇定，以免在慌乱中做出错误的判断或采取错误的行动，受到不应有的伤害。受到火势威胁时，要当机立断，披上浸湿的衣物、被褥等向安全出口方向冲去；不要往柜子或床底下钻，也不要躲藏在角落里；当发生火灾的楼层在自己所处的楼层之上时，应迅速向楼下跑，因为火是向上蔓延的，千万不要盲目跳楼，可利用疏散楼梯、阳台、下水管等逃生自救。

(2) 简易防护，低姿态逃生

火灾发生时会散发大量的烟雾和有毒气体，它们的蔓延速度是人体奔跑速度的4~8倍。当烟雾呛人时，要用湿毛巾、浸湿的衣服等捂住口鼻，并屏住呼吸，不要大声呼叫，要尽量使身体贴近地面，靠墙边爬行逃离火场。在呛入烟气引起窒息，失去自救能力时，应努力滚到墙边，便于消防人员寻找、营救，因为消防人员进入室内是沿墙壁摸索行进的。此外，滚到墙边也可以防止房屋塌落砸伤自己。

(3) 寻找逃生途径

如果火势较大，无法从门或走廊逃生，应考虑利用阳台、窗口等途径逃生。如果阳台、窗口被封死，应立即寻找其他逃生途径，也可利用床单、窗帘等制作逃生绳索。

(4) 放出信号，寻求救援

当自己所在的地方被大火封闭时，可以暂时退入居室，关闭所有通向火区的门窗，用浸湿的被褥、衣物等堵塞门窗缝，并泼水降温。同时，积极向外界寻求救援，用打手电筒、挥舞色彩明亮的衣物、呼叫等方式向窗外发送求救信号，以引起救援者的注意，等待救援。

(5) 遵循指示，找到安全出口

在商场、宾馆、歌厅等公众场所要注意观察并记住场所的进出口、太平门、楼道、紧急疏散口的方位及走向；一旦遇到火灾，要听从现场工作人员指挥；裹挟在人流中逃生时，可将一只手放在胸前保护自己，用肩和背承受外部压力，用另一只手拿湿毛巾捂住口鼻，防止吸入有毒气体。

(6) 严禁乘坐电梯

火场不可乘坐普通电梯，因为发生火灾后，往往容易断电而造成电梯故障，给救援工作增加难度。另外，火场上烟气涌入电梯通道极易形成烟囱效应，人在电梯里随时会因浓烟毒气熏呛而窒息。

(7) 被迫跳楼时缩小落差

若被困在低楼层，被烟火威胁、时间紧迫且无条件采取任何自救办法时，也可以跳楼逃生。在跳楼前，应尽量缩小落差，选择草地等柔软介质着陆，或者先向地面抛一些棉被、床垫等柔软物，然后用手巴住窗台或阳台，身体下垂，自然下滑，使双脚着落在柔软物上，避免直接跳到水泥地等硬地上，以免造成严重的身体损伤。

（二）地震

地震是指地球内部的地壳断裂和移动，导致地表及建筑物等结构发生震动和破坏的自然现象。地震突发性强，波及范围广，极具破坏性，可以导致桥梁断落、房屋坍塌、水坝开裂，造成人员伤亡，还可以致使一些次生灾害发生，如滑坡、泥石流等。

避震防震和每个人的生活息息相关。大震的预警现象、预警时间和避震空间的存在，是人们震时自救求生的客观基础。只要掌握一定的避震知识，事先有一定的准备，震时能抓住预警时机，选择正确的避震方式和避震空间，就有生存的希望。

在地震时要保持冷静，迅速根据自己所在的场所采取合适的避震方法。无论是在室内还是在户外，都要选择安全的地方躲避，远离危险物和危险区域。在公共场所时，要听从工作人员的指挥并尽快撤离到安全的地方。

（1）冷静判断

地震发生时，保持清醒的头脑至关重要。只有镇静，才有可能运用平时学到的地震知识判断地震的大小和震源的远近。近震常以上下颠簸开始，之后才左右摇摆。远震却少上下颠簸感觉，而以左右摇摆为主。

（2）到安全地方避震

如果感觉晃动很轻，说明震源比较远，只需躲在坚实的家具旁边。大地震持续时间很短，抓紧时间避震最为关键，要就地选择安全处躲避，如洗手间、桌子下、床下或墙角，用手护住头部和脖子，蹲下或坐下，尽量蜷曲身体，以减少自己暴露在外的身体面积。如果身在街头，要用最快的速度避开楼房、立交桥、高烟囱和广告牌等可能倒塌的建筑物和附属构造物，尽量到空旷的地方躲避。

知识窗

校园避震秘籍

1.正在上课时怎样避震

如果教室是楼房，在教师的指挥下，迅速躲在各自结实的课桌下，千万不要慌乱拥挤外逃，待地震过去后，再在教师带领下有组织地撤离；如果教室是平房，可以有序跑出，到室外开阔地区避震。

2.在操场或室外怎样避震

若处在开阔空旷地带，可原地不动、蹲下，注意保护头部，避开高大建筑物或危险物，震时千万不要回教室，也不要乱跑、乱挤。待地震过去后，再听从教师指挥行动。

> 3. 选择合适的避震空间
>
> 室内较安全的避震空间有承重墙墙根或墙角、水管和暖气管道等处。屋内最不利于避震的场所是没有支撑物的床上、吊顶或吊灯下、周围无支撑的地板、玻璃（包括镜子）、大窗户旁。
>
> 4. 做好自我保护
>
> 选择好躲避处后应蹲下或坐下，低头，脸朝下，额头枕在两臂上或抓住桌腿等身边牢固的物体，以免震时摔倒或因身体失控移位而受伤，用手护住头部或后颈保护眼睛，闭眼以防异物伤害。有条件时，用湿毛巾捂住口鼻，以防灰土、毒气。
>
> 5. 不要盲目外逃
>
> 不要到窗户边或阳台上去，更不要往楼下跳。躲过主震的人要迅速逃往户外空旷地带，避免被余震引起的房屋倒塌砸伤。

（三）踩踏事故

踩踏事故是指在聚众集会中，特别是在整个队伍拥挤着移动时，有人意外跌倒后，后面不明真相的人群依然前行，对跌倒的人进行踩踏，从而产生惊慌、加剧的拥挤和新的跌倒人数并恶性循环的群体伤害意外事件。

1. 容易发生踩踏事故的场所

在下列活动场所中应提高警觉意识，以防踩踏事故发生。
① 举行大型文艺表演、大型比赛、讲座、纪念活动的场所。
② 公园、广场、游乐园等人多的场所。
③ 节假日人群拥挤的车站、地铁站等交通要地。
④ 其他需要排队等待的场所等。

2. 踩踏事故的预防

① 提高安全意识，树立"安全第一"观念，克服麻痹、侥幸的思想，避免小问题酿成大事故。
② 若在室内举行活动，要按组织者规定的路线进场、退场，在指定的地方就座并对会场的安全出口、疏散通道做到心中有数，这样一旦发生事故可以迅速逃生。若在室外举行活动，应在划定区域内活动，不要随意进入禁止活动的区域，以免发生意外。
③ 要做文明观众，不起哄、不怪叫、不与其他人发生无谓的争执，要克制、礼让，有意见通过正当途径解决。

④ 在人群中走动，遇到台阶或楼梯时，尽量抓住扶手，防止摔倒。

⑤ 在人群中发现自己前面有人摔倒时，要马上停下脚步，同时大声呼救，告知后面的人不要向前靠近，及时组织有序疏散。

⑥ 在人群中顺着人流走，切忌逆人流前进，否则很容易被推倒。

3. 掌握自救措施

如果被卷进混乱的人群，首先要保持镇定，并根据实际情况采取一些自救措施。

① 先站稳，避免身体倾斜失去重心，即使鞋子被踩掉，也不要弯腰去捡。有可能的话，尽快抓住坚固可靠的东西慢慢走动或停住，待人群过去后，迅速离开现场。

② 要远离玻璃设施，以免被扎伤。

③ 如果被人群拥着前进，要用一只手紧握另一只手的手腕，平放于胸前，且微微向前弯腰，形成一定的空间，保证呼吸顺畅。

④ 如果被人推翻在地，不要惊慌，设法让身体靠近墙根和其他支撑物，迅速把身子蜷缩成球状，双手紧扣，置于颈后，以保护身体最脆弱的部位。同时双腿尽量前屈，护住胸腔和腹腔的重要脏器，侧躺在地。

⑤ 发现身边有人倒下时，要就势拉住他的胳膊将他提起，这样就可能避免一场大的灾难。

总之，发生踩踏事故后，不要惊慌失措，要听从现场人员的指挥，迅速有效地疏散，避免"一窝蜂"地拥挤。如果在活动中发生群体性起哄斗殴事件，要协助组织方平息事端，不得火上浇油、推波助澜、激化矛盾。若有人员受伤，要发扬团结友爱的精神，立即将伤者送往医院救治。

（四）洪涝灾害

洪涝灾害是常见的自然灾害之一，会对人类的生命财产安全造成严重威胁。预防洪涝灾害需要综合考虑多种因素，在规划、建设、个人防护等方面采取措施。以下是一些主要的个人防护与应对措施。

① 了解风险。大学生应了解自己所处地区的洪涝风险，掌握必要的防灾知识。

② 紧急物资准备。准备应急物资，如饮用水、食品、药品、手电筒、急救包等，以备不时之需。

③ 避险场所。了解附近的避难场所，熟悉疏散路线，确保在紧急情况下能够迅速撤离。

④ 防护措施。在洪涝来临前，将贵重物品和重要文件转移到安全地点，确保财产安全。

二、无偿献血基本知识

无偿献血是指为拯救他人生命，自愿将自身的血液无私奉献给社会公益事业，而献血者不收取超过因献血发生必要的交通、误工等成本额度及报酬的行为。

无偿献血是无私奉献、救死扶伤的崇高行为。献血是爱心奉献的体现，能够为需要血液治疗的患者提供生命的希望，其价值是无法用金钱来衡量的。近半个世纪以来，世界卫生组织和国际红十字与红新月运动一直向世界各国呼吁"医疗用血采用无偿献血"的原则。我国实行无偿献血制度，提倡18周岁至55周岁的健康公民自愿献血。

（一）无偿献血的类型

献血主要有捐献全血和捐献成分血两种。生活中较为常见的是捐献全血，是一次采集全部血液成分的过程，通常有200毫升和400毫升两种规格，可在大部分市（县、区）各采血点（献血屋、献血车）进行。而捐献成分血是通过血细胞分离机采集、分离人体血液中的某种成分，捐献的成分血可以是血小板、粒细胞、血浆或造血干细胞。国内以单采血小板最为普遍。由于捐献成分血需要更宽敞的环境和更专业的采集设备，对采集设备的动力、过程的舒适性均有较高要求，所以一般在临床需要时才采集。捐献成分血一般在市级中心血站、血液中心进行。

> **知识窗**
>
> **世界献血者日**
>
> 每年的6月14日，是世界献血者日。之所以选中这一天，是因为6月14日是发现ABO血型系统的诺贝尔奖获得者卡尔·兰德斯坦纳的生日。
>
> 为鼓励更多的人无偿献血，宣传和促进全球血液安全规划的实施，世界卫生组织、红十字会与红新月会国际联合会、国际献血组织联合会、国际输血协会将2004年6月14日定为第一个世界献血者日。
>
> 首次"世界献血者日"的主题是"献血，赠送生命的礼物。感谢您。"其宗旨在于，通过这一特殊的日子感谢那些拯救数百万人生命的自愿无偿献血者，特别是多次定期捐献血液的个人，颂扬他们的无私奉献之举；同时希望引起全社会对自愿无偿献血重要性的广泛认识，鼓励更多人尤其是青年成为合格的经常献血者，在需要拯救生命时提供可使用的安全血液。
>
> 2005年5月24日，在第五十八届世界卫生大会上，192个世界卫生组织成员国通过决议，决定认可"世界献血者日"为国际性纪念日。2024年6月14日

> 恰逢世界献血者日设立20周年。2024年我国世界献血者日的活动口号是："在庆祝世界献血者日二十周年之际：感谢您，献血者！"活动目标是：完善无偿献血机制，学习借鉴先进经验；感恩无偿献血者为挽救他人生命做出的贡献；呼吁公众定期参加无偿献血，建立高质量的血液安全供应保障体系；在青年和公众中大力宣传无偿献血科普知识，壮大无偿献血者队伍。

（二）科学献血无损健康

一个健康的人每隔六个月献少量的血（200～400毫升），是不会影响健康的，其原因有以下五点。

① 献血前要经过体检，只有身体健康的人，才能献血。

② 正常成人的血液约占体重的8%，也就是说，一个重50千克的人体内大约有4千克血。每次献血200～400毫升，其中血浆占50%～60%，血浆中90%是水，献血后，储存在肝、脾等器官中的"小血库"的血液能及时补充血循环，维持体内循环的血容量，不会影响人体组织器官的供血。

③ 血液在体内不断进行新陈代谢，以维持正常的生理平衡，即使不献血，血细胞也要衰老，血浆也要不断更新，而不可能在体内积聚。

④ 血液始终保持着动态平衡，献血后机体会刺激造血器官加快制造新的血液，血量能在较短时间内得到补充。

⑤ 科学家运用血液流变学与血流动力学对血液与献血的关系进行研究，发现坚持长期适量献血，特别是单采血细胞和血小板等，可使血液黏稠度明显降低，加快血液流速，提高脑血流量，从而达到缓解或预防高黏滞血症的目的，使人感到身体轻松、头脑清醒、精力充沛。

（三）献血注意事项

1. 可以献血的标准

① 年龄：18～55周岁。既往无献血反应、符合健康检查要求的多次献血者主动要求再次献血的，年龄可延长至60周岁。

② 体重：男性公民大于等于50千克，女性公民大于等于45千克。

③ 血压：血压在正常范围内才能献血，一般要求收缩压为90～140 mmHg，舒张压为60～90 mmHg。

④ 脉搏：一般要求脉搏为每分60～100次，高度耐力的运动员大于每分50次。

⑤ 体温正常。发热者不能献血。
⑥ 捐献全血的间隔时间不低于6个月。

2. 不能献血的情况

以下人群不能献血：病毒性肝炎患者、乙型肝炎表面抗体阳性者、丙型肝炎病毒抗体阳性者；获得性免疫缺陷综合征（AIDS，艾滋病）患者及人类免疫缺陷病毒（HIV）感染者；易感染人类免疫缺陷病毒的高危人群，如有吸毒史者、同性恋者、多个性伴侣者；麻风病及性传播疾病患者，如梅毒、淋病等；血液曾使受血者发生与输血相关传染病者；患过敏性疾病并反复发作的过敏者，如经常性荨麻疹、支气管哮喘、药物过敏（单纯性荨麻疹不在急性发作期可献血）；各种结核病患者，如肺结核、肾结核、淋巴结核及骨结核等；心血管疾病患者，如各种心脏病、高血压、低血压、心肌炎以及血栓性静脉炎等；呼吸系统疾病患者，如慢性支气管炎、肺气肿、支气管扩张以及肺功能不全等；消化系统疾病患者，如较严重的胃及十二指肠溃疡、慢性胃肠炎、慢性胰腺炎等；泌尿系统疾病患者，如急慢性肾炎、慢性泌尿系统感染、肾病综合征以及急慢性肾功能不全等；血液病患者，如贫血、白血病、真性红细胞增多症及各种出、凝血性疾病；内分泌疾病或代谢障碍性疾病患者，如脑垂体及肾上腺疾病、甲状腺功能亢进、肢端肥大症、尿崩症及糖尿病等；器质性神经系统疾病或精神病患者，如脑炎、脑外伤后遗症、癫痫、精神分裂症、癔症及严重神经衰弱等；寄生虫及地方病患者，如黑热病、血吸虫病、丝虫病、钩虫病、囊虫病、肺吸虫病、克山病、大骨节病等；各种恶性肿瘤及影响健康的良性肿瘤患者；做过切除胃、肾、脾、肺等重要内脏器官手术者；慢性皮肤病患者，特别是传染性、过敏性及炎症性全身皮肤病，如黄癣疹、广泛性湿疹及全身性牛皮癣等；眼科疾病患者，如角膜炎、视神经炎及眼底有变化的高度近视等，眼镜度数超过600度者不建议献血，防止发生视网膜脱落情况；自身免疫性疾病及胶原性疾病，如系统性红斑狼疮、皮肌炎、硬皮病等；克-雅（Creutzfeldt-Jakob）病患者及有家族病史者，或接受可能是来源于克-雅病原体感染的组织或组织衍生物（如硬脑膜、角膜、生长激素等）的治疗者；某些职业病患者，如放射性疾病、尘肺及有害气体、有毒物质所致的急、慢性中毒等。

3. 献血前的注意事项

① 提前学习献血知识，了解献血常识，消除紧张心理。
② 献血前三天不要服药。如服用阿司匹林在三天内会降低血小板的某些功能。
③ 献血的前一天和献血当天，不饮酒，禁食油腻食物（高脂肪、高蛋白）以免造成"脂肪血"而引起伤病员的输血反应和痛苦。但也不要饿着肚子去献血，可清淡饮食。
④ 保持充足的睡眠和愉快的心情。

4. 献血后的注意事项

① 献血当天不要高空作业、高温作业、长时间驾驶车辆、进行体育比赛、通宵娱乐等，可以正常工作和生活，保持针眼外部清洁。献血后2~3天内不要做剧烈运动。

② 多补充水分，不要过量补充营养，可以多进食一些新鲜的蔬菜瓜果、豆制品、奶制品、鱼虾肉蛋等。

③ 不要暴饮暴食，避免饮酒，保证充足睡眠。

④ 如果存在献血前没有如实告知的可能影响血液安全的高危行为，或者献血后感觉明显不适或异常，及时联系工作人员。

三、意外伤害的自救与互救

（一）人工呼吸

呼吸受阻是危及生命的重要原因，如果一个人缺氧时间超过4分钟，他的大脑将受到永久性损伤。因此，必须使伤病员尽快恢复呼吸。常用的方法是立即实施人工呼吸。人工呼吸包括口对口人工呼吸、口对鼻人工呼吸、俯卧压背人工呼吸、仰卧压胸人工呼吸等。

1. 口对口人工呼吸

口对口人工呼吸是一种快捷有效的通气方法，救护员呼出气体中的氧气足以满足伤病员需求。实施口对口人工呼吸时，要确保伤病员气道开放通畅。救护员要使伤病员仰面躺在地上，站在伤病员一侧，两手大拇指按压其下颌，将其嘴打开，检查其口腔内有无异物。若有异物，先取出。之后，救护员深吸一口气，用嘴罩住伤病员的嘴，同时用手指捏住其鼻翼，将气吹入。每次吹气应持续约1秒钟，确保吹气时伤病员胸廓隆起。

2. 口对鼻人工呼吸

口对鼻人工呼吸适用于不能进行口对口人工呼吸的情况，如伤病员口腔有严重外伤或牙关紧闭等。救治淹溺者尤其适用口对鼻人工呼吸方法。救护员进行口对鼻人工呼吸时，将一只手置于伤病员前额，适当用力下推，另一只手抬起其下颌，使其口唇紧闭，然后用嘴罩住伤病员的鼻子，吹气后使口离开伤病员鼻子，让气体自动排出。

3. 俯卧压背人工呼吸

俯卧压背人工呼吸如图5-1所示。这种方法的优点是，由于伤病员呈俯卧位，舌头能略向外坠出，不会堵塞呼吸道。但对于胸、背部受伤的伤病员，不宜采用此法。

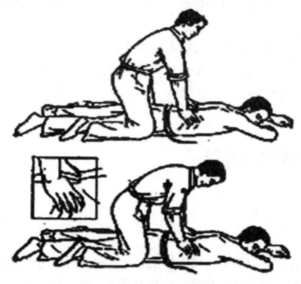

图5-1　俯卧压背人工呼吸

具体操作方法如下。首先，让伤病员取俯卧位，即胸腹贴地，将其腹部微微垫高，头偏向一侧，一臂枕于头下，另一臂向外伸开，以使胸廓扩张。其次，救护员面向其头，两腿屈膝跪于伤病员大腿两侧，把双手平放在其背部肩胛骨下角（相当于第七对肋骨处）、脊柱骨左右，大拇指靠近其脊柱骨，其余四指稍开微弯。之后，救护员俯身向前，慢慢用力向下、稍向前推压。当救护员的肩膀与伤病员肩膀即将成一条直线时，不再用力。在这个向下、向前推压的过程中，将伤病员肺内的空气压出，形成呼气；然后慢慢放松回身，使外界空气进入肺内，形成吸气。上述动作反复有节律地进行，每分钟14～16次，直到伤病员能自主呼吸或专业救护人员抵达为止。

4. 仰卧压胸人工呼吸

这种方法便于观察伤病员的表情，气体交换量也接近人体正常的呼吸量，但伤病员的舌头由于仰卧而后坠，阻碍空气的出入，所以采用此法时一定要将伤病员的舌头拉出。此外，对胸部受伤或肋骨骨折的伤病员不宜使用这种方法。

具体操作方法如下。首先，让伤病员取仰卧位，可在其背部稍微加垫，使其胸部凸起。其次，救护员屈膝跪于伤病员大腿两侧，把双手分别放其胸廓肋骨之上。大拇指向内，其余四指向外，向下、稍向前压，其方向、力量、操作要领与俯卧压背人工呼吸相同。

（二）临时止血

1. 各种出血的特点

一个健康成年人体内的血液总量为4000~5000毫升。如果是大血管受伤、流血量超过1000毫升，可能由于大出血引起心跳停止，造成死亡。因此，及早止血对于挽救伤员生命具有非常重要的意义。

根据损伤的血管不同，出血可划分为动脉出血、静脉出血和毛细血管出血。

（1）动脉出血

血色鲜红，搏动性向外涌出或像喷泉一样射出来。这种情况危险性较大。急救方法是就地止血，一般在受伤动脉的近心端，采用指压止血法或止血带止血法进行止血。

（2）静脉出血

血色暗红，持续性溢出，危险性比动脉出血小。静脉出血的处理方法一般有压迫止血、包扎止血、药物止血、手术治疗、介入治疗等。如果静脉出血只是在浅表层，只需要轻轻按压几分钟就可以达到止血的目的。如果是深静脉出血，要及时到医院接受进一步的止血治疗，医生一般根据出血和伤口的情况进行缝合，或者进行血管吻合、结扎等手术。

（3）毛细血管出血

出血缓慢，出血量少。处理时可先用清水洗去伤口上的泥土，如无泥土可直接涂上红药水，再用消毒纱布包扎，或暴露伤口，使其保持干燥，形成痂疤自愈。

知识窗

机体对缺血（完全停止供血）的反应

15秒——意识丧失，可伴有抽搐症状。

30秒——呼吸停止，发绀明显。

1分钟——瞳孔散大固定，对光反应消失。

4分钟——糖无氧代谢停止，脑细胞开始发生不可逆病理变化。

5分钟——大脑ATP耗竭，能量代谢完全停止。

6分钟——脑神经发生不可逆病理变化。

---

2. 临时止血法

一般的小动脉、小静脉出血，可用加压包扎止血法。只有较大的动脉出血才用止血带止血法。在紧急情况下，须先用压迫法止血，然后根据具体情况改用其他止血方法。

指压止血法是动脉出血最迅速的一种临时止血法，是用手指或手掌在伤部上端用力将动脉压瘪于骨骼上，以止住出血。

（1）头顶部出血

一侧顶部出血，可用食指或拇指压迫同侧耳前方的颞浅动脉止血。

（2）颜面部出血

一侧颜面部出血，可用食指或拇指压迫同侧下颌骨下缘、下颌角前方约3厘米处的面动脉止血。

（3）头面部出血

一侧头面部大出血，可用拇指或其他四指压迫同侧气管外侧与胸锁乳突肌前缘中点之间的颈总动脉，将血管压向颈椎止血。

（4）肩腋部出血

可用拇指压迫同侧锁骨上窝中部的锁骨下动脉，将动脉压向深处的第一肋骨止血。

（5）前臂出血

可用拇指或其他四指压迫上臂内侧肱二头肌与肱骨之间的肱动脉止血，如图5-2所示。

（6）手部出血

可用两手拇指分别压迫腕横纹稍上处内外尺侧、桡动脉止血。

（7）大腿以下出血

自救时可用双手拇指重叠，用力压迫大腿上端腹股沟中点稍下方的股动脉止血，如图5-3所示。

（8）足部出血

可用两手食指或拇指分别压迫足背中部近脚腕的胫前动脉和足跟内侧与内踝之间的胫后动脉止血，如图5-4所示。

  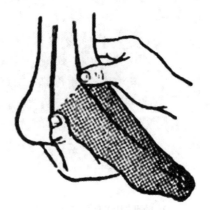

图5-2　前臂出血　　　　　图5-3　大腿以下出血　　　　图5-4　足部出血

3. 止血带止血法

止血带止血法主要是用橡皮管或胶管止血带将血管压瘪，以达到止血的目的。这种止血方法较牢靠，但只能用于四肢较大的血管出血。止血带绕扎法如图5-5所示。

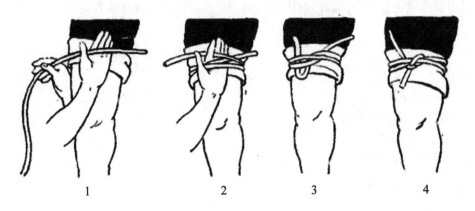

图5-5　止血带绕扎法

使用止血带时要注意以下几点。

第一，止血带应置于伤口的近心端。上臂和大腿都应绷在上1/3部位。上臂的中1/3禁止上止血带，以免压迫神经，引起上肢麻痹。

第二，绕扎止血带前，要先垫一层毛巾或其他布片、纱布，不要直接将止血带扎在皮肤上；情况紧急时，可将裤脚或袖口卷起，止血带扎在其上。

第三，要扎得松紧适当，过紧易损伤神经，过松则不能止血，一般以不能摸到远端动脉搏动或出血停止为宜。

第四，止血带扎的时间过久，可引起肢体缺血坏死，因此每隔1小时（上肢）或2小时（下肢）应放松一次，每次放松2~3分钟；放松期间，可用指压止血法暂时止血。寒冷季节可每隔半小时就放松一次。绕扎部位超过2小时者，放松之后再次绕扎时应换比原来较高的位置。

第五，要有相应的标志，注明绕扎止血带的时间和部位。

（三）骨折临时固定

骨折临时固定，使骨折端不能随意移动，可以避免锐利的骨折端刺伤皮肤、周围组织、神经、大血管等，减轻疼痛，有利于预防休克和感染，便于后续的医疗救助。为了及时正确地抢救伤员，凡是骨折和可疑骨折，都要果断地按骨折来处理。

1. 判断骨折的方法

骨折时一般会有以下局部症状。

（1）疼痛

用手指轻轻按摸受伤部位时疼痛加剧，有时可以摸到骨折断端，搬运时疼痛更加剧烈。

（2）畸形

受伤部位或伤肢变形，如伤肢比健肢短、明显弯曲或转向异常方向。

（3）肿胀

由于骨折会伴随出血和渗出液，也会有骨头的错位和重叠，所以在伤部外表会形成局部肿胀。

（4）功能受限

肢体失去自主活动能力。

2. 骨折的急救要点

（1）止血

要注意伤口和全身状况，如伤口出血，应先止血后包扎固定。

（2）护垫

为使固定妥帖稳当并防止突出部位皮肤磨损，在骨突处要用棉花或布块等软物垫好，使夹板等固定材料不直接接触皮肤。

（3）不乱动骨折的部位

为避免骨断端刺伤神经、血管，在固定过程中尽量避免不必要的搬动。还要注意，外露的断骨不能送回伤口，以免增加污染。但是，现场急救时，为避免伤员再次受伤，要先将其搬到安全的地方，在包扎固定时也不可避免地要移动伤肢。这时，可以一人握住伤处上方，另一人握住伤处下端沿着肢体的纵轴线做相反方向的牵引，在伤肢不扭曲的情况下让骨断端分离开，然后边牵引边同方向移动，再有一人进行固定。固定时，应先捆绑断处上端，后绑下端，然后固定断端的上下两个关节。

（4）固定时捆绑的松紧要适度

如果捆绑过松，容易滑脱，失去固定作用；如果捆绑过紧，会影响血液循环。固定时应外露指（趾）端，以便观察血流情况。如果发现指（趾）端苍白或青紫，可能是捆绑过紧，应放松，重新包扎固定。固定完成后应记录固定的时间，并迅速送往医院做进一步的诊治。

3. 骨折固定的材料

（1）夹板

夹板用于扶托固定伤肢，其长度、宽度要与伤肢一致，长度一般要跨伤处上下两个关节。没有夹板时，可用树枝、竹片、厚纸板、报纸卷等代替。

（2）辅料

辅料是指用于骨折固定的除主料外的辅助材料。用于垫衬的如棉花、布块、衣服等，用于包扎捆绑夹板的三角巾、绷带、腰带、头巾、绳子等，都是骨折固定可用的辅料。

4. 骨折临时固定的方法

（1）前臂骨折固定法

把两块夹板分别放在前臂掌侧和背侧，垫好后用绷带或三角巾固定，再用三角巾将前臂悬吊胸前。

（2）上臂骨折固定法

上臂骨折固定使用长、短两块夹板，长夹板置于上臂的后外侧，短夹板置于上臂的前内侧，然后用绑带或带状物在骨折部位上、下两端固定，再将肘关节屈曲90°，使前臂成中立位，用三角巾将上肢悬吊固定于胸前。

（3）小腿骨折固定法

将夹板（长度等于自大腿中部到脚跟）放于小腿外侧，垫好后用布带分段固定；在脚部用"8"字形绷带固定，使脚与小腿成直角。

（4）大腿骨折固定法

把长夹板或其他代用品（长度等于腋下到足跟）放在伤肢外侧，另用一短夹板（长度自足跟到大腿根部），关节及空隙部位加棉垫，用三角巾、绷带等分段固定。足部用"8"字形绷带固定，使脚与小腿成直角。

（四）包扎

包扎可保护伤口免受感染，固定辅料、药品和骨折位置，减少疼痛，而且包扎时施加压力可起到止血的作用。包扎常使用三角巾、绷带、四头带等。如果没有这些物品，也可就地取材，使用干净的毛巾、腰带等。

1. 三角巾包扎方法

（1）头部包扎法

这种方法适用于包扎头顶部和两侧面、枕部的外伤。先将消毒纱布覆盖在伤口上，然后将三角巾顶角打结放在伤员前额正中，在底边的中点打结放在枕部，然后两手拉住两底角将下颌包住并交叉，再绕到颈后的枕部打结，如图5-6所示。

图5-6　头部包扎法

（2）面部包扎法

这种方法适用于颜面部较大范围的伤口，如面部烧伤或较广泛的软组织伤。先把三角巾一折为二，顶角打结放在头顶正中，两手拉住底角罩住面部，然后将两底角向后拉，在后脑勺处交叉，再绕回额前打结，最后在眼、鼻、口的位置剪几个小孔。

（3）单眼包扎法

将三角巾折叠成带状，约四横指宽，其上1/3处盖住伤眼，其下2/3从耳下端绕经枕部至健耳上额部并压住上端带巾（见图5-7），再绕经伤侧耳上、枕部至健侧耳上与带巾另一端在健耳上打结固定。

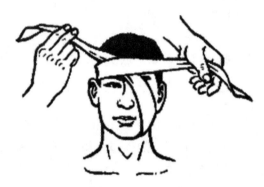

图5-7 单眼包扎法

（4）双眼包扎法

将三角巾折叠成带状，约六横指宽，从前面将双眼遮盖至枕后交叉，再绕向前额打结。

（5）下颌包扎法

将三角巾折叠成带状，约四横指宽，分为1/3及2/3两端。在下颌角处围绕包扎，并交叉兜绕下颌下方，将一端沿一侧耳前上提，另一端沿一侧耳后上提，并在头顶前缘打结，如图5-8所示。

（6）肩部包扎法

先将三角巾放在伤侧肩上，顶角朝下，两底角拉至对侧腋下打结，然后一手持三角巾底边中点，另一手持顶角，将三角巾提起拉紧，再将三角巾底边中点由前向下，向肩后包绕，最后顶角与三角巾底边中点于腋窝处打结固定。图5-9为使用肩部包扎法包扎好的示例。

（7）手部包扎法

手指对向三角巾的顶角，将手掌或手背平放于三角巾的中部，底边横放于腕部，将顶角折回覆盖手背，两底角在手背或手掌交叉，绕腕部打结。

（8）单胸包扎法

将三角巾底边横放在胸部，略向伤侧倾斜，并绕向背后打结，顶角越过伤侧肩部绕向背后，与两底角绑在一起，如图5-10所示。

 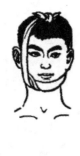  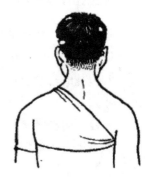

图5-8　下颌包扎法　　　　　　　　图5-9　肩部包扎法

(9) 双胸包扎法

先将三角巾折成鱼尾状，两底角分别放在两肩上，拉至颈后打结，再用顶角上系带在背部与底边打结，如图5-11所示。

 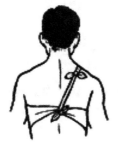  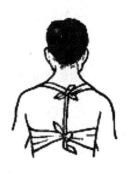

图5-10　单胸包扎法　　　　　　　　图5-11　双胸包扎法

(10) 腹部包扎法

将三角巾折成鱼尾状，鱼尾朝下贴在腹部，顶角和底边折后形成的角在腰部打结，牵拉鱼尾两角（即底角）在大腿旁打结。

(11) 单侧臀部包扎法

将三角巾置于大腿外侧，中间对着大腿根部，将顶角系带围绕缠扎，然后将下边角翻上，拉至健侧髂嵴部与前角打结。

(12) 双臀包扎法

将两块三角巾的顶角打结，放在伤员腰部正中，取两条三角巾的一端底角围腰，在腹部打结。再提起另一端的两底角，分别由臀下大腿内侧绕至前面与相对的边打纽扣结，或与上面的两底角打结。

(13) 足部包扎法

把足斜放在三角巾一边，取一腰边于踝上包绕打结；再用另一底角包足，打结于踝关节处。形如鞋靴。

2. 包扎注意事项

① 包扎伤口所用的材料应该彻底消毒，如果情况紧急，也可使用干净的替代品，如开水浸泡后晾干的毛巾。

② 包扎时松紧要适宜，太紧会影响伤员的血液循环；太松则容易脱落，起不到固定的作用。

③ 包扎时动作要熟练、轻缓，否则会使伤员疼痛加剧、出血或伤口感染。

④ 运用三角巾包扎时应做到中心伸展，角要拉紧，边要固定，把药品准确地贴在伤口上。

（五）搬运伤员

对伤员进行初步救护后，须迅速安全地将其送到医院接受进一步治疗。搬运就是用人工或简单的工具使伤员迅速脱离危险环境，防止其受到二次伤害，或将经过现场救治的伤员转移到运输工具上或相关治疗场所。

1. 搬运伤员的要求

搬运前应尽可能做好伤员的初步急救处理工作，如止血、包扎、骨折固定等。根据伤情、地形等情况，灵活选择不同的搬运工具和方法。搬运动作要轻快，避免震动（尤其骨折伤员），争取短时间内将伤员送到医院。

2. 搬运伤员的方法

（1）扶持法

搬运者以伤员健肢侧靠着自己，将其健上肢搭在自己肩上，左手或右手在胸前拉着伤员同侧手，另一只手扶着伤员腰部行走。这种方法适用于清醒无骨折、伤势不重、能自行行走的伤员。

（2）双人抬轿法

两名搬运者将双手互相交叉呈"井"字紧握。伤员坐在搬运者用手做成的座位上，并以两手扶着搬运者的肩膀。也可以三手结成环扣，做成座位，搬运者闲着的另一只手搭在另一搬运者的肩上，做成伤员的靠背。这种方法适用于搬运意识清醒的伤员。

（3）抱持法

搬运者一手扶伤员的脊背，另一手放在其大腿下，将其抱起来行走。这种方法适用于搬运体重较轻且脊椎没有受伤的伤员。

（4）担架搬运法

担架搬运法是一种较为专业的方法，可以有效支撑伤员的身体，避免其受二次伤害。往担架放伤员前，要把担架打开，放在伤员的伤侧，搬运者走到伤员的健侧，一位搬运者一手托着伤员的头和肩，另一手托住伤员的腰，另一位搬运者在同侧一手托住伤员的臀部，另一手托住伤员的小腿。两人协力将伤员放到担架上并固定。此方法尤其适用于股骨骨折的伤员。

抬担架行进时，要保持担架稳定，避免倾斜或摇晃。上坡（车）时应使伤员头部在前，下坡（车）时使其头部在后。冬季要保暖，夏季要防暑，经常观察伤员情况。

（六）常见意外伤害的自救与互救

1. 中暑

（1）中暑的概念

中暑是在高温作业环境下，人体无法有效散热，体温过高导致的急性全身性疾病。日光直接暴晒导致的体温过高比较常见，主要表现为高热、无汗、昏迷。因中暑而晕倒的患者往往短时间内可维持基本的呼吸和心跳，但体温非常高，经常达到40℃以上。如果长时间体温过高，不能降到正常水平，就会导致死亡。

（2）中暑的急救

中暑急救的主要原则是尽快让患者的体温降低。对于症状较重但尚无严重危险且神志清醒的中暑者，可在其额头、腋窝、腹股沟大动脉处放置冰袋或冷水袋降温（先用毛巾包裹冰袋），这样可以使患者大脑的温度和血液的温度尽快降低，以保证重要脏器正常工作。

藿香正气水或十滴水具有解暑功效，但用前须考虑患者是否耐受。比如，神志不清的患者可能不具备服药条件，儿童、孕妇须谨遵医嘱，驾驶员和高空作业人员要考虑药物中的酒精成分，服用头孢类抗生素的患者不能同时服用藿香正气水。

2. 触电

（1）触电的概念和危害

触电又称电击伤，是指一定量电流或电能量（静电）通过人体引起组织不同程度的损伤或器官功能障碍。其中，以电源与人体体表直接接触致电击最为常见。在高压或超高压的电场下，虽然人体未直接接触电源，也可能有电流或静电电荷通过空气或其他介质，对人体造成电击。

电击伤最常见于违反安全用电规则，地震、台风、雷电等也可能造成意外的电击伤，少数为自杀所致。电击伤的危害与接触的电流强度、接触的时间及流经途径有关。2毫安以下强度的电流通过人体仅产生麻木感；8~12毫安电流通过人体时，肌肉自动收缩，身体常可自动脱离电源，除感到"一击"外，对身体损害不大；若电流增加到25毫安，人体则几乎很难主动摆脱。

电流通过人体时，能够引起组织损伤和功能障碍，表现为电击部位的局部损伤和全身性损伤，严重时可导致心脏骤停、呼吸停止。电流如从右手到左手或从左手到右足会经过心脏，或经过脑组织等重要脏器，危害性非常大。轻度电击者一般会有面色苍白、眼神呆滞、对周围反应迟钝、四肢疲软无力、心悸等症状。中度或重度电击者常伴有抽搐、休克、昏迷、心室颤动等症状，甚至死亡。也有电击伤重者当时表现没太大异常，但在1小时后突然恶化，心跳和呼吸极其微弱，甚至处于"假死"状态。

（2）触电的现场抢救

① 设法使触电者迅速脱离电源，如电闸就在旁边可拉下电闸；若电闸远或不易找到，可就近找一绝缘体（塑料棒等）挑开电源，要避免将电线挑到他人身上。如有绝缘手套，戴上后将触电者拉开。

② 触电者安全脱离电源后，应迅速将其转移到附近安全通风处，迅速检查触电者伤情，并及时拨打急救电话。尽量就地抢救，千万不要长途送往医院，以免耽误最佳抢救时间。对于轻型触电者，让其就地休息，观察1～2小时；对于重型触电者，若心搏骤停，应立即实施心肺复苏。

③ 心肺复苏应坚持到救护车到来，并有专业的医务人员接手为止。

3. 溺水

（1）溺水的概念和危害

溺水又称淹溺，是指人淹没于水中或其他液体介质中并导致呼吸受到抑制的过程。当人淹没于水中时，因水的刺激及惊慌等，暂时屏住呼吸，以及呼救时有少量水进入气道等引起呼吸暂停，继而由于缺氧被迫深呼吸而吸入大量水及杂物，阻碍了气体交换，同时胃内进入大量水后可引起反射性呕吐，呕吐物吸入肺后又可加重窒息症状。如果得不到及时的救治，在上述过程持续进行3～4分钟后，溺水者会面色青紫，双眼充血，四肢冰冷，呼吸停止，继而心跳停止，瞳孔散大，各种反射消失。

由于淹溺时水的成分不同（淡水或海水），除因气道窒息缺氧外，还可能引起一系列代谢方面的变化，甚至在复苏后，还会继发心律失常、心力衰竭、脑水肿、溶血性贫血、肾功能衰竭、继发性肺部感染等。

（2）溺水的现场急救

当溺水事件发生时，第一目击者应马上呼救报警。救护者在下水之前首先要确保水中及周围环境安全，尤其是在江边或海边等特殊水域，切勿贸然下水。救护者可及时向溺水者投递救生衣、竹竿、绳索等施救物，避免其下沉。

救护者跳入水中进行施救时，要从溺水者背后接近（防止被溺水者紧紧抱住而难以施救或让自身面临危险），一只手从背后抱住溺水者头颈部，另一只手拉住其手臂，游向岸边。

由于溺水首先危及呼吸道，从水中救出溺水者之后，要马上清除溺水者口腔内的泥沙、杂草、食物等，然后将溺水者腹部置于抢救者屈膝大腿上，头向下，按压其背部，使其呼吸道和胃内水流出。这一过程不可过长，以免延误心肺复苏。迅速检查，若溺水者呼吸、心跳已停止，立即实施人工呼吸及胸外按压。同时为进一步救治做准备，如动员更多的人参与、轮流进行、寻求医务人员及使用专业抢救设备，并准备送医院抢救等。如在现场经抢救溺水者恢复了自主呼吸和心跳，还需要送其去医院或经由有经验的医生检查是否要继续观察，以避免并发症。

4. 烧烫伤

烧烫伤即烧伤与烫伤的统称。烧伤是指由热力如沸液（水、油、汤）、炽热金属（液体或固体）、火焰、蒸汽和高温气体所致的组织损伤。烫伤是热力烧伤的一种，它是由沸液、蒸汽等引起的。烧烫伤中最常见的是热力烧伤，其次为化学烧伤，再次为电力烧伤，其他的还有放射性烧伤、闪光烧伤等。

（1）热力烧伤的急救

热力烧伤包括沸液、火焰、蒸汽、高温气体等造成的伤害。对于这种烧伤，应尽快脱去伤员被热液浸湿的衣物及所有配饰（除非已经粘在伤员身上），必要时剪开衣物，以防撕脱皮肤。如果伤员身上起火，立即用水将火浇灭或者用灭火毯、厚布单等压灭火焰，不推荐以在地上滚动的方式灭火，以免火苗波及未受伤的区域。

伤员在衣服着火时千万不要奔跑呼叫，防止增加头面部烧伤，或造成吸入性损伤。火焰熄灭后迅速离开密闭和通风不良的现场，以免发生吸入性损伤。

（2）化学烧伤的急救

发生化学烧伤时应迅速脱去沾染化学品的所有衣物，刷除干性化学品，用大量的清水彻底冲洗接触化学品的皮肤，至少冲20分钟，并尽早接受专业治疗。

头面部发生化学烧伤时，首先要注意检查眼睛尤其是角膜有无烧伤，并优先予以冲洗。如果是碱烧伤，会引起非常严重的后果，应该用大量的清洁水冲洗，并尽快送往医院。

（3）瓦斯爆炸的自救

在发生瓦斯爆炸时，瓦斯在上层空气中燃烧，有毒气体也升到上层空气中，逃生时要注意以下几点。

第一，立即脸朝下，胸部贴地面卧倒。瓦斯爆炸时，空气燃烧时间较短，但冲击波强烈。脸朝下、胸部贴地面卧倒可以减少烧伤和冲击波造成的损害。千万不要向前奔跑，因为正常人奔跑的速度不可能躲过瓦斯爆炸的冲击波。冲击波带起来的石块和碎片会击中直立的人体，造成严重伤害。

第二，发生瓦斯爆炸时应用手捂住口鼻，防止呼吸道被烧伤。

第三，爆炸冲击波过后，立即就地滚动，压灭身上的火焰，或脱掉着火的衣服。

5. 毒虫咬（蜇）伤

（1）临床表现

① 蜂蜇伤。少数蜜蜂蜇伤人后仅引起红肿与疼痛，数小时后即自行消退，全身反应轻微。蜂刺留在伤口内易引起化脓。如果被成群蜜蜂蜇伤，则会出现全身症状，如发热、头晕、恶心呕吐、烦躁不安等，甚至可昏迷、少尿、呼吸困难、血压下降等，严重的可引起死亡。由于注入的毒液量相对较少，大多数死亡是由于严重的变态反应而不是毒液的直接作用所致。蜂毒与蛇毒相似，包含具有抗原性质的蛋白质混合物、激肽、组胺和血清素，但毒性较轻。一般来说，症状出现得越早，其反应可能越严重。由于毒素中的组胺作用，可出现荨麻疹、肿胀、红斑和血管神经性水肿，蜇伤部位呈现脓毒性或坏疽性改变，蜇伤后10～14天甚至有发生类似血清病的迟发过敏性反应的可能。

② 毒蜘蛛咬伤。蜘蛛多数不伤人，伤人者也仅引起红肿和疼痛等局部症状，短时间内即可消失。蜘蛛毒液的性质为神经毒，有的还含有溶血性和透明质酸酶类因子，使血管内膜增厚和闭塞，能产生溶血、血红蛋白尿、溶血性贫血或引起肾功能衰竭。严重的病例，咬伤处局部苍白，有红斑或起水疱，或出现荨麻疹，全身症状有头痛、头晕、恶心、呕吐、发热、虚弱、腹肌痉挛、惊厥以至死亡。

③ 毛虫蜇伤。普通外科毛虫为蝶蛾类带毛刺的幼虫的统称。由于毛刺内带有毒液，当毛虫接触人体时，有毛刺刺入皮肤，可引起皮肤刺痒、灼热或疼痛，严重病例可出现畏寒、发热等症状。

（2）治疗

① 局部处理。除黄蜂蜇伤用0.1%稀盐酸等弱酸性溶液中和外，多数蜂蜇伤口可用3%氨水、3%碳酸氢铵等弱碱性溶液洗涤和冷敷，并用肥皂水和盐水洗净。若并发蜂窝组织炎或坏疽，给予抗生素，并按需要行清创术。疼痛剧烈的，可取0.25%～0.5%盐酸普鲁卡因注射剂做伤口周围封闭，给予止痛剂。如果蜂刺或虫爪留在伤口内，必须予以去除。对于毛虫蜇伤者，可用透明胶纸尽量粘出毛虫刺。

② 全身治疗。支持疗法极为重要，目前主要给予镇静剂、静脉输液、葡萄糖酸钙以及抗生素等治疗。出现变态反应者，成人给皮下注射1:1000肾上腺素0.3～0.5毫升。立即治疗是成功的关键，15～20分钟后可重复此剂量，并给予抗组胺剂。另外，还要注意休克、血红蛋白尿、急性肾功能衰竭和呼吸衰竭的防治。

6. 昏厥

（1）昏厥的概念和原因

昏厥是由于脑部血液不足或脑血管痉挛而导致暂时性知觉丧失的现象。患者昏厥时会因知觉丧失而突然昏倒。在昏倒前，患者周身发软无力、眼前发黑、头晕目眩，昏倒后面色苍白或出冷汗、脉搏细弱、手足变凉等。轻度昏厥，经短时休息即可清醒，醒后可有头痛、头晕、乏力等症状。

昏厥包括血管神经性疾病导致的昏厥和心脑血管疾病导致的昏厥。如疼痛、恐惧、过度疲劳、饥饿、情绪紧张、气候闷热、体位突然改变等因素可诱发血管神经性昏厥。另外，心律失常、心肌梗死、心肌炎、高血压、脑血管痉挛发作等心脑血管疾病也可导致昏厥。

（2）昏厥的现场救护

① 松解患者衣领和腰带，打开室内门窗，便于空气流通，将患者头部放低，双足略抬高，以增加脑部供血。

② 如有心脏病史并怀疑是心脏病变引起的昏厥，应让患者取半卧位，以利于呼吸。

③ 可用针刺或手指掐患者的人中、内关、合谷等穴位，促使其苏醒。

④ 注意对患者身体进行保暖，随时观察其呼吸、脉搏跳动等情况。

⑤ 待患者清醒后，可让其服用温糖水或热饮料（在昏厥时忌给患者服用任何饮料及药物）。

⑥ 如果经上述处理仍未清醒，应及时呼救120或将患者送往附近的医院。

知识窗

昏厥预防

如果你感到昏厥即将发生，假设病因是暂时性的血压下降，可采取以下两种简单的方法避免意识丧失。

第一种方法：交叉双腿，压迫腹部肌肉，通过挤压腿部静脉（让腿中的静脉血流向心脏）和刺激神经系统以收缩动脉（增高血压）的方式来增加血压。这样做可以迅速促使血液回流到心脏，进而提高心输出量和血压，从而减少因大脑供血不足引起的昏厥风险。

第二种方法：用一只手抓住另一只手，然后将双臂伸直。这个动作可以通过紧张的肌肉收缩增加外周阻力，从而帮助提高血压。同样地，增加的血压可以改善大脑的供血情况，防止昏厥发生。

这两种方法通过不同的方式增加血压，从而有效预防由于血压骤降引起的昏厥。除这两种方法之外，喝两杯水虽然不能立即生效，却可能在30～60分钟内防止昏厥，其原因可能是补充了血容量。类似的建议还有，坐下来将头埋在两腿间，这样会令你好受些，坐下来能避免昏厥，将头埋在腿间能使大脑获得更多血液。

7. 休克

休克是指由急性循环功能不全引起的以微循环血流障碍为特征的综合征，其主要病

理生理改变为有效循环血容量减少、血管阻力改变和心功能不全，致使全身组织灌注不足、微循环血流减少，使人体在循环、细胞和代谢方面面临一系列障碍和重要器官的损害。

（1）休克的病因

引起休克的原因有很多，大致可分为以下几类：一是心源性休克，由急性心肌梗死、心律失常、肺栓塞及心包填塞等引起；二是低血容量性休克，由出血、烧伤、肠梗阻和骨折等引起；三是感染性休克，由败血症、肺炎及其他感染性疾病引起；四是过敏性休克，由青霉素、普鲁卡因过敏等引起。

（2）休克的临床表现

发生休克时须尽早进行识别，以免发展到一定的严重程度而危及生命。一般情况下，若发生以下情况，就应仔细观察患者的表现，尽早判断是否即将或已经发生休克：患者嘴唇变为苍白色或发绀；患者皮肤苍白、湿冷、甲床发白；患者脉搏加快而微弱，每分钟脉搏达100次以上，血压下降，脉压减小；患者感觉口渴、心慌、气急、全身无力、尿量减少等；患者烦躁不安或者表情淡漠，有反应迟钝、神志模糊等表现。

（3）休克的应急处理

一旦发现患者已处于休克状态，必须立即拨打120。在患者休克病情未明显稳定和好转的情况下，不要试图送其去医院，尤其是发病现场距离医院较远时。

在医生到来之前，救助者可采取以下措施：将患者置于平卧位，头不要枕东西，将其下肢抬高约30°，这有利于增加回心血量，可以保证心、脑等重要器官的血液供应；如患者出现呕血、咯血等，可在保持上述体位的同时，将患者的头侧向一边，避免窒息；同时，及时帮助患者清理口腔内的异物，以防呕吐物吸入肺内，同时还应解开患者的衣领、腰带，以使其保持呼吸畅通。此外，这个过程中还需要注意给患者保暖。

四、网络安全风险防范

现代社会的网络安全问题受到越来越多的关注，作为未来人才主力军的大学生，正确、合理地利用网络是非常有必要的。

（一）上网的生理安全和心理安全

1. 上网的生理安全

（1）上网对生理健康可能造成的损害

大量事实证明，长时间不正确地使用电脑、长时间上网，会对人的身体健康造成多种损害。例如，损害使用者的眼睛、颈椎、脊椎、腰部、背部、手指、手腕、下肢以及皮肤等，甚至破坏人体免疫系统，降低人体免疫力；损害人体神经系统，严重时甚至引发躁狂症或抑郁症；损害人体生殖系统，可能导致精子畸形或活动能力低下等。因此，大学生应养成科学健康地使用电脑的习惯，积极预防上网对生理健康的损害。

（2）预防方法

① 注意保持正确的操作姿势。

② 注意用眼卫生，预防"电脑眼"。眼睛与显示屏应保持至少60厘米的安全距离；选用优质显示器，显示屏的亮度适宜，同时注意对环境光线的调节。

③ 注意选用优质键盘、鼠标，正确操作，防止引发手腕和手指疾病。

④ 不要长时间连续上网，最好每隔1小时休息一会儿，活动活动身体，预防肢体病发生。

⑤ 有效预防电磁辐射危害人体健康，应尽量选用辐射较低的机器，或者使用防辐射器材对人体加以保护。

⑥ 要去有安全保障、照明好、通风较好且有合法营业资格的网吧，注意环境的卫生；在家里或宿舍上网时，要经常通风换气。

2. 上网的心理安全

大学生需要预防的上网心理疾病主要有以下几个方面。

（1）计算机依赖成瘾

计算机依赖成瘾是指使用者没有明确目的，无节制地长时间操作计算机或上网浏览网页、玩游戏等，长时间熬夜上网，产生严重的网络依赖。

（2）网络交际成瘾

网络交际成瘾即在现实生活中不愿和人直接交际，不合群，沉默寡言，但喜欢网络交际，经常上网聊天或通过其他网络交流方式与人交流思想情感；一天不上网交际，就浑身不舒服，恨不得时时刻刻"挂"在网上。

（3）网络色情成瘾

网络色情成瘾即难以克制地上网浏览、下载色情网页，观看色情影像，收听色情广播，阅读色情文章等，沉溺在色情信息中难以自拔，甚至制作、复制、传播色情内容或信息。

（4）网络躁狂或抑郁

网络躁狂或抑郁指一段时间不能上网，就会产生失落感、空虚感、焦虑感，烦躁不安，想找人吵闹或攻击别人；或者心情郁闷，百无聊赖，产生悲观厌世、自杀的思想和念头。

如果大学生发现自己出现了上述情况，应积极主动寻求专业人士的帮助，及时接受心理治疗。

（二）网络不良信息的侵害及预防

1. 网络不良信息的侵害

（1）不良政治信息的侵害

网络已经成为高校学生获取信息、丰富知识、交流思想的重要信息平台。尽管各高校在网络安全管理方面做了大量的卓有成效的工作，但仍不时有人在网上传播不良有害信息，尤其是在国内外重大政治活动和重大敏感事件期间。境内外敌对势力和别有用心的人千方百计争夺这个重要阵地。他们在网上传播虚假信息，造谣惑众，对社会热点问题、敏感事件进行恶意炒作，混淆视听，误导舆论，危害社会稳定与和谐。在不良信息面前，个别缺乏政治辨别力的学生可能受到误导。

（2）网络色情、赌博、毒品等信息的侵害

随着计算机的普及和互联网的迅速发展，一种新的违法犯罪形式——网络违法犯罪越来越猖獗，波及的范围越来越广，有愈演愈烈的趋势，其中涉及网络色情、赌博、毒品等方面的有害信息对大学生心灵的腐蚀令人发指。互联网上各种色情信息的泛滥，加上青少年生理、心理正处于发育期，如果缺乏正面引导，很容易诱发青少年的违法犯罪活动。

（3）网上交友不慎的惨痛教训

一些不法分子利用上网聊天的机会，以甜言蜜语勾引异性，以请吃饭、送礼物为由，约对方出来见面，然后就露出丑恶面目，实施诈骗、性侵害甚至杀人等违法犯罪行为。这类犯罪嫌疑人物色的对象，主要是在校学生，特别是女生，以及其他一些阅历浅、社会经验不足的大学生。大学生涉世未深，对社会治安形势了解不够，对网络上的险恶状况认识不清，对"虚拟社会"可能产生的真实伤害缺乏防范戒备心理，对"网络熟人"这种真实的陌生人盲目信任，自我防范意识和自我安全保护能力比较薄弱。

2. 对网上不良信息侵害的预防

（1）上网的安全策略

① 要上内容健康的网站，不要登录或浏览充满色情、暴力、凶杀、赌博等有损自己身心健康的网站和内容，以免心灵遭受污染；不要沉迷于网络游戏，也不要无节制甚至无原则地闲聊。上网时，应多收集了解有益于身心健康和学习的信息，培养高尚的情操，努力树立正确的人生观、价值观、道德观和世界观。

② 要充分认识网络世界的虚拟性和危险性，理性对待，对网络恋情多一分清醒、少一分沉醉，时刻保持高度警惕，不要把网络当作逃避现实生活的避风港。网络生活只是现实生活的一部分，它无法代替全部的现实生活。生活中无论遇到什么困难，都应该用积极的态度去面对和解决。

③要保持良好的心态，正确面对网络，树立自尊、自律、自强意识，增强辨别是非和自我保护的能力，自觉抵制各种不良信息，抵制违法犯罪行为的危害。

④对网上的不良信息、非法信息，要提高识别能力，认清本质，坚决抵制。

⑤加强自我保护，防止遭受非法侵害。对网友的盛情邀请，要保持警觉，尽量回避，避免上当受骗。

⑥加强自我约束，有选择地正确使用计算机和网络。网络违法犯罪具有高智能性、高隐蔽性等违法犯罪特点，对大学生具有很强的诱惑性，大学生要保持良好的计算机使用和网络浏览习惯。

知识窗

全国青少年网络文明公约

要善于网上学习，不浏览不良信息。
要诚实友好交流，不侮辱欺诈他人。
要增强自护意识，不随意约会网友。
要维护网络安全，不破坏网络秩序。
要有益身心健康，不沉溺虚拟时空。

（2）主要的网络陷阱

①恶意网站。互联网上有许多恶意网站，有色情网站、非法游戏网站，也有打着咨询服务等旗号的非法网站。有网站要求用户下载一种软件，声称用它可以免费无限制使用该网站的资源，实际上，该软件是国际长途电话自动拨号程序，下载后自动运行，产生高额的国际长话费用，使用户蒙受巨大的经济损失；有网站篡改用户的注册表，使该网站成为其默认主页；有网站在一些收费项目选择上设置复选框陷阱，误导消费者，看似免费，实际上要扣信息费，而想取消这项服务却要大费周折。

知识窗

识别正规网站的六个方法

第一，山寨类钓鱼类网站大多制作粗糙，提供虚假服务热线，涵盖公司地址、公司联系方式等内容的相关页面无法打开，或者页面上存在明显错误。

第二，检查该网站有没有公布详细的经营地址和电话号码。

第三，友情链接。一个正规的网站都有和其他网站的友情链接，你可以通过查看友情链接来分辨网站的可靠性。正常情况下，如果友情链接的网站权威性和知名度很高，这个网站的可信度也就较高。

第四，通过工具查询。比如站长工具的功能就很全面，可以查询网站备案信息、友情链接、百度权重、谷歌PR值等。

第五，不支持第三方支付。正规的代理商均会采用第三方在线支付平台或网上银行进行交易，而不会要求消费者直接汇款。

第六，客户投诉渠道。正规的网站都设有客服投诉渠道，包括热线电话、QQ、MSN、论坛等各种不同的形式，用于解答消费者的各种问题。

② 不良网络游戏。有的游戏以色情、暴力或恐怖袭击为主题，有的暗藏不良政治目的，这些显然都不利于青少年的身心健康。一些大学生沉迷于游戏世界，损害了身体健康，荒废了学业，导致被迫退学；还有的大学生通宵达旦玩游戏，过度劳累，引发精神疾病或猝死，这是得不偿失的事。大学生要以学业为重，玩电脑游戏应有选择、有限度，避免损害身心健康。

③ 淫秽色情陷阱。互联网上有许多色情淫秽网站网页，"电子海洛因"具有影响范围广、力度大和危害腐蚀性强等特点，大学生应特别警惕。针对网络黄、赌、毒，国家有关部门创办"违法和不良信息举报中心"网站，大学生应积极检举和揭发黄色网站，维持网络环境干净安全。

④ "黑客"教唆陷阱。随着互联网的普及和扩大，"黑客"也日益活跃。一些"黑客"成立了组织，建立了网站，传播黑客技术，这对一些青少年具有很大的吸引力，大学生对此应注意辨别和抵制。

⑤ 邪教陷阱。网上有一些邪教组织网站，发展组织，造谣生事，危害社会稳定。他们以宗教、气功等名义，大肆宣传反人类、反社会、反科学的歪理邪说。对此，大学生应保持高度的警惕性，自觉抵制和反对邪教组织的渗透破坏活动。

⑥ 网恋陷阱。网恋的欺骗性、危害性不容忽视，要避免虚幻的网恋带来真实的伤害。

⑦ 其他陷阱。比如，假银行、网上算命、网络"免费服务"、网络性交易、网上替考（枪手）、网络窥探隐私、网络教唆自杀及其他非法交易等。对于这些网络陷阱，大学生要保持清醒的头脑，避免上当受骗。

知识窗

避免沉迷网络的七个方法

第一，具体分析自己各方面情况，了解自己主要的心理状态，以便对症下药。

第二，建立正常的作息规律，因为这代表拥有自制力，而有了自制力，就更有可能摆脱网瘾。

> 第三,体验成功,在学习上寻找突破口,从最容易取得突破或进步的科目开始。
>
> 第四,注意力转移,以同样轻松但积极的娱乐方式逐步代替网络,如运动项目、旅游等,最终将注意力逐步转移到学习上去。
>
> 第五,积极交往,体验伙伴间交流的感受,多结益友。
>
> 第六,培养兴趣和特长,让思维集中在有益的事情上,多参加运动与活动,找到自己喜欢做的事情。
>
> 第七,提升自信和改变生活重心。可给予自己口头和物质奖励。

(三)积极防范网络违法犯罪

1. 上网应当承担的法律责任和应遵守的行为规范

(1) 关于计算机及网络管理的法律法规

互联网法律法规主要包括《中华人民共和国民法典》《中华人民共和国网络安全法》等。同时有30多个条件、决定、答复对网络管理与安全发挥规范与调整作用。为了保证网络安全,维护网络空间主权和国家安全、社会公共利益,保护公民、法人和其他组织的合法权益,2016年国家颁布了《中华人民共和国网络安全法》。这是我国第一部全面规范网络空间安全管理方面问题的基础性法律,是我国网络空间法治建设的重要里程碑,是依法治网、化解网络风险的法律重器,是让互联网在法治轨道上健康运行的重要保障。它将原来散见于各种法规、规章中的规定上升到人大法律层面,对网络运营者等主体的法律义务和责任做了全面规定,包括守法义务,遵守社会公德、商业道德义务,诚实信用义务,网络安全保护义务,接受监督义务,承担社会责任等,并在"网络运行安全""网络信息安全""监测预警与应急处置"等章节中进一步明确、细化。在"法律责任"章节中则提高了违法行为的处罚标准,加大了处罚力度,有利于保障该法的实施。

(2) 使用计算机中的违法行为

在我国,除了依照法律法规应予以制裁的计算机犯罪行为外,还有许多不构成犯罪但同样是以计算机为工具或以计算机资产为侵害对象的一般违法活动,这些违法活动同样具有类似计算机违法犯罪的特点,即智能性、隐蔽性和社会危害性,亦应引起我们的高度警惕。计算机违法行为是指行为人以计算机为工具,或以计算机资产为侵害对象进行的违法活动,更确切地说,是违反国家保护计算机网络管理安全法律法规的活动。

2. 上网应恪守的道德准则和行为规范

① 讲究社会公德,用掌握的计算机知识、技术服务社会、造福人类,自觉维护国家

安全和社会公共利益，维护公民个人、法人和其他组织的合法权益，不以任何方式危害计算机信息系统安全。

②尊重公民的隐私权，不从事任何电子骚扰活动。

③珍惜网络匿名权，做文明网民。

④谨慎网络言行，勿以恶小而为之。

⑤尊重他人的知识产权、通信自由和秘密，严格遵守法律法规。

⑥诚实守信，不制作、不复制、不传播虚假信息。

⑦尊重他人的财产权利，不侵占他人的合法财产，不将他人的网络资源据为己有。

⑧远离违法、有害信息，不浏览、复制、制作或传播违法、有害信息。

五、实验实习安全与防护技能

（一）实验室安全

学校实验室是进行教学、科研活动的重要阵地。实验室中不安全因素较多，条件与环境复杂，加之学生是初学、初练，使得实验室成为容易发生意外的场所之一。

实验室中，经常会使用具有腐蚀性的、易燃、易爆或者有毒的化学试剂以及易损的玻璃仪器和比较精密的分析仪器，还会使用燃气、水、电等。每年都有很多学校发生实验室爆炸、火灾等事故。这类事故一旦发生，就会带来难以估量的损失，这提醒我们要将实验室安全牢记心中，严格遵守实验室的安全规则。实验室安全主要集中在实验室火灾、实验室爆炸、实验室毒害等问题上。

1. 实验室火灾

（1）实验室火灾的原因

①实验室中陈列着大量的易燃物质，容易引起火灾。

②实验室机器线路老化、超负荷运作。

③做实验的过程中没有按照规章程序操作。

④一些偶然因素的作用，例如不同化学物品接触产生了化学反应，一些实验用品存放时间过长，学生对某些可以自燃或在低温下即可燃烧的物质缺乏认识或重视，未及时排除引起燃烧的条件等。

（2）实验室火灾的预防

①实验室内严禁饮食、吸烟，坚决杜绝火星，水、电、燃气灯使用完毕后，立即关闭，离开实验室时检查水、电、燃气灯、门窗等是否关好。

②使用各种设备时严格遵守操作规程，实验结束前不得擅自离岗，以防火灾发生。

③ 使用乙醚、苯、丙酮、三氯甲烷等有机溶剂时，一定要远离火焰和热源；用完试剂后将试剂瓶塞严，放在阴凉处保存；低沸点的有机溶剂不能直接放在火焰或热源上加热，而是水浴加热。

④ 在学生进入实验室前，教师要认真检查实验设备的安全性能状况，发现问题故障时及时报告，防患于未然。

⑤ 参加实验的同学要熟悉实验室内灭火器等器材的存放地点和使用方法，一旦实验室发生火灾，立即灭火，减小火势，同时还要熟悉实验室的安全通道，便于发生危险时及时撤离。

⑥ 积极落实实验室的安全使用规章制度，强化学生的安全意识，同时教师要加强监督管理，指导学生正确地进行实验。

2. 实验室爆炸

（1）爆炸概述

爆炸是一种非常迅速的化学或物理变化过程，这一变化过程通常伴随巨大热量的释放以及大量气体的生成，此时的气体由于瞬间存在于有限的空间内，故有极大的压强，对爆炸点周围的物体产生强烈的压力，当高压气体迅速膨胀时就形成爆炸。

（2）实验室爆炸的分类

① 物理性爆炸。物质因状态或压力发生突变而形成爆炸的现象称为物理性爆炸。例如，容器内液体过热气化引起的爆炸、锅炉的爆炸、压缩气体和液化气体超压引起的爆炸等。

② 化学性爆炸。由于物质发生极迅速的化学反应产生高温、高压而引起的爆炸称为化学性爆炸。化学性爆炸前后物质的性质和成分均发生了根本性变化。化学性爆炸按照爆炸时所产生的化学变化，可分为气体单分解爆炸、复杂分解爆炸和爆炸性混合物爆炸。

知识窗

2021年10月24日，江苏南京消防通报江宁区将军大道29号南京某大学某校区一实验室发生爆燃，共造成2人死亡，9人受伤。

随后，南京某大学通过官方微博也对此次事故进行通报。根据校方通报，发生爆燃的是该校区材料科学与技术学院材料实验室，爆燃引发火情。学校第一时间将11名受伤人员送往医院救治，其中2人经抢救无效死亡。

（3）实验室爆炸的原因

① 实验室内明火与爆炸性物品接触。

② 违章操作，无视规章制度。

③ 机器线路老化漏电。

④在实验中，对研制的物质的化学性质、物理性质没有完全掌握，采用了一些不适当的做法。

⑤压力容器设备发生故障，安全减压系统失效，压力容器内部压力剧增得不到排除。

（4）实验室爆炸的预防

①避免可燃物形成爆炸性混合物。如用惰性介质二氧化碳、氮气和水蒸气等，排除容器设备和管道内的可燃物，使其浓度降低。

②防止易燃易爆气体或液体泄漏。要严防容器和管道的"跑冒滴漏"，特别要防止其从阀门、盖子和接头处泄漏。

③保持室内空气流通，防止可燃气体在空气中达到发生爆炸的浓度。不允许用火的地方严禁用火。

④清楚有关物质的物理和化学性质，了解有关设备的安全系数，如在什么条件下（温度、压力等）会发生爆炸。

⑤实验时要严格按照相关规章制度操作，听从指挥，严格要求自己，同时仔细检查，发现问题及时报告。

3. 实验室毒害

（1）实验室毒害概述

实验室毒害指的是在实验室环境中存在的各种有害物质及其对人体健康的潜在威胁。这些有害物质包括化学试剂、生物制剂、放射性物质以及物理因素等。在实验过程中，这些毒害物质可能通过吸入、皮肤接触、误食等途径进入人体，导致急性或慢性中毒反应，甚至对长期健康造成不可逆转的损害。

化学试剂是实验室毒害的主要来源之一，其包括有机溶剂、重金属、酸碱溶液等。生物制剂则包括各种病原微生物、病毒、细菌等，尤其是在生物医学和微生物实验室中风险较高。放射性物质主要存在于核物理和放射性同位素实验中，对人体的放射性损伤风险较大。物理因素则包括高温、高压、强电磁场等，可能对人体造成不同程度的伤害。

为了防止实验室毒害的发生，实验人员应严格遵守实验操作规程，正确使用个人防护设备，如手套、口罩、防护眼镜等，并进行定期的安全培训和健康检查。同时，实验室管理人员应确保实验室的通风设备正常运行，及时处理实验废弃物，定期检测实验室环境中的有害物质浓度，以确保实验环境的安全性。

（2）实验室毒害的原因

①在实验室内用沾染化学物品的手吃东西。

②实验室内排气通道受阻，无法保持空气流动，无法保证有毒物的排除，实验室整体环境受到污染。

③违反实验室规则进行操作。

④没有做好实验防护，忽视防护服装、防护面具的配备。

⑤ 没有形成实验室毒害的意识。

（3）实验室毒害的预防

① 在药品保管室中，将危险物品分隔存放在危险品柜内，避免因为混放而诱发爆炸、燃烧事故。

② 在进行危险的实验时，要准备好防护用品。

③ 严格遵守操作规程，使用剧毒药品（如氯化物、砷化物等）要经实验室负责人批准，限量发放，取量要逐一登记，剩余的要回收，回收数量要入账。如发现危险品被盗，立即报告校领导。

④ 做好通风排气工作，做有强刺激或有毒烟雾的实验时必须在通风橱内进行。

⑤ 使用水银做实验时，要防止水银中毒。

⑥ 不准用汽油代替酒精或煤油作燃料。酒精、汽油等易燃液体大量洒落地面时，要立即打开窗户或排气扇通风，并严禁在室内用明火，禁止在实验室内存放食品或吸烟。

4. 实验室物品存放及注意事项

实验室内存放着各种各样的化学物品，很多易挥发、易爆炸或有毒，如果存放不当，就容易发生化学反应，造成中毒、泄漏、爆炸等。因此，学生在实验室内要注意药品的存放规定和常识，避免发生事故。

① 硝酸、硝酸银和固体碘都属于受热见光易分解的物质，所以保存时必须存放在棕色瓶里，并放在阴凉处。

② 氢氟酸易腐蚀玻璃，所以必须存放在塑料或铅制器皿中。

③ 易燃物质（如二硫化碳、酒精、苯、硫、磷、镁粉等）和易爆炸的物质（如氯酸钾、硝酸铵等）存放时要远离火源。

④ 易变质的化学物品存放的时间较短，不能长久贮存，所以最好现用现配制。

⑤ 实验室中用的干燥剂极易吸水，因此要用蜡封保存。

⑥ 碱性溶液可以和玻璃发生反应，生成硅酸钠。硅酸钠有黏性，会使瓶塞无法打开，所以这类溶液应放于玻璃瓶中并用胶塞。

⑦ 活性金属应放在对试剂相对稳定的液体或惰性气体中，与空气隔离。比如：锂存放于固体石蜡中，钠、钾存放于煤油中，铷、铯存放于石蜡或充有惰性气体的安瓿中，钙封于煤油或石蜡或惰性气体的安瓿中，磷、汞放入水中保存。

⑧ 有些吸湿性极强或遇水蒸气容易发生强烈水解现象的试剂，如五氧化二磷、无水氯化钙等，不仅要严密盖紧，还要蜡封。

（二）校外实践安全

校外实践是高等教育教学过程中非常重要的一个环节，是检验学生理论知识与专业技能、提升学生综合素质的重要手段。学生在实践过程中存在的思想麻痹、安全意识淡薄等问题，往往导致安全事故的发生。

随着社会的发展，高校越来越重视对大学生实践能力的培养，除了安排形式多样的校内学科实践活动，还有针对性地要求学生进行相关社会实践。因此，校外实践安全在教学教育安全中尤为重要。

1. 社会实习安全

社会实习是引导大学生走出校门、接触社会、了解国情，使理论与实践相结合的良好形式，是大学生向群众学习、锻炼能力的重要渠道，也是大学生提高思想觉悟、增强服务社会意识、促进自我成长的有效途径。社会实践活动有助于大学生更新观念，树立正确的世界观、人生观、价值观，有助于大学生加深对职业的理解和初步进行职业定位。而社会实习安全，是大学生顺利完成实习的保障。

（1）实习中安全事故发生的原因

① 自我保护意识淡薄。大学生易过于相信他人、依赖外界环境，在财产和自我保护方面缺乏防范意识。

② 辨识信息真伪能力不足。社会上形形色色的诈骗信息，如虚假招聘、虚假求助等，往往让初入社会的大学生防不胜防，更倾向于相信别人，缺乏辨识信息真伪的能力。

③ 学校的实习教育流于形式，没有发挥实质性作用。高校大学生实习教育，往往是课堂式的说教，要学生记住通用性规章制度、安全防范注意事项等，没有在实习单位的真实生产环境下解读安全问题。

④ 实习单位安全管理松懈，缺乏安全实习意识。不少单位，特别是大中型企业都建立了专门的安全管理机构，有明确的实习管理制度。而一些小型企业安全管理机制不够完善，管理松懈，职能及安全生产制度没有得到有效落实。

⑤ 诈骗分子倾向于选择初入社会的大学生。由于大学生缺乏社会经验，对于诈骗分子而言更容易诈骗成功，所以，大学生更容易成为诈骗对象。

（2）实习中的安全注意事项

① 全体实习学生应当树立"安全第一"理念，自觉接受岗位安全教育和安全技术培训，认真遵守实习安全上岗制度。

② 在实际操作过程中，不得随意动用他人的设备、器具，一旦发现不正常现象，及时向指导教师报告。不同实习科目都有其特殊规定，必须严格遵守相应操作规程。

2. 户外实践安全常识

户外实践对于大学生认识自我潜能、克服心理惰性、改善人际关系、培养团队精神和完善人格等具有重大意义。户外实践安全问题是户外实践需要着重考虑的方面。户外实践需要注意以下几点。

① 组成有责任感的团队，做好活动的策划工作。
② 详尽了解活动地点，做好安全预案。
③ 出行须报告，保持信息渠道畅通。
④ 做好组织工作，公布活动纪律，落实小组安全负责人制度。
⑤ 准备活动所需物品，如治疗感冒、外伤的药品以及食物和饮用水。
⑥ 活动中不随意走动，遵守纪律。
⑦ 不随意采摘、食用野外果子等。

健康躬行

实验室安全防范知多少

活动时长：30分钟。

活动目的：培养学生收集资料、整理资料的能力；使学生认识到实验室安全防范的重要性，自觉遵守实验室安全制度规则。

具体操作：学生自由分组，每组6～8人；每组分别收集和整理有关大学学校实验室火灾、爆炸和毒害的案例，制作PPT；每组选一名代表上台对小组的PPT进行讲述，增强学生的实验室安全意识；教师进行点评。

健康拓展

一、阅读欣赏

"金手臂男人"[1]

俗话说：救人一命胜造七级浮屠。来自澳大利亚悉尼市的詹姆斯·哈里森已经帮助约200万个孩子顺利降生。他的血液含有一种抗体，可有效治疗新生儿（或胎儿）溶血症。由于他的血液非常宝贵，澳大利亚医疗机构给他投了100万澳元（约合474万元人民币）的生存保险，他因此获得一个雅称——"金手臂男人"。

---

[1] 黄金手臂是什么梗[EB/OL]．（2021-03-17）[2024-08-02]．https://mp.weixin.qq.com/s?__biz=MjM5NDAyMTIwOQ==&mid=2649321973&idx=1&sn=aa4549efe5da677a6e370ee39e0d755e&chksm=be93fbc389e472d5006b45bc6bef2b8314a4f910b5c4bb1af2d60de103d30bd681b13194807f&scene=27.

一、少年输血保性命，决定传递生命

居住在悉尼市郊的哈里森再次踏上了拯救他人生命的旅程。对于这位74岁的老人来说，这段路无比熟悉。他的目的地是市中心的一家医院。在过去56年里，每隔几周他就来这里献血。这一切全因他14岁时进行的一场手术。当时哈里森的心脏出了问题，需要开胸治疗。

哈里森回忆说："我在医院足足躺了三个月，一共输了13000毫升的血才渡过难关，多亏别人的血液救活了我的性命。当时我许下诺言，决定在我满18岁后，也要当一名义务献血者，拯救他人。"

成年后的哈里森怀着一颗感恩的心去献血时，获得了父母的大力支持。他说："父母非常高兴我能有这个想法，他们说助人是快乐之本。"

医生通过检测，惊讶地发现哈里森的血液在全世界都十分罕见，他是"熊猫血"——Rh阴性血。不久后，医生发现哈里森的血液可以治疗溶血症。这种疾病通常是母亲的血型和腹中胎儿的血型不一致引发的。母儿血型不合，母亲的身体被"致敏"，启动免疫系统，则产生排斥胎儿血型的抗体。母亲血液中的抗体通过胎盘进入胎儿体内，这两种不同的血液可能"打架"，会破坏胎儿的红细胞，使其发生溶血。

二、帮助研制疫苗，造福百万婴儿

20世纪五六十年代，澳大利亚每年都有成千上万个胎儿和新生儿因患溶血症而死亡。许多患病婴儿即使顺利出生，也会因脑部损伤而永久残疾，给很多家庭带来无尽的痛苦。

医生们偶然发现，哈里森的血液输给那些溶血症胎儿的母亲后，胎儿彻底摆脱了溶血症的威胁，健康地降临。这成为哈里森坚持定期献血的动力。到2010年3月21日英国《每日邮报》记者采访哈里森时，他已献血984次。

1967年，澳大利亚红十字会血液中心开展新生儿溶血症疫苗研发项目，他们邀请哈里森等人参加。

研究人员把Rh阳性血输入哈里森体内，这存在不小的风险。因为在输血的过程中，供血者和受血者的血型十分讲究"匹配"，如果血型不合，轻则会产生输血性溶血反应，重则危及受血者的生命。面对如此严重的后果，哈里森勇敢地选择让与自己不匹配的血液注入体内。回忆这一经历时，哈里森说："我必须签署每份文件，相当于签下'生死状'，但我一点儿也不害怕，我很高兴自己能帮助别人。"让人高兴的是，哈里森体内的血小板竟然存在某种抗体，恰恰是这种抗体让注入哈里森体内的阳性血一直保持"绅士风度"，不与哈里森的阴性血"打架"。在哈里森及其他志愿者的帮助下，研究人员反复试验，把哈里森体内的这种治疗性抗体分离出来，终于研制成了溶血症疫苗——抗D人免疫球蛋白。

据统计，哈里森协助研制出的疫苗已帮助超过200万可能夭折或残疾的澳大利亚婴儿健康地活了下来。哈里森成为当地的名人，每次上街，人们总是对他报以微笑，亲切地称他为"金手臂男人"。《每日邮报》记者问："你觉得自己是英雄吗？"哈里森谦虚地说："不，我不这么认为。"

三、救人救己，献血义举救了外孙

哈里森的血液帮助无数母亲圆了生儿育女梦，受益母亲说："人们可以给你喜欢的东西，但不会有多少人能做到像他那样。""我非常感谢他，并想回馈他，因为他给了我们这么多。"这其中包括哈里森的好朋友，在悉尼市红十字会血库工作的乔伊·巴尼斯。

20世纪70年代，巴尼斯总在怀孕四五个月时流产。经过诊断，医生发现她和胎儿的血型不合，导致胎儿患上溶血症。她说："看着身边的好朋友和姐妹都有了自己的孩子，我感到无比孤单。"好在不久之后，医生找到了治疗溶血症的办法。1985年上半年，巴尼斯又怀孕了，她忐忑不安，害怕再次流产。还好这次很顺利，巴尼斯在医院里接种了疫苗，并在年底生下了一个健康的婴儿。她感激地对哈里森说："谢谢你！正是因为你的血液，我才能有自己的孩子，我真的不知道该怎样感谢你。"

哈里森热心助人的时候可能不会想到，他的女儿特蕾西居然也因此获益，她借助疫苗生下了健康婴儿。哈里森很高兴，他开玩笑说："很多女孩在这个时候需要母亲的帮助，这一次特蕾西却需要父亲的帮助。"

四、老骥伏枥，创吉尼斯世界纪录

在女儿特蕾西看来，献血已经成为父亲的一种责任。与哈里森相伴五十多年的妻子因病去世后，哈里森悲痛万分。一个星期后，他又回到医院献血。他说："我从来就没有想过停下来。"由于哈里森献血频繁，有朋友提醒他当心身体。哈里森总是笑着说，他感到自己的身体非常棒，不会因为献血而把身体弄坏。

哈里森累计献血量超过半吨，创下了献血次数的吉尼斯世界纪录。

二、推荐书目

【书名】
《唐山大地震》（封面见图5-12）
【作者】
钱钢
【出版社】
当代中国出版社

图5-12 《唐山大地震》封面

【出版时间】
2017年3月

【内容简介】
1976年7月28日的唐山大地震，是世界地震史上悲惨的一页。在这场地震中，超过24万人死亡，超过16万人重伤，一座重工业城市瞬间夷为平地，直接经济损失100亿元以上……

作者当年曾经赶赴唐山参加抗震救灾活动，目睹当时唐山地区犹如经受了战争的深重劫难。事后，作者用十年的时间不懈地追踪访谈，经过缜密的整理和分析，用真挚的感情和洗练的笔法，全景式地记录了当时人类面对自然灾害时的种种表现，追溯了地震前后扑朔迷离的事实与现象，反思了人类在现代化过程中究竟如何与自然相处的终极问题。作者以其亲身经历和感受，全景式地记录了这场大地震和大灾中的人们，也留下了许多思考，使得这场灾难在更广阔的时空获得了更深刻的人道主义关注。

《唐山大地震》抢先发售发表是在唐山大地震10周年的1986年，刊载于《解放军文艺》。这篇报告文学发表后产生了巨大的反响，同时也以图书形式出版，曾获得1986年全国十大畅销书奖、全国优秀报告文学奖，1987年全国图书金钥匙奖。钱钢对于那场大地震的十年的追踪与思索，至今仍引人深思，其洗练的笔法和真挚的情感，打动了无数读者。本书也成为当代中国反映重大的自然灾害的最有影响的经典作品之一。而今，这本书多次再版，还先后被译为日、英、韩、法等国文字，并被美国的一些大学列为新闻写作的教学参考书，部分章节被收入香港地区的中学语文教材，影响了年轻一代对生命、对突如其来自然灾害的认识。

【相关书目】
① 阿列克谢耶维奇：《切尔诺贝利的回忆：核灾难口述史》，王甜甜译，凤凰出版社，2012年。
② 鲍勃·库伯：《荒野生存》，霏飏译，北京日报出版社，2013年。
③ 凯德·科特立：《海豹突击队生存手册：完全自救求生指南》，黄延峰译，中国友谊出版社，2013年。

三、电影推荐

【片名】
《烈火英雄》（剧照见图5-13）

【剧情简介】
一场滨海城市石油码头的管道爆炸，牵连了整个原油储存区，一座储油量高达10万立方米的储油罐已经爆炸并且泄漏。泄漏的原油随时可能引爆临近的油罐，火灾不断升级，爆炸接连发生。然而，这还不是最恐怖的——火场不远处伫立的危险化学物储藏区，像跃跃欲试的魔鬼等待着被点燃，一旦点燃，刹那间便能带走几百万人的生命。

影片根据"7·16大连输油管道爆炸事故"真实事件改编，讲述了沿海油罐区发生火灾，消防队伍团结一致，誓死抵抗，以生命维护国家及人民财产安全的故事。

【相关影片】
① 《1942》
② 《唐山大地震》
③ 《釜山行》

图5-13《烈火英雄》剧照

互联网
成瘾测试

第五章
拓展资源

第六章　性与生殖健康

健康绪言

爱情最美好的样子[①]

在云南某高校信息与智能工程学院有一对优秀的年轻人，他们不仅在学术上取得了令人瞩目的成绩，更是在彼此的陪伴中成就了一段美好的爱情故事。小方和小童的故事不仅是学术成就的象征，更是坚定理想和不懈追求的真实写照。

他们的故事开始于图书馆的自习室，因为对编程的共同热爱，他们的缘分由此展开。在小童的眼中，小方是一个做事认真、乐于助人、热爱学习且非常自律的男生；而在小方的眼里，小童是一个勇敢上进、学习自律的女生。通过更多的相处和交流，小方发现小童有着坚定的理想信念，做事果断干脆，是他心中那个坚定不移想要一起走下去的人。

在四年的大学生活中，他们始终把学习、科研、竞赛和考级考证放在首要位置。他们曾约定：一起努力变得更好！结果也正如他们所愿，通过不断的努力，他们的专业成绩和综合素质测评连续四年保持在专业前二，先后通过了软件设计师（中级）、数据库系统工程师（中级）、大学英语四级（CET-4）、全国计算机等级考试、三级信息安全技术、华为HCIA大数据工程师、国家普通话水平测试、质量管理体系内部审核员、企业认证BI工程师和数据分析师等多项考试，并在各类比赛中取得了优异的成绩。

小方获得了第十五届中国大学生计算机设计大赛本科组省三等奖、第四届全国大学生计算机技能应用大赛Java组优秀奖、第十届"翰文杯"蓝桥杯热赛、计

[①] 双双考研上岸！什么是"神仙情侣"？勇敢爱，用心学！[EB/OL].（2023-09-20）[2024-08-04].https://ynjgy.com/shishengzhuanfangyjg/81359.

算机网络技能大赛和华为大数据技能大赛一等奖、第十一届"翰文杯"计算机网络技能大赛和华为ICT技能大赛个人赛一等奖等多个奖项。小童也获得了第十五届全国泛珠三角+大学生计算机作品赛三等奖、云南省"铭鼎杯"大学生模拟求职大赛省级三等奖和第十五届中国大学生计算机设计大赛本科组省三等奖等多项荣誉。

在学生科研方面,他们一起主持和参与了多个省级大学生创新训练项目,如"基于大数据分析的手机APP校园综合服务平台""基于大数据的项目工作室人次培养模式构建与实践"和"基于大数据可视化建模的学业画像及学业轨迹规划研究"等课题。在科研探索的过程中,他们也曾面临许多困扰,但通过他们和团队成员的共同努力,最终克服了科研路上的困难和迷茫,在科研途中收获了知识和克服困难的勇气,同时也提升了科研素养,为未来的学术研究打下了坚实的基础。

在学习、科研、竞赛、考级考证的过程中,他们坚定了读研的信心。携手同行,共赴西林。在考研的开始阶段,小方和小童许下诺言:"一起上岸!"考研并不容易,刚开始他们也有过焦虑,如目标专业和院校的选择、学硕与专硕的选择、考研资料的选择以及复习地点的确定。每当这个时候,他们就会相互帮助、查缺补漏,克服心理压力,共同迎接挑战。

经过不断研究和比较,他们最终决定报考同一院校的同一专业——西南林业大学的系统科学专业。在机缘巧合下,他们找到了信息中心503教室,在这里学习了4个月。在这4个月的时间里,他们学习了本专业没有学过的软件工程、管理信息系统等课程,夜以继日地为梦想努力。最终,他们克服了焦虑,实现了自己的目标。

在考研备考期间,他们制订了详细的学习计划,严格按照正式考试的科目进行复习,每天的学习时间基本保持在7:00—23:00之间,同时保证足够的休息和运动时间,以保持良好的精神状态。在备考中,他们互相帮助,小方帮助小童补习编程、数据库和数据结构等知识,小童帮助小方补习软件工程、人工智能和管理信息系统等知识,他们一起"刷"政治和英语题,讨论记忆方法和做题思路。在备考期间,彼此的陪伴和鼓励成为他们坚持的动力。

考研冲刺阶段是他们压力最大的时期,但他们并不觉得辛苦。每天傍晚,503教室的窗外总是有美丽的晚霞,他们偶尔会站在窗边欣赏美景,放松心情。在吃完晚饭后,他们会选择去操场散步,以放松紧张的备考神经。尽管考研的路很辛苦,但他们未言放弃,清晨初升的太阳、深夜璀璨的繁星、翻痕累累的书籍,都是他们在研途拼搏的见证。

对于未来的研究生生活,他们满怀期待。小童希望在感兴趣的算法和区块链领域持续深耕,做出有意义的学术成果;小方希望在系统科学专业有更多的科研成果,并能够继续读博。希望他们能够在新的研究领域一起努力,取得更大的科研成果,留下更多美好的求学生涯回忆。

爱情最美好的样子,就是和你一起,做最好的"我们"。在这个美好的季节,他们收到了各自的录取通知书。祝福他们未来的学业和爱情之旅依旧闪闪发光。

健康求知

> 饮食男女，人之大欲存焉。
>
> ——《礼记·礼运》
>
> 食色，性也。
>
> ——《孟子·告子上》
>
> 如果孩子们了解到性是存在于生育他们的父母之间的一种关系，他们就会知道性的最崇高的形式和性的生物上的目的。
>
> ——罗素

一、两性特征

两性特征是指区别男女性别的特征。男女生殖器的不同外形和构造特征叫作第一性征，即性器官和功能的差别。决定第一性征的是遗传物质——染色体。人体遗传信息不同，造就了男女身体外形和结构的不同。按照生物学遗传规律，男女身体差别是性染色体不同所形成的结果。生物学性别的确定，是在精子和卵子结合的瞬间发生的。

（一）第一性征

1. 骨盆

人体生殖系统大部分位于盆腔内，骨盆对生殖器官起保护作用。骨盆由骶骨、尾骨及左右两块髋骨构成。髋骨是由髂骨、坐骨及耻骨联合组成的不规则骨骼。骨盆的关节包括耻骨联合、骶髂关节及骶尾关节。骨盆的主要韧带有骶骨、尾骨与坐骨结节间的骶结节韧带和骶骨、尾骨与坐骨棘之间的骶棘韧带。

骨盆的性别差异最大，女性的骨盆较宽，耻骨下角也较大，便于妊娠和分娩。男性的骨盆较窄。

2. 男性生殖系统结构与功能

（1）内生殖器官

①睾丸。睾丸为左右两个椭圆形腺体，位于阴囊内，如鸽蛋大小。睾丸的主要功能有两个：一是产生精子，二是分泌雄性激素。

②附睾。附睾是男性的附属性腺,有左右两个,呈新月形紧贴在睾丸的上端和后缘,是由曲折细小的管子构成的器官。附睾由输出小管及附睾管组成,整体分为附睾头、附睾体和附睾尾三个部分。附睾的功能是运送和储存精子。精子在睾丸产生之后,被转送至附睾。在附睾中,精子进一步成熟,达到能使卵子受精的阶段。

③输精管及射精管。输精管长约40厘米,起自附睾尾部,与射精管相接。输精管从阴囊内上升至盆腔,是精子输出的管道。射精管则与输精管相连,开口于尿道,在性交时将精子射入尿道。

④尿道。尿道是相接膀胱和尿道口的管道,具有排尿和排精两种功能。平时尿道呈闭合状态。尿道壁由黏膜、黏膜下层和肌肉层组成。

⑤前列腺。前列腺是一个实质性器官,紧紧包围着尿道的起始部,外形像一枚栗子,尖向下,中央有尿道穿过。前列腺可分泌前列腺液。前列腺液是构成精液的成分之一。

男性生殖系统侧剖面图如图6-1所示。前列腺和射精管如图6-2所示。

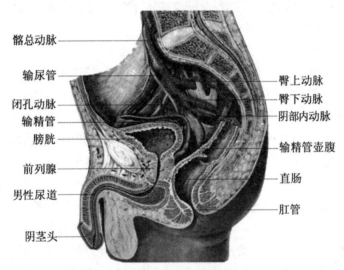

图6-1 男性生殖系统侧剖面图

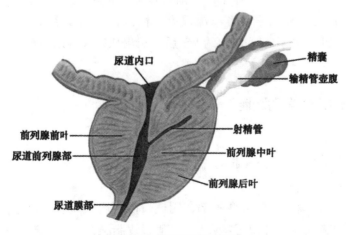

图6-2 前列腺和射精管

(2) 外生殖器官

① 阴阜。阴阜位于腹部最下部分,表面的皮肤是腹壁的延续。皮下脂肪丰富。成年人在此处的皮肤有阴毛生长。阴毛的生长是男性性成熟的标志之一。

② 阴茎。阴茎起始于阴阜下方,内有尿道通过,表面有皮肤覆盖,皮下有三个海绵体。海绵体的内部结构类似海绵,是由许多海绵体小梁交织成的,海绵体小梁含有胶原纤维、弹性纤维及少量平滑肌纤维。阴茎在表面上可以分为两个部分,即龟头(阴茎头)与阴茎体。龟头是阴茎顶部呈半圆形结构的部分,表面光滑,顶部有一开口,称尿道开口,是尿液和精液排出体外的开口。龟头表面有非常发达的神经分布,因此感觉非常敏感。与龟头相连的阴茎称为阴茎体。龟头与阴茎体相交处有一沟状结构,称为冠状沟。阴茎的皮肤末端呈袖口状游离,这部分称为包皮。正常情况下,阴茎在未勃起状态下,包皮应终止于冠状沟处,使整个龟头露出来。

③ 阴囊。阴囊是阴茎下面的袋状结构部分。阴囊与阴茎的根部相连。覆盖阴囊表面的皮肤较松软,并富有弹性。阴囊表面的皮肤由于色素较多而呈暗褐色。阴囊的内部包裹着睾丸和附睾、血管、神经及输精管。

(3) 男性生殖系统的发育

男性进入青春期后,在促卵泡生成激素、促黄体生成激素及雄性激素的作用下,生殖系统开始迅速发育,其速度远远超过其他系统。阴囊的皮肤有弹性,表面皱褶很多,气温高时松弛,皮脂腺和汗腺分泌旺盛,加速散热;气温低时收缩,减少散热,并向身体靠拢。阴囊的这种自动调节功能,主要是保护睾丸的生精功能。睾丸是男性生殖器中最重要的一部分。睾丸容积在青春期前仅大于婴儿期,不足3毫升。进入青春期后,睾丸迅速发育,容积可达12毫升以上。里面曲精细管长度及曲折程度增加,管腔增粗,管壁基膜上精原细胞不断分裂繁殖,出现各期生精细胞,最后发育成精子。睾丸还分泌雄性激素,因此睾丸既是生殖器官,也是内分泌器官。睾丸发育1年后,阴茎开始增大增粗,17~18岁时发育到成人水平。青春期开始,由于阴茎迅速增大增粗,包皮渐渐向后退而露出龟头。首次遗精年龄平均为14~16岁,比女孩月经初潮平均年龄约晚2年。首次遗精发生后,体格发育渐趋缓慢,睾丸、附睾及阴茎却在迅速发育,接近成人水平。随着生殖器官发育,出现第二性征,如毛发生长、变声、出现喉结;阴毛先出现,其次是腋毛,腋毛出现约1年后,长出胡须。喉结的突出是男性特有的第二性征。

3. 女性生殖系统结构与功能

(1) 外生殖器官

① 阴阜。阴阜是外阴表面隆起的部分,也是腹部最低的部分,位于耻骨联合前方、阴道口的上方。

② 大阴唇。大阴唇为大腿内侧根部、阴道口两侧唇状隆起的部分,表面为皮肤覆盖,下有脂肪和结缔组织,外侧面有阴毛、汗腺及皮脂腺,皮下含有丰富的血管和神经。

③小阴唇。小阴唇为大阴唇内侧阴道口外部的两片唇样皱襞，表面含有丰富的神经末梢。

④阴蒂。阴蒂位于小阴唇的顶部，表面有黏膜覆盖，底下有海绵状样结构，内含少量的肌纤维和丰富的神经末梢。

⑤阴道开口。阴道开口位于两侧小阴唇的后部，为阴道通往体外的开口部分。在女性的外生殖器处，有许多大大小小的腺体，如阴道口两侧的前庭大腺。这些腺体在性兴奋时会分泌一些液体，起到润滑作用。

(2) 内生殖器官

内生殖器通过阴道口与外界相通。内生殖器包括阴道、子宫、输卵管和卵巢。

①阴道。阴道内连子宫，外接阴道口。阴道长约10厘米，内层有黏膜覆盖，环绕黏膜深部有肌纤维，故阴道有伸展性。正常的阴道内呈弱酸性环境，可抵制许多致病微生物的生长繁殖。

②子宫。子宫位于阴道上部，盆腔中央。成年女性的子宫长约8厘米，宽约5厘米，厚约3厘米。子宫的形状如一个倒置的梨，宽大的上部称为子宫体，子宫体的顶端部分称为子宫底，两侧为子宫角，与输卵管相连。较为狭窄的子宫下部称为子宫颈，子宫颈上有开口与阴道相通。子宫为一中空的脏器，中间空间的部分称为子宫腔，容量约为5毫升。正常子宫腔内有三个开口部与外部相通，即上方的左右各一个小口与左右输卵管相通；下方是子宫颈口（通常称子宫口），与阴道相通。子宫腔的内部有一层黏膜覆盖，这层黏膜称为子宫内膜。

③输卵管。输卵管位于子宫上部两侧，左右各一条。左侧输卵管的下方开口于子宫的左上角；右侧输卵管开口于子宫的右上角。输卵管的另一端呈伞状开口，游离于盆腔内。卵管为一弯曲的管道。每条输卵管的长度约为10厘米。

④卵巢。正常女性有左右两个卵巢，分别位于左下腹和右下腹。正常的卵巢为椭圆形，每个卵巢的体积约为4厘米×3厘米×1厘米，重量为5～6克，呈灰白色。卵巢是女性主要的性器官，其功能是分泌激素和产生卵子。

(3) 女性的生长发育

12岁以后，女性进入青春期，生长的速度加快，性功能逐渐成熟。从全身状况来讲，成熟的特点开始明显，皮下脂肪开始在胸部、肩部、臀部等部位堆积；声音开始呈现女性音；乳房开始发育，呈现丰满而隆起的状态；腋毛和阴毛开始出现；骨盆逐渐变宽。外生殖器的发育主要表现为：阴阜由于皮下脂肪聚积而隆起；阴毛生长；大阴唇变得肥厚；小阴唇变大且有色素沉着。内生殖器的发育主要表现为：阴道变长增宽，阴道黏膜变厚，出现皱襞；子宫体积增大，子宫壁肌肉增厚，黏膜细胞增厚及成熟，最终可在卵巢激素的调节下形成周期性的改变而产生月经来潮；输卵管变粗，弯曲度减小；卵巢体积增大，皮质内卵泡逐渐成熟，逐渐具备分泌正常水平的激素及排卵功能。在青春期，由于卵巢的功能发育尚未完全，所以其功能也尚不稳定，月经初潮虽已来临，但尚不能像成熟女性一样有比较稳定的周期性。女性成长到16～18岁时，卵巢功能逐渐稳定,进入成熟的生育期。在性成熟期,女性具有正常的月经周期,并具有生育功能。女性在48岁以后逐渐进入更年期、绝经期。

(4) 月经周期

月经是指女性的周期性阴道出血。月经周期中子宫内膜的变化直接受卵巢激素的影响和控制。其变化特点是内膜增厚,血管增生,子宫腺增长并分泌,以适应受精卵的植入和发育;如卵子未受精,增厚的子宫内膜失去激素的支持,开始萎缩、脱落,伴随出血,形成月经。子宫内膜这种周期性变化叫月经周期。子宫内膜的周期性变化可分为月经期、经后期、增生期和经前期4个时期。正常的月经周期为28~30天,一般出血2~7天,平均为5天。

(二) 第二性征

第二性征是指与生殖系统无直接关系,但可以用来分辨性别的特征。马特·里德利在其著作《基因组:人种自传23章》中指出,这是在进化过程中,性染色体为了跟对手竞争所演变出来的。

1. 男性第二性征

男性第二性征主要包括:身材高大,骨骼粗壮,肌肉发达;皮肤粗糙,皮下脂肪少,毛发粗硬而密集;口唇周边长出胡须;喉结发育而突出;声音低沉而宽厚。

2. 女性第二性征

女性第二性征主要包括:身材娇小,骨骼细弱;皮下脂肪丰满,身体圆润;乳房发育隆起,臀部宽大;声音细柔而高尖;皮肤细腻,毛囊和毛发纤细。

二、大学生性心理

随着大学生自身性生理的成熟,性心理也得到显著的发展,并成为其心理发展总貌中一个重要的组成部分。人的性心理发展,是生物因素和社会因素共同作用的结果,恋爱则是个体在性成熟和社会成熟达到一定阶段之后出现的与异性的特殊交往方式。大学生性心理与恋爱心理的健康发展,是其认识社会、认识人生、认识自我进而塑造自我、完善自我的过程,会对其身心健康和全面发展乃至未来的人生历程产生直接影响。因此,了解和掌握科学的性知识,维护自身的性健康,认识爱情的本质,培养健康的恋爱观与择偶观,主动发展爱的能力,对大学生而言是非常必要的。

性作为本能，贯穿人类发展的过程。它是生命延续的手段，是两性结合的方式，是夫妻欢愉的形式，是异性交往的引力，是文明度量的尺度。简言之，性是人类生命的重要组成部分，它不仅仅是一种生理现象、社会现象，在人类整个心理活动中也是重要的构成部分。大学生处于人生历程中青春勃发、生命力最为旺盛的时期，也是性心理活动最为活跃、动荡和最具挑战性的时期。科学认识性心理的发展规律，对大学生的健康、幸福和人格完善的引导具有重要意义。

（一）大学生性心理的表现

大学生的年龄一般为18～25岁，这一阶段基本上处于接近异性的模仿恋爱期或恋爱期。他们的性生理已发展成熟，性意识萌动，对异性的好奇心越来越强烈，渴望得到性的宣泄，渴望拥有异性知己。

大学生性心理的发展基本上是积极、健康的，其性心理有与一般青年相同的地方，但由于他们所处的社会环境、社会地位以及文化水平不同，所以在性心理上又有其特殊性。

1. 性心理的本能性、朦胧性和对性知识的渴求

由于性生理已经成熟，在本能的性心理作用下，大学生逐渐对性产生了较大的兴趣，渴望获得较多的性知识。他们既渴望从书本上得到科学的性知识指导，又想从自身生理变化上弄明白导致其结果的原因。比如，希望看到有关性知识和与性有关的杂志、小说及电影等，同性在一起时会经常谈论有关性的问题。对性知识感兴趣，是青春期性心理的正常表现。如果把探求性知识看成是羞耻的甚至是罪恶的，将会影响到大学生性心理的健康发展。

由于性教育缺失，很多大学生在青春期没有从学校或家庭中获得科学的性知识，性心理具有本能性和朦胧性。由于获取性知识的正规渠道来源不畅，大学生的性知识多源于非正式的性教育渠道。而从异常渠道获得的性知识往往是不全面的、扭曲的甚至变态的。这些非科学的、不健康的，甚至有损身心发展的性知识，影响了大学生性心理的健康发展和性道德观的正常形成。

2. 强烈的性意识导致心理需要和行为上的矛盾

随着性功能的成熟，大学生会有强烈的性欲望和性冲动，这是身体发育过程中的正常生理和心理现象。大学生对异性产生爱慕之情，迫切希望接近异性、与异性交往，以得到性的生物性满足。青春期男女彼此的向往与追求是性心理发展的正常表现。随着性生理发育的基本完成，大学生会从内心深处感到异性吸引的存在，时刻留意异性对自己

的态度，关心异性对自己的评价。同龄异性之间接近的愿望随即产生并逐渐明朗化，同时以情感吸引和实际接触需求的形式强烈地表现出来。

一方面，大学生非常在意自己在异性心目中的形象，同时会以各种方式主动对异性表示好感，希望得到对方的积极反应；另一方面，大学生的行为表现又与心理需要存在一定的矛盾，表现得拘泥、羞涩甚至冷漠，他们很想同异性交往，表面却表现得不屑一顾，或者做出故意回避的样子。正是这种心理需要与行为上的矛盾使他们产生了心理冲突和苦恼。

3. 性欲望的产生

性欲望是个体发育过程中的正常生理现象与心理现象。性欲望依赖于生理因素与心理因素。性激素是性欲望的生理动因，与性有关的感觉、情感、记忆与想象是引起性欲望的心理因素。由于强烈的性冲动，对异性有极大的好奇心和丰富的幻想，许多大学生都用引人注目的服饰（或通过化妆）来打扮自己。

女性能够感受到对男性的向往和自己不安的情绪，她们对于性行为的态度，一般比男性更谨慎。虽然青春期产生性欲望与性冲动是正常的，但大学生应学会自我控制，增强对性欲望、性冲动的驾驭能力，以保证心理健康和行为文明。在抑制性冲动的过程中，大学生应加深对社会的认识，把这种能量转移到体育和创造活动中或者转移到学习和艺术活动中。

4. 性心理的动荡性和压抑性

大学生性能量的旺盛和性心理不成熟之间的矛盾导致大学生的性心理存在较强的动荡性和压抑性。一些大学生尚未形成稳固的、正确的性道德和恋爱观，自控力较差，他们的性心理容易受外界不良的影响而动荡不安。也有部分大学生对性冲动持否定、抵制的态度，由于性能量得不到合理的疏导和升华，从而出现过分性压抑行为；还有部分大学生对性持无所谓和放纵的态度，以致精神空虚、情趣低下，甚至发生性过失、性犯罪。

5. 性行为具有探究性与自慰性

为解决旺盛的性能量，大学生多采用探究性与自慰性两种类型的性行为来满足自己的性需要。探究性性行为是指在发现自己的性本能后，从各方面加以探究；而自慰性性行为一般是指在没有异性参与时所有包括性幻想、性梦和自慰等在内的自我进行的满足性欲的活动。后者是青春期成熟的一种生理表现，是解除因性紧张而引起的躁动不安的一种自慰方式。适当的自慰对身体是无害的。但一些夸大自慰害处的宣传，使部分大学生感到紧张不安、自责、担忧、羞愧和焦虑。在大学生中自慰性性行为是构成心理困扰的重要原因之一。

（二）大学生常见的性心理问题

目前大多数大学生的性心理发展是正常的健康的，能够正确对待两性交往，较好地调节自己的性欲望与性冲动，表现出符合社会规范的言论与行为。但也有一些大学生存在一定程度的性心理问题。

1. 性认知的偏差和性冲动的困扰

不少大学生对性持有不正确的认识，以致对性冲动感到羞愧、自责、苦恼和困惑，并产生厌恶和恐惧心理等。这种性认知的偏差，是一种不健康性心理的表现，如果不及时进行调适，亦可引起一系列性心理障碍。一些大学生表现出与年龄不相吻合的性纯洁，他们把性欲与爱情完全割裂开来，从而导致性适应不良，甚至影响恋爱和婚后性生活。也有极少数人过于强调性的生物性，崇尚性自由、性解放，从而在行为上放纵，这同样是一种性适应不良行为。少数大学生一方面对异性抱有美好的情感，想追求纯洁的爱情；另一方面又常有赤裸裸的性欲望。

2. 性焦虑

从广义上讲，性心理的矛盾、冲突以及各种性适应不良都会引起性焦虑。这里所说的性焦虑主要是指对自己形体的焦虑、对自己性角色的焦虑和对自己性功能的焦虑。随着生理发育的成熟，一些大学生出现了性体像方面的不安。有调查发现大多数大学生对性体像有或多或少的焦虑心理。对男大学生而言，最苦恼的是对自己的生殖器官不满意，他们错误地认为，阴茎短小便意味着性功能差。困扰男大学生的第二大问题是觉得自己个子矮，这种心理的产生与女性的审美要求有极大的关联。对女大学生来说，则顾虑自己乳房小的最多。她们还担忧肥胖问题，既希望苗条又希望丰满，两者不能兼得时就产生矛盾心理。还有的大学生被脸上的青春痘困扰，有人错误地认为青春痘与自己的性需求有关，所以面对异性时感到很难堪。面对这些困扰，大学生如果不能正确认识自己的身体和第二性征，甚至将其看作自己的缺陷，就会产生自卑心理，影响人际交往、学习和生活。除了对形体的不安外，大学生还为自己的心理行为是否与性角色相吻合而忧虑，不少男生常感到自己缺乏男子汉的气质，一些女生则觉得自己不够温柔和细致。为此，有些人产生了"过度补偿"行为，比如有些男生为了使自己像个男子汉，故作深沉，或表现出大胆、粗鲁的行为，甚至以打架、冒险等来证明自己。

性焦虑还表现为对自己性功能的担忧，当看到某些书刊上谈到性功能障碍（如阳痿、早泄、性冷淡等）时，便会为自己的性功能忧心忡忡。一般来说，未婚男女缺乏性经验，很难判断有无性功能障碍。成年男女中，90%以上的性功能障碍是由心理因素引起的，其中大多数都是可治愈的。

上述性焦虑对大学生性心理发展的影响很大，并且常常影响其日常生活和精神状态。一般通过性教育和性咨询可以起到改善作用。对于大学生来说，最重要的是树立健康的审美观，同时接受自身的现实，如果对自身的性生理或性心理有疑惑，应及时寻求帮助，不可敏感多疑、无事生非。

3. 性行为失当

大学生的性行为失当主要是边缘性性行为、婚前性行为和性心理偏差行为。这三种性行为失当的发生在大学生中占有一定的比例并且呈逐年上升趋势。

（1）边缘性性行为

大学生的边缘性性行为主要包括接吻、拥抱、抚弄性器官等。如果大学生对这些性行为不能较好地控制和应对，则会导致心理的困扰和心灵的伤害。一些调查研究显示，有边缘性性行为的学生中，约1/4的男生和1/2的女生在事发之后会不安、烦恼、自卑、自责、恐惧等，严重影响他们的学习、生活与交往。

（2）婚前性行为

婚前性行为指没有配偶的男女在未履行结婚登记手续的情况下发生的两性关系。近年来大学生发生婚前性行为的人数呈上升趋势。这和当前大学生性观念的变化有很大的关系，大学生往往性知识缺乏，性观念模糊但开放，越来越多的大学生倾向于接受婚前性行为。这主要有以下两方面原因：一是受"归属型人格"支配，女方认为"我是他的"，因而在亲昵无度、强烈性冲动下，放弃自我约束，发生性行为；二是对爱情有不正确的看法，企图以发生两性关系来促进爱情。大学生的婚前性行为一般有三个特点：一是突发性，往往在无心理准备的情况下突然发生；二是自愿性，而又非理性，大学生大多在自愿而又不理智的情况下发生性行为；三是反复性，一旦防线冲破，便可能反复发生。

大学生婚前性行为虽然一般不存在强迫现象，但它属于高危行为，有可能影响婚后正常的性生活，也容易传播疾病，影响双方的身心健康，还可能造成未婚先孕的严重后果，并且不受法律保护。

（3）性心理偏差行为

性心理偏差行为主要指在性需求驱使下出现的各种不符合道德法律规范的行为，如性骚扰、性放纵以及性犯罪。性淫乱类似于性放纵，是指有悖法律、有违人伦道德的具体性乱行为，其表述重点是性行为方式的混乱，是一种不能正确处理生理的性需要和个人成长及社会位置之间的关系，使性本能需要失去理智约束的一种性变态心理。

性心理偏差行为对社会危害大，对大学生危害更大。一些大学生对性冲动持否定、抵制的态度，采取压抑的方式，由于过度的性压抑而产生了性心理偏差行为。性心理偏差行为主要表现为窥视、恋物行为。对大学生的这类行为，不能简单地冠之"窥视癖""恋物癖"等性变态名称。大学生中的这类行为多属窥视倾向和恋物倾向，是因正常的性对象、性方式的需求不能得到满足而出现的一种补偿性性行为,是性压抑的一种宣泄方式,因而多属正常心理范围内的偏差。改变窥视、恋物行为的重点是增加与异性的交往,丰富兴趣爱好,培养大胆开朗的个性,增强性道德观念和意志品质,其中关键的一步是对异性脱敏。这类人通过咨询和自身的努力往往能有效地改变性心理偏差行为。

大学生的性心理卫生问题常常带有一定的隐蔽性,加之社会的忽视与个体的掩饰常不易被发现。长时间以来,这些问题不被学校、社会重视,然而其影响是不可低估的。由于性的禁忌、敏感,所以性问题也往往隐藏得很深。有些性问题本来不复杂,但因缺乏外界的帮助,而使当事人深陷苦恼之中。可以这样说,没有哪一个问题像性问题那样难以启齿,因此性心理问题容易发展为各种性心理障碍和疾病,要对大学生的性心理问题及时进行调适,以免造成不良后果。

(三)大学生性心理调适

大学生要树立远大的理想,培养强烈的事业心和爱国主义精神。理想的强大动力对于疏导、调节大学生自身的性冲动具有积极作用。胸无大志、生活无聊者,很容易安逸思淫欲,寻求性的刺激。

1. 科学地掌握性知识,解决因性无知引发的性心理问题

大学生应选择阅读一些正规出版发行的性生理和性心理方面的科普书籍或一些性社会学、性伦理学、性法律学等领域的论著,学习性生理、性心理的有关知识,使自己掌握科学合理的性知识。

大学生还要树立科学健康的性意识观念,提高感官刺激阈限,培养挫折耐受力,从而消除误解、解除心理负担,进而避免自卑、自责等不良情绪。一些大学生受传统观念影响,当出现性的困惑时不愿意向家人、老师、医生求助,而是在网络上查找有关性的知识内容。这些内容往往是不科学的,甚至富有煽动性,不仅对大学生解除困惑毫无益处,还会给大学生性心理和性行为的形成带来不良影响。

2. 正确认识性欲,学会理智地控制性欲

大学生要端正思想,明白性欲是人的正常生理需要与心理需求,是在性激素的作用和外界有关刺激下产生的,并不是不纯洁、不道德和可耻的。

大学生一方面要认识到性的自然属性,明白性是人性的表现,学习、掌握性知识可以满足心身发展的需要;另一方面要认识到性的社会属性,明白性是自然属性和社会属性的完整统一,因而人的性观念和性行为应当符合社会规范。从心理卫生角度看,大学生对性冲动的适应首先应接受其自然性和合理性。越是不能接受,越压抑越矛盾,性冲

动有时就表现得越强烈、顽固，甚至病态；其次，应通过学习、工作和活动以及正常的男女交往等合理途径使生理能量得到释放、代偿、升华；再次，陶冶情操，接受科学的性教育，这对于调节性冲动有很大的帮助；最后，认识到性心理调节的必要性和可能性，事实上，绝大多数大学生都能正确地、健康地调节性欲，并在这个过程中实现人格的完善。

3. 消除有害刺激影响，预防性病和艾滋病

大学生要拒绝黄色诱惑。人们常把淫秽书刊、淫秽录像对青少年的腐蚀比喻为"精神毒品"和"杀人不见血的软刀子"。几乎所有的淫秽出版物都在直接或间接地宣扬性自由、性开放的主张，并通过活生生的形象表现这种开放的毫无节制的自由放纵，诱惑人忘记社会规范，为了满足性欲变得疯狂与不择手段。因此，大学生应自觉抵制黄色出版物的侵蚀，保持健康的性心理。

正在成长发展中的大学生应该加强道德自律，洁身自爱，杜绝吸毒、性错乱等，这样才能远离性病和艾滋病，保持身心健康，为将来的幸福生活奠定基础。

三、常见生殖健康问题

（一）男性生殖系统常见疾病

1. 性腺（睾丸）发育异常

（1）无睾症

患这种疾病的男性由于没有睾丸，因此到青春发育期无男性第二性征出现，也没有生育能力。如果仅是阴囊内未触及睾丸，并不能直接诊断为无睾症，需要与腹腔内隐睾进行区别。治疗方法有：从青春期起有规律地给予男性激素或进行睾丸移植。虽然睾丸移植是治疗无睾症的理想方法，孪生兄弟间的睾丸移植不存在免疫排斥问题，但毕竟机会极少。

（2）先天性睾丸发育不全

先天性睾丸发育不全又称原发小睾丸症，青春期前往往难以辨别，进入青春期由于睾丸不发育，则表现为发育延迟或不发育。其特征为很少或不长胡须，阴毛、腋毛稀少，发音尖细犹如女性。虽然这些人的生殖器官是男性的，有阴茎、阴囊和睾丸，但若不给予治疗，到了成年，其生殖器官仍如儿童，80%的患者有女性特征表现，如乳房发育、骨骼肌肉不像男性那样粗壮、皮下有较多脂肪堆积等。其中一些人具有一定的性功能，阴茎能勃起，有的甚至能射精，但通常精液中并无精子，自然就没有生育能力。

（3）隐睾症

隐睾症是一种先天畸形，是指小儿的睾丸在新生儿期未降至阴囊而停留在腹股沟或

腹腔内。正常情况下，妊娠9个月时，男性胎儿睾丸降入阴囊，但有3%足月男婴和30%的早产男婴出生时睾丸未降入阴囊。隐睾分为睾丸下降不全或睾丸异位两种情况，一般使用人绒毛膜促性腺激素或睾丸固定术进行治疗。

如发现隐睾，应选择适当的时间进行治疗，研究表明，患儿在2～5岁时做睾丸固定术，使睾丸固定在阴囊内，约80%的患者可获得生育能力；而未经手术治疗者，仅10%能生育。

隐睾症若不及时治疗可产生如下危害：睾丸周围温度较阴囊内高1.0℃～2.0℃，滞留在腹股沟管内或腹腔内的睾丸可引起精子生成障碍而影响生育能力；许多腹股沟型隐睾患者同时患有腹股沟疝；处于腹股沟管内睾丸位置表浅，固定性差，容易受外力损伤，发育不良和受伤后的睾丸容易发生恶变。

2. 输精管发育异常

（1）输精管、精囊不发育

体检时可见睾丸发育正常，但输精管不能扪及，精液检查为精液量少或无精子。

（2）先天性输精管道堵塞

先天性输精管道堵塞一般为附睾、输精管局限性缺如或纤维化，可采用显微外科输精管吻合术或输精管附睾吻合术，使输精管道再通。

（3）尿道下裂

尿道下裂属于男性的外生殖器畸形，常有以下四个特征：尿道开口异常，可开于阴茎腹侧、阴茎阴囊交界处或会阴部；阴茎向腹侧屈曲畸形；阴茎背侧包皮正常而腹侧包皮缺失；尿道海绵体发育不全，形成一条纤维带，从阴茎头腹侧延伸到异常尿道开口。

由于心理和生理方面的原因，尿道下裂患者通常会出现性功能和性行为障碍。手术年龄以2～4岁为宜，畸形矫正后到成年可获得正常性功能和生育能力。

3. 生殖器官结核

在男性生殖系统中，前列腺、精囊、附睾及睾丸等都可能形成结核，临床上附睾结核比较多见。

附睾结核是一种继发性结核，原发病灶常在肺、肠道、淋巴结、肾脏等部位，通过血行传播和下行感染两种途径感染附睾。该病病程发展缓慢，临床症状轻，患者多以发现阴囊有硬结、坠胀感或疼痛感来就诊。

前列腺结核和精囊结核很少单独存在，一般都伴有输精管结核、附睾结核和睾丸结核，多无明显症状，偶有会阴部不适、血精、精液减少、射精疼痛等症状。由于解剖位置比较隐蔽，早期诊断比较困难，大部分患者是在体检或因为其他疾病就诊时发现的。

4. 生殖系统非特异性炎症

（1）睾丸炎

细菌性睾丸炎很少见，而流行性腮腺炎并发症较为多见。腮腺炎病毒通过尿液排出，并逆行通过输精管使睾丸发炎。处于青春期的腮腺炎患者中约20%并发睾丸炎，其中约1/4为双侧睾丸炎，表现为睾丸肿胀、疼痛、发热，有时伴寒战，后期约一半患者出现睾丸萎缩。睾丸炎患者可以有正常性欲和性功能，但往往由于少精症或无精症而引起不育。

（2）附睾炎

附睾炎常见于成年人，当身体抵抗力低下时，大肠杆菌、葡萄球菌、链球菌等致病菌便会进入输精管，逆行侵入附睾，引发炎症。附睾炎常与尿道炎、前列腺炎、睾丸炎同时发生。

（3）尿道炎

国外相关资料显示，尿道炎患者中大约10%属淋菌性、90%属非淋菌性。目前，国内淋菌性尿道炎患者日益增多。

5. 生殖系统肿瘤

（1）阴茎癌

阴茎癌是泌尿生殖器肿瘤中较常见的一种，它的发生和包茎或包皮过长伴发慢性感染有密切关系。阴茎癌好发于阴茎头、冠状沟，常以无痛性结节或硬块开始，逐渐增大，多发于中年以后。早期病变常隐匿在包皮深部而易被忽略，肿瘤长大时可发生溃疡，并有奇臭的脓性分泌物，或呈菜花样增生。有些患者由于包皮过长或包茎而难以发现，只有切开包皮并做活组织切片检查，才能确诊。

（2）前列腺癌

随着人们生活水平提高、膳食结构改变以及人均寿命延长，近年来前列腺癌在我国发病率逐年升高。患者在早期常无症状，待肿瘤发展到一定体积，致使膀胱颈部梗阻时，才表现为尿频、尿急、尿流缓慢、排尿困难，以致尿潴留。由于出现症状的前列腺癌多数已为晚期，而且一些患者在早期即有淋巴及骨转移，因此，近年来人们一直在积极探索前列腺癌的早期诊断方法。一般认为前列腺癌早期诊断有以下几项：55岁以上男性应定期做肛门指检及前列腺特异性抗原测定；肛门指检正常而前列腺特异性抗原测定偏高者应做直肠B超检查；对以上三项检查结果有怀疑者应做前列腺穿刺活检；若活检病理检查阳性，应做同位素骨扫描检查，以确定是否有骨转移。

（3）睾丸肿瘤

如果睾丸出现无痛性肿大，经B超检查证实为实质性肿块，则应怀疑睾丸肿瘤，要进一步做放射学检查及肿瘤标志物检查。若明确为睾丸肿瘤，应及早切除，然后根据标本切片、病理检查，接受进一步治疗。

6. 男性生殖系统外伤

（1）睾丸损伤

睾丸损伤可以分为闭合性损伤和开放性损伤。前者常由踢、撞、挤压、骑跨等剧烈动作引起，后者常因枪击、刺穿、撕裂等所致。对于睾丸损伤，除非睾丸已广泛损坏，一般采用保守治疗，可仅做血肿清除，缝合裂伤的睾丸白膜及阴囊引流。如睾丸已坏死，应予以切除。睾丸损伤而未接受睾丸切除者，可由于供血因素或免疫因素造成睾丸萎缩，若双侧睾丸损伤可造成睾丸生精功能障碍，影响生育能力。

（2）尿道损伤

尿道损伤在泌尿系统损伤中比较常见，男性尿道因其解剖特点容易受伤，如果处理不当，会影响排尿及性功能。尿道损伤按病因可分为尿道内损伤（多数为医源性损伤，如应用膀胱镜、尿道镜检查时造成的损伤等）和尿道外损伤（多由暴力引起，常见的有骑跨伤、骨盆骨折合并后尿道断裂等，另外枪弹、弹片或其他锐器都可引起尿道贯通伤、切割伤）。

如果外伤史明确，尿路疼痛，排尿时疼痛加剧，尿道内出血合并有排尿障碍或尿外渗，考虑尿道损伤，病情重者首先应补液防止休克，服用抗生素预防感染，然后立即前往医院接受专业治疗。

（3）阴茎损伤

阴茎损伤常分为挫伤、撕裂伤、切割伤、阴茎脱位、阴茎折断、阴茎海绵体破裂、阴茎绞窄等。阴茎折断可引起阴茎勃起功能障碍及尿道狭窄等并发症。若在受伤后6小时内用手术修复，部分患者的排尿、阴茎勃起、射精及部分皮肤感觉功能可恢复正常。阴茎海绵体破裂主要由外力突然作用于勃起的阴茎所致。采用保守治疗方式一般能取得较好的疗效，但个别患者可出现阴茎持续性勃起或阴茎勃起功能障碍。

（4）阴囊损伤

阴囊损伤后首先判断内容物有无损伤。若仅为外伤，受伤后卧床休息2天，减少阴囊部的悬垂与活动，避免出血加重；在受伤48小时内，用冰块或冰水冷敷阴囊部，刺激血管收缩，减少出血；48小时后改用热敷，促进血液循环，使聚集在阴囊里的淤血尽快吸收。

7. 其他男性生殖系统疾病

（1）精索静脉曲张

精索静脉曲张多发生于20～30岁从事长时间站立职业者，发病率为15%左右。临床表现为阴囊肿大、钝痛、有下坠感，并隐约可见曲张的静脉。病情轻者用提睾带托起阴囊，并常用冷水清洗即可；病情重者需要接受精索静脉高位结扎术。精索静脉曲张是男性不育的原因之一。根据世界卫生组织报道，男性不育患者中，原因为精索静脉曲张的占12.6%。

(2) 阴茎硬结症

阴茎硬结症是一种纤维性海绵体炎，多发生于中年男性。具体表现为阴茎背侧有一个或数个硬的斑块结节或条索状块，在阴茎勃起时阴茎向背侧弯曲，并有疼痛感，严重的可影响性生活。有时患者可出现痛性勃起或阴茎勃起功能障碍。

(3) 鞘膜积液

鞘膜积液是男性常见的疾病，患者阴囊多呈卵圆形肿胀，触之光滑有弹性，但无触痛。鞘膜积液可以分为睾丸鞘膜积液、精索鞘膜积液、睾丸精索鞘膜积液（婴儿型）和交通性鞘膜积液（先天性）。

在胚胎早期，睾丸位于腹膜后第2~3腰椎旁，以后逐渐下降，7~9个月时睾丸经腹股沟管下降至阴囊，同时附着于睾丸的腹膜也下移形成鞘状突，从腹腔到阴囊的通路会关闭。如果没有关闭，医学上又称为膜鞘状突闭锁不全，其结果是腹腔液体在腹压增高时流向阴囊，形成交通性鞘膜积液。如果在精索部位，在腹腔与睾丸两端关闭，则形成精索鞘膜积液。

(4) 阴囊湿疹

阴囊湿疹为湿疹中常见的一种，局限于阴囊皮肤，有时延及肛门周围，少数延及阴茎。临床表现为：呈慢性湿疹状，自觉剧痒，阴囊皮肤皱纹有部分色素脱失，阴囊皮肤水肿性肿胀、结痂及皱裂。该病病程发展缓慢，常多年不愈。

（二）女性生殖系统常见疾病

1. 处女膜闭锁

正常女性阴道口覆有一层较薄的黏膜，称为处女膜，膜的两面均为鳞状上皮所覆盖，其含结缔组织、血管与神经末梢，中央有一小孔，孔的形状、大小及膜的厚薄因人而异，经血自孔中流出。发育过程中，处女膜未有孔隙形成者，就叫处女膜闭锁。

2. 阴道发育异常

(1) 先天性无阴道

先天性无阴道是双侧副中肾管会合后，未能向尾端伸展形成管道所致。一些患者可有尿道生殖窦所演变的浅窝状的盲端阴道。患者因青春期后无月经或婚后性交困难而就诊发现。

(2) 阴道横隔

阴道横隔是双侧副中肾管会合后的尾端与尿道生殖窦相接处未贯通或仅部分贯通所致。完全性阴道横隔较为少见，多数是在横隔中央有一小孔，不影响经血排出。

阴道横隔多无症状，常因婚后性生活不满意或在分娩中被发现。一旦诊断明确，可行手术切开，术后短期放置模型，防止粘连挛缩。临产时发现横隔较厚且位置高者，行剖宫产；如横隔薄且位置低，可在产程中行切开术，但产后应检查切口有无撕裂出血。

(3) 阴道纵隔

阴道纵隔是双侧副中肾管会合后，中隔未消失或未完全消失所致。阴道纵隔位于阴道中央时，形成完全纵隔，常合并双宫颈、双子宫；位于一侧时，形成大小不等的两个阴道，较小的通常被漏诊。大多数阴道纵隔无症状，一般不需要处理。临产时，如果发现阴道纵隔影响胎儿下降，可在纵隔中央切断，分娩后缝扎止血。

(4) 阴道斜隔

阴道斜隔多伴有双子宫、双宫颈畸形。阴道隔膜起于两个宫颈之间，向远侧偏离中线斜行，与阴道外侧壁融合，导致一侧阴道腔为盲端。一般在隔膜的远侧端有一个直径为数毫米的小孔，经血引流不畅，以致常有黑色血液通过小孔溢出，淋漓不断，易误诊为月经不调。也有阴道隔膜完全闭锁，隔后的子宫与外界及对侧子宫完全隔离，经血聚集在隔后的阴道腔内，因该侧子宫常伴发育不全、经血较少、积聚缓慢，隔后阴道腔渐渐隆起，可在阴道侧壁触到囊性肿物，易误诊为阴道囊肿。由于症状不明显，所以病程一般较长。

3. 子宫发育异常

(1) 先天性无子宫

先天性无子宫常合并先天性无阴道，但可有正常的输卵管与卵巢，肛诊时在相当于子宫颈、子宫体的部位，触不到子宫而只能触到腹膜。

(2) 始基子宫

这种子宫极小，仅1～3厘米，多无宫腔，仅为一实体肌性子宫，无子宫内膜，无月经，常伴无阴道。

(3) 子宫发育不良

子宫结构及形态正常，但比正常子宫要小，且常呈极度前屈或后屈姿态。前屈者往往子宫前壁发育不全，后屈者则往往子宫后壁发育不全。这种情况下，宫颈呈圆锥状，较长，外口小，常引起不孕、痛经、月经量过少。

(4) 双子宫

完全分开的两个子宫各连一输卵管、卵巢，常伴双阴道。患者无自觉症状，一般在人工流产时漏刮胚胎或放置节育器后又妊娠的进一步检查中发现。妊娠晚期胎位异常率增加，产程中难产机会增多，以子宫收缩乏力最为常见。

(5) 双角子宫和鞍状子宫

双角子宫属于先天性子宫畸形，可能是因为子宫在生长发育期间，受到外界因素的影响，引起子宫发育异常，一般会出现子宫畸形，同时也会出现子宫异常增大。鞍状子宫是子宫发育异常中的一种，可能是胚胎在发育过程中受到污染的环境刺激，引起发育异常，也可能是因为孕期缺乏某种物质，从而导致子宫发育畸形。双角子宫通常会导致月经异常，如出现月经量增多、经期延长、阴道不规则出血等，严重时还可能会引起子宫破裂、休克等。鞍状子宫会导致月经周期推迟或者闭经，还可能会出现痛经、闭经的现象。如果怀孕，可能导致胚胎发育不稳定，还可能引起流产。

（6）中隔子宫

一般子宫形态正常，但在宫底、宫体甚至宫颈处存在一子宫纵隔，像是宫腔内多了一堵墙，把宫腔分为两个部分。大多数中隔子宫的女性没有任何不适症状，在体检或者因不孕就诊检查时发现。中隔子宫主要对女性怀孕存在影响，可能会导致女性不孕或者一些异常妊娠。

（7）残角子宫

正常子宫与残角子宫各有一条输卵管和一个卵巢，两个宫腔不相通。若残角子宫有正常的子宫内膜，可由于周期性出血形成宫腔积血及周期性下腹痛，甚至血溢出积于盆腔形成盆腔粘连。受精卵的外游可形成残角子宫妊娠，人工流产时无法刮到胚胎，盆腔B超诊断后应立即手术，否则至妊娠16~20周会发生子宫破裂，甚至因大量出血而死亡。

4. 输卵管发育异常

（1）双侧输卵管缺如

常与子宫缺如、残角子宫等类型的子宫畸形并发。

（2）单侧输卵管缺如

常伴有同侧子宫缺如。

（3）副输卵管

副输卵管即在正常输卵管附近有一小型输卵管，近侧端有管腔与主输卵管管腔相通，但也可能堵塞。这些畸形可能会导致不孕或宫外孕，因此应通过手术予以切除，进行修复重建。

（4）输卵管畸形

包括输卵管发育不全、闭锁畸形、先天性闭合。这类畸形常导致不孕或宫外孕，且不易通过手术修复重建。

（5）输卵管中部节段状缺失

这类似输卵管绝育手术的状态，缺失段组织镜下呈纤维肌性，如并存子宫畸形，则妊娠率锐减，并且接受输卵管成形手术后易发生宫外孕。

5. 卵巢发育异常

（1）卵巢发育不全

原发性卵巢发育不全多发生于性染色体畸变女性身上，均为双侧性。也有单侧卵巢发育不全，常伴有同侧输卵管缺如或肾脏缺如。

(2) 卵巢异位

卵巢在发育中受阻，停留在胚胎期的位置而未下降至盆腔，常伴有卵巢发育不良。所有异位的卵巢都有发生肿瘤的倾向，应予以切除。

四、常见的性传播疾病及其预防

性传播疾病是由性接触、类似性接触、类似性行为及间接接触为主要传播途径的严重危害人类身心健康的传染性疾病。1975年，世界卫生组织常任理事会决定用"性传播疾病"代替既往习惯上所称的"性病"。除了梅毒、淋病、软下疳、性病性淋巴肉芽肿和腹股沟肉芽肿等"经典"性传播疾病外，非淋菌性尿道炎、尖锐湿疣、生殖器疱疹、艾滋病、生殖器念珠菌病、滴虫性阴道炎、细菌性阴道炎、性病性盆腔炎、阴虱病、疥疮、传染性软疣等也被列入性传播疾病范畴，总称为新一代的性传播疾病。

（一）常见的性传播疾病

1. 梅毒

梅毒是由梅毒螺旋体感染的慢性全身性性传播疾病，严重危害人类健康。梅毒可分为先天性梅毒和后天性梅毒。梅毒感染不具免疫性，故可重复感染。梅毒的诊断必须经过全面系统地了解病史、体检、实验室检查等过程。梅毒螺旋体抗体阳性则表示既往可能患有梅毒，因为部分梅毒患者终身携带该种抗体，即使治愈也是终身阳性；或者表示目前处于梅毒感染状态。具体情况需要与其他检验结果结合后进一步分析。

2. 尖锐湿疣

尖锐湿疣是由人乳头瘤病毒（HPV）引起的生殖器、肛门周围、会阴部的表皮瘤样增生性疾病。尖锐湿疣主要是通过性接触传染，也可以通过间接污染物传染。感染的潜伏期有1~8月，多数无不适症状，少数有瘙痒、灼痛感，初发时局部出现微小淡红色丘疹，顶端稍尖，渐增大、增多，倾向融合，呈乳头状、菜花状或鸡冠状增生物。

3. 生殖器疱疹

生殖器疱疹是一种由单纯疱疹病毒引起的性传播疾病，可引起皮肤、黏膜及多种器官感染。怀孕女性生殖器官感染单纯疱疹病毒，也能经过阴道垂直感染给胎儿。潜伏期为原发感染后1周左右，大部分无明显症状，少数可伴全身症状，如发热、头痛、肌痛。发作后，局部有多个丘疹、疱疹，可单发亦可密集发作，一般不痛不痒，之后小水疱或脓疱糜烂、溃疡，有痛感，持续1～2周后愈合，血清中可存在抗体，并持续多年，局部症状可经常复发。

4. 非淋菌性尿道炎

非淋菌性尿道炎是由性接触传染的一种尿道炎，临床上尿道炎症状明显，尿道刺痒，伴有或轻或重的尿急、尿痛、尿频或排尿困难，尿道外口溢出少量稀薄分泌物，潜伏期为1～3周或数月，亦有少数患者初期无任何症状，由于发病缓慢，症状不典型，常常延迟治疗。本病可与淋菌性尿道炎伴发，若不及时治疗，可能引起合并症如附睾炎、前列腺炎。

5. 淋病

淋病是由淋病双球菌引起的以泌尿生殖系统化脓性感染为主要表现的性传播疾病。其主要通过性接触传染，也可经污染的衣物间接传染。它是最常见的性传播疾病之一，也是淋菌性尿道炎的简称。

6. 艾滋病

艾滋病又名获得性免疫缺陷综合征（AIDS），其病体是人类免疫缺陷病毒（HIV），主要通过性接触和血液传播。输入被HIV污染的血液或与感染者共用注射器，都会传染。如果怀孕者是HIV感染者，也可以传染婴儿。在高危人群中，性病患者、吸毒者、同性恋者等艾滋病发生率高，潜伏期一般6个月到2年或更长，一般由初发感染携带病毒发展到艾滋病相关综合征，最终发展成为艾滋病。

（二）性传播疾病的危险因素

性传播疾病是世界上流行很广的传染性疾病，其不仅引起泌尿生殖器官及附属淋巴系统的病变，还涉及全身主要器官的病变。除此之外，性传播疾病还可由孕妇传给胎儿，所以，所以我们不能把性传播疾病简单地看作外生殖器的疾病。性传播疾病的流行已成为当今时代一个突出的社会性问题。预防和控制性传播疾病已成为当务之急。

性传播疾病的危险因素主要包括以下几个方面。

1. 个人行为因素

（1）性伴侣数量
性伴侣数量的增加显著增加了感染性传播疾病的风险。
（2）不安全性行为
不采用安全措施（如安全套）进行性行为大大增加了性传播疾病的风险。即使在单一伴侣关系中，如果伴侣一方有外遇或感染史，也会导致疾病传播。

（3）早期性行为

青少年性行为开始得越早，累积的性伴侣数量可能越多，暴露于感染的风险也随之增加。

（4）性行为类型

不同类型的性行为（如阴道性交、肛交、口交）传染风险不同。例如，肛交由于肠道黏膜薄弱，更易造成微小破损，从而增加了病毒和细菌的传播机会。

2. 社会经济因素

（1）教育水平

低教育水平通常与缺乏性教育和预防知识相关，从而导致不安全性行为的发生。教育水平越高的人群，通常对性传播疾病有更深的了解，采取的预防措施也相对完善。

（2）经济状况

贫困与性传播疾病的高发密切相关。经济困难可能导致卫生服务水平较低，性工作者数量增加，以及缺乏购买安全套等预防用品的经济能力。

（3）医疗资源的可及性

在医疗资源匮乏的地区，诊断和治疗性传播疾病的能力有限，导致难以及时发现和治疗疾病，增加了疾病的传播风险。

3. 文化和社会因素

（1）性别不平等

在一些地区，女性在性关系中缺乏自主权，难以坚持采用安全措施，从而增加感染性传播疾病的风险。

（2）社会污名和歧视

性传播疾病在一些文化中被严重污名化，这使得患者不愿意寻求帮助或接受治疗，导致疾病进一步传播。

（3）宗教和道德观念

在一些宗教和文化背景下，性教育和避孕措施被禁止或受到限制，导致不安全性行为的发生率增加。

4. 生物学因素

（1）生物学差异

由于特殊的生理结构，女性比男性更易感染性传播疾病。女性生殖道的结构使得病原体更容易进入体内且难以察觉。

(2) 免疫状态

免疫系统功能低下或受抑制（如HIV感染者）的人更易感染性传播疾病。

(3) 合并感染

已有性传播疾病感染（如梅毒、疱疹）的个体更易感染性传播疾病，因为这些疾病可能导致皮肤和黏膜破损，为病原体的进入提供了机会。

5. 卫生服务利用

(1) 缺乏检测和治疗

在不定期进行性传播疾病检测和治疗的人群中，疾病的传播风险更高。很多性传播疾病在初期无明显症状，只有通过定期检测才能发现和治疗。

(2) 自我治疗和延迟治疗

一些人出于羞耻心理或经济原因，自行购买药物治疗性传播疾病，这可能导致错误治疗或治疗延误，增加疾病传播的风险。

(3) 健康教育和宣传不足

缺乏有效的健康教育和宣传，导致人们对性传播疾病认识不足，预防和早期治疗疾病的意识薄弱。

6. 其他危险因素

(1) 性暴力和强迫性行为

性暴力受害者面临更高的性传播疾病风险，因其在遭受暴力时通常无法采取保护措施。

(2) 酒精和药物滥用

酒精和药物滥用可能导致判断力下降，增加发生不安全性行为的可能性，从而增加感染性传播疾病的风险。

(3) 性工作者

性工作者由于接触性伴侣的频率和数量较高，感染性传播疾病的风险显著增加。未受保护的性行为、缺乏常规健康检查和治疗，都是导致性传播疾病的主要因素。

（三）性传播疾病的预防

1. 一级预防

性传播疾病的一级预防是指保护健康人群不受性传播疾病病原体的感染，达到不发生或降低发生率的目的。这就需要向全社会宣传性传播疾病防治的卫生知识，使人们洁身自爱，并注意性生活卫生，采取屏障性避孕措施。

（1）开展健康教育

要普及性传播疾病的卫生知识，尤其是加强对青少年的性教育，对性传播疾病的传播途径、早期症状及体征、早期诊断、预防与控制措施等进行广泛宣传。通过开展健康教育，普及性传播疾病的防治知识和有关性知识，鼓励患者及时到正规医院就诊。同时，引导人们树立正确的恋爱观、婚姻观和道德观，改变不良行为习惯，也是预防性传播疾病发生和蔓延的重要环节之一。

（2）社会综合治理

性传播疾病的预防和控制离不开社会综合治理。政府必须重视性传播疾病，各部门在各级政府统一领导下齐抓共管、综合治理，创造一个有利于控制性传播疾病的社会环境。

（3）开展性传播疾病监测工作

积极开展性传播疾病监测工作是主动发现患者的重要手段。性传播疾病监测的目的是及时掌握相关地区性传播疾病的流行动态，对不同人群、不同时期、不同地区性传播疾病的发生与流行情况和影响因素进行观察和分析，预测其变动与发展的可能性，评价防治措施效果。在基层，医护人员要做好性传播疾病的监测，严格监测高危人群；要严格执行性传播疾病报告制度，做好及时报告和网络直报工作；要做好公共场所（如浴室、旅馆、游泳池、厕所等）的卫生监督与管理工作。

（4）建立健全性传播疾病防治机制，培训防治人员

基层性传播疾病防治人员必须学习和掌握性传播疾病的诊断和防治知识，可以利用短期培训班、讲座等形式增强基层医护人员对性传播疾病的防治能力。

（5）发挥政府和非政府组织能力

除了建立政府领导、多部门协作和全社会参与的性传播疾病预防和控制体系外，还要发挥非政府组织在预防性传播疾病，禁止卖淫嫖娼、吸毒中所起的重要作用。

（6）做好有关传播途径的消毒卫生工作

做好一些公共传播途径，如浴池、旅馆、游泳池等场所的消毒卫生工作，还要防止血液感染和医院内感染的发生，医务人员应注意自身防护，严格遵守操作规程。

（7）预防接种

通常情况下，用于预防性疾病的疫苗主要有HPV疫苗、乙型肝炎病毒疫苗、肺炎球菌疫苗等。其中，HPV疫苗主要是用于预防人乳头瘤病毒感染，进而预防宫颈癌的发生。大多数人感染性传播疾病后不能得到稳固的免疫力，这成为患者重复感染的主要原因。人们对性传播疾病无先天免疫力，所获得的免疫力也主要为抗病原体的抗体，但其保护力不强。淋病、梅毒、衣原体、软下疳等均不能产生较强的特异性免疫力，这为疫苗的研究和应用带来了困难。

2. 二级预防

二级预防是对性传播疾病患者尽量做到"五早"，即早发现、早诊断、早报告、早隔

离、早治疗。性传播疾病患者要进行及时有效的治疗，并追根溯源检查性伴侣，对可疑者及与患者接触的物品进行常规消毒，以阻断传染源。

（1）早发现、早诊断

在农村基层高危人群中进行筛查，同时追踪患者的传染源及接触者，根据相应的性传播疾病临床表现及医学诊断技术进行诊断。

（2）早报告

大部分性传播疾病属于乙类传染病，发现患者后，除艾滋病外的性传播疾病患者，城镇在12小时内、农村在24小时内报告本级疾病预防控制中心；艾滋病按甲类传染病的要求上报，即城镇在6小时内、农村在12小时内上报。

（3）早隔离

性传播疾病传播方式较多，因此有条件或病情严重的患者应住院隔离治疗，选择居家的要注意做好家庭消毒工作，并在病愈前禁止过夫妻（性）生活。患者必须减少性接触和性暴露的频率，避免感染他人。同时切断性接触以外的其他传播途径，如血液、所用的一切器具等。为了杜绝母婴传播，患有性传播疾病的孕妇最好终止妊娠。

（4）早治疗

目前除极少数性传播疾病（如艾滋病），大多数性传播疾病只要坚持在正规的医疗机构接受正规的治疗是可以治愈的。因此，患者要正确面对疾病，克服心理压力，及时接受正规治疗。

3. 三级预防

规范诊治是预防和治疗性传播疾病的关键。性传播疾病的治疗必须正规、全程、足量，治疗后要追踪观察，以降低病原体产生抗药性的概率，防止疾病转为慢性或进一步引起其他组织器官损害。减少性传播疾病所造成的损伤，减少并发症，改善患者适应生活的能力，避免性传播疾病造成严重的后果，是性传播疾病三级预防的目的和主要内容。

性传播疾病的现患管理主要包括：加强管理，多部门协作，制定相关政策文件；加强健康教育；加强有效的卫生监督、监测及定期筛查；减少性暴露频率；发挥我国三级医疗、预防保健网络优势，建立健全性传播疾病监督、监测和报告系统；与患者建立治疗、保健或保密合同；跟踪随访，关心患者健康。

艾滋病的预防策略包括开展广泛、深入、持续的全民艾滋病宣传教育，安全用血，健全法律法规，加强艾滋病防治中的科学研究，政府提供相应支持等。艾滋病的现患管理主要包括制定相关措施、加强健康教育、关爱HIV感染者和艾滋病患者、加强管理力度等。

> **知识窗**
>
> **新修订的《云南省艾滋病防治条例》，内容有哪些变动？**[①]
>
> 2020年11月25日，云南省第十三届人民代表大会常务委员会第二十一次会议通过了《云南省艾滋病防治条例》（以下简称《条例》）。《条例》于2021年3月1日起正式施行。《条例》共9章60条，分为总则、宣传教育、预防控制、监测与报告、医疗救治、涉外管理与服务、保障措施、法律责任和附则。
>
> 云南省人大教育科学文化卫生委员会主任委员和红梅介绍，新修订的《条例》除了保留原条例中一些行之有效的规范外，强化新形势下艾滋病防治工作的组织领导，建立健全防控体制机制；强化艾滋病预防控制，对不同人群采取相应的综合干预措施、高危人群管控、遵循"知情不拒绝"原则扩大检测范围等进行规定；强调艾滋病防治的宣传教育；突出艾滋病医疗救治；新增艾滋病"涉外管理与服务"章节，体现云南特色。
>
> 《条例》明确，校（院）长是学校（院）防艾知识和性健康教育工作的第一责任人。机关、团体、企业事业单位和其他社会组织在组织健康体检时，应当将艾滋病检测纳入体检服务包。艾滋病疫情严重地区的人民政府应当主动为公民提供艾滋病检测服务。经营性公共场所的服务人员，应当每半年进行一次艾滋病检测。
>
> 此外，结合云南边境线长、便民通道多、边境地区跨境艾滋病防控工作难度大的事实，《条例》新增艾滋病"涉外管理与服务"章节。明确规定，涉边婚姻家庭中的感染者和病人，经医疗机构评估后，可以参加免费的艾滋病抗病毒治疗和母婴阻断服务；合法入境、居留半年以上的感染者和病人，本人愿意并经医疗机构评估后，可以参加艾滋病抗病毒治疗和母婴阻断服务；在口岸和边境通道逐步建立艾滋病检测实验室等。

五、艾滋病咨询和检测

（一）艾滋病咨询

艾滋病咨询是一项涉及传染病控制的咨询服务。咨询员在提供相关艾滋病信息的同时，要注重甄别求助者对艾滋病的不合理认识，并协助其修正，引导其科学合理地认识

[①] 《云南省艾滋病防治条例》3月1日起施行 你关心的热点问题这场发布会给出回应[EB/OL].（2021-02-25）[2024-08-02]. https://www.ynrd.gov.cn/html/2021/lifadongtai_0225/11589.html.

艾滋病，降低焦虑，坦然面对，挖掘潜能，实现自我发展。因此，艾滋病咨询是在理解、平等、信任的咨询关系中，咨询员利用一定的咨询技巧对求助者提供协助和支持的过程。通过谈话，咨询员可以更准确、更深入、更具体地了解求助者的困惑和情绪反应，协助其选择正确的方式面对困难、接受现实、适应新的生活。

参考联合国艾滋病规划署对艾滋病咨询的定义，同时结合我国艾滋病咨询实际工作所涉及的内容，编者认为，艾滋病咨询是求助者和咨询员在保密情况下谈话，使求助者能够应对HIV感染或存在HIV感染风险带来的紧张压力，获得科学知识和心灵成长，能在是否接受艾滋病检测、治疗、转介服务等方面做出决定的过程。

此定义强调以下几点：一是艾滋病咨询始终是围绕求助者展开的，咨询员关注的是求助者的所思、所想、所需；二是两者之间是互动、合作、相互尊重的关系；三是双方都明确了解咨询的目的；四是最终的决定是由获得科学知识和心灵成长的求助者自己做出的。

1. 艾滋病咨询与健康教育的区别

艾滋病的健康教育是通过有计划、有组织、有系统的教育活动，促使人们自愿地采取有利于健康的措施，避免感染HIV，消除或降低HIV感染引起的机会性感染或其他并发症，降低死亡率，提高生活质量，并对教育效果进行评价的过程。艾滋病健康教育的实质是一种干预措施，其内容贯彻了一级预防、二级预防和三级预防的理念，对疾病的防治起着重要的作用。它的受众可以是个体、小组，也可以是团体、人群甚至是全社会成员。艾滋病的健康教育旨在通过特定的教育形式让受众获取准确且对称的信息，从而有效降低HIV的感染和传播。艾滋病咨询常常涉及求助者的隐私，因此保密是重要原则。咨询形式通常是一对一的，面对夫妻或小组时，通常针对有共性的问题进行咨询，涉及个人隐私时，其他人需要回避。咨询的过程也是情感交流的过程，更多的是关注个性化的问题，满足求助者的个人需要。

2. 艾滋病咨询的形式

艾滋病咨询的形式主要包括面对面咨询和通过电话、网络等媒介咨询。面对面咨询可以分为门诊个体咨询、同伴（包括具有HIV感染风险的夫妻、性伴侣、共用针具的伙伴等）咨询、小组咨询。

（1）门诊个体咨询

艾滋病自愿咨询检测通常采用面对面咨询方式。这种咨询通常在门诊进行，内容常涉及个人隐私，求助者和咨询员之间有言语和情感的交流，咨询员可以通过观察和一定的咨询技巧更多地了解求助者，准确把握求助者的问题核心。

门诊个体咨询易于营造保护隐私的咨询环境，利于咨询关系的建立，可以让求助者了解艾滋病相关的准确信息，评估自身存在的与HIV感染相关的危险行为，促进行为改变，自愿选择是否接受HIV抗体检测。

（2）同伴或小组咨询

同伴或小组咨询适用于某一类人群就共同关注的共性问题进行了解和讨论，可以在戒毒所、监管羁押场所、娱乐场所、美沙酮替代治疗门诊、产前门诊、计划生育门诊、艾滋病自愿咨询检测服务点等进行。这些场所人群相对集中，提供同伴或小组咨询较为方便、可行。其主要特点有以下几个方面。

一是咨询的内容具有共性，即存在HIV感染风险的共性问题，主要由咨询员讲解，也可回答个性化的问题，但不涉及个人隐私。

二是咨询的主要目的是让参与者尽可能多地了解艾滋病相关信息，评估共同存在的与HIV感染相关的危险行为，倡导安全性行为，促进求助者改变危险行为，使其做出是否接受HIV抗体检测的决定。

三是同伴或小组咨询相对节省人力和时间，还可以促使同伴之间相互启发、相互影响，加深对艾滋病相关信息的理解和把握。

四是同伴或小组咨询无法营造保护隐私的咨询环境，建立的咨询关系也是不对称的，情感交流少，很难得到有关个人高危行为的详细信息，无法有针对性地给予个体帮助和支持。

（3）媒介咨询

艾滋病咨询还可以通过电话、信函、网络等媒介进行。其主要特点有以下几个方面。

一是方便、快捷，不受时间、空间、地点的限制，求助者相对容易操作和控制。

二是求助者可以随时、多次、有选择性地进行咨询，也无须明确自己的角色。

三是求助者和咨询员不见面，可以减少求助者咨询时的紧张和尴尬，且可以满足求助者不暴露自己的心理。

四是媒介咨询局限于文字和声音，咨询员无法通过观察肢体语言了解求助者、与求助者进行深入交流，这在一定程度上影响了良好咨询关系的建立，从而导致深入且有针对性的行为干预措施难以实施，影响咨询的整体效果。

五是咨询员无法评估求助者所提供信息的真实性和可靠性，无法明确求助者的真实角色。

六是咨询员难以提供有效的情感支持，特别是对一些HIV感染者。

七是咨询后无法尽快获得HIV抗体检测服务。

因此，媒介咨询更适合个人敏感问题的讨论、个性化知识信息的提供、行为指导和转介服务，而不适合提供艾滋病的诊断性结论、疾病的药物治疗方案及相关疾病检测的结果等。此外，咨询员在媒介咨询中不宜对外院医生的诊断、检查和治疗进行评价，对一些有心理问题的求助者应及时提供转介服务，利用咨询技巧及时终止咨询。

（二）艾滋病检测

1. 病原学原理

艾滋病是一种由于机体感染人类免疫缺陷病毒（HIV）引起的全身性传染病。法国巴斯德研究所在发现艾滋病两年后即1983年就分离出导致艾滋病的病毒，即人类免疫缺陷病毒。HIV属于反转录病毒科慢病毒属，主要攻击人体的辅助性T淋巴细胞系统，一旦侵入机体细胞，病毒将和细胞整合在一起，终身难以消除。HIV广泛存在于感染者的血液、精液、阴道分泌物、唾液、尿液、乳汁、脑脊液、有神经症状的脑组织液中，其中以血液、精液、阴道分泌物中的浓度最高；HIV对外界环境的抵抗力较弱，对乙肝病毒有效的消毒方法对艾滋病病毒也有效；艾滋病病毒的基因组比任何一种已知病毒都复杂。

HIV颗粒直径约100纳米，大致呈球形，由位于中心的病毒壳核心与其外的包膜构成。艾滋病病毒的基因组是两条相同的正链RNA，全长约9.7千碱基对，包含结构基因、调节基因、辅助基因。

2. HIV感染的自然史

感染HIV后，人体免疫系统的功能将逐步丧失，最终出现各种机会性感染和艾滋病相关肿瘤。HIV感染的自然史受宿主和病毒双重因素的影响，宿主和病毒的差异使得不同感染者有不同的自然史。从感染HIV至发展成为艾滋病的平均时间为8~10年。机体感染HIV后，不能彻底清除体内的病毒，从而形成终身、慢性HIV感染。HIV感染的疾病进程可分为急性感染期、无症状感染期及艾滋病期三个阶段。

（1）急性感染期

在最初感染HIV的2~4周，血液循环中存在高滴度的游离病毒，病毒载量可达到每毫升100万拷贝。高滴度的病毒血症往往伴随高效价的p24抗原和临床症状的发生，如发热、咽痛、皮疹、肌肉关节痛、淋巴结肿大、头痛、腹泻、恶心、呕吐，但也有部分感染者无症状。感染病毒3~6周后可以检测到抗体，先检测到抗gp160和抗p24，接下来是抗gp120和抗gp41。病毒包膜抗体（如gp160和gp41）终身携带，但p24抗体反应可能在疾病的晚期转变为p24抗原血症或p24抗原和抗体均阴性。

在急性感染期，抗体由阴性转为阳性，阴性的这段时间被称为窗口期。窗口期没有固定的时间，其随方法不同而变化，随试剂水平提升而缩短。急性感染期CD4+T淋巴细胞绝对数会出现过度降低，甚至降至每立方毫米300个以下的水平，随后上升，但是无法恢复到感染前的水平。

（2）无症状感染期

在无症状感染期，机体免疫系统与HIV处于相持的阶段，患者免疫功能逐步降低但尚未严重受损，伴有部分感染性和非感染性疾病的临床表现，但无艾滋病指征性疾病。根据CD4+T淋巴细胞绝对数的高低，可以将无症状感染期分为两个阶段。

在第一阶段（CD4+T淋巴细胞数大于等于每立方毫米350个），无症状或出现一些A组的临床表现，如脂溢性皮炎、带状疱疹、口角炎、结节性痒疹等。

在第二阶段（CD4+T淋巴细胞数大于等于每立方毫米200个而小于每立方毫米350个），出现一些B组的临床表现，如反复的上呼吸道感染、口腔念珠菌病、复发性口腔或咽部溃疡、肺炎、反复性生殖器疱疹等。

（3）艾滋病期

艾滋病期是感染HIV后疾病进程的最终阶段。CD4+T淋巴细胞数低于每立方毫米200个，临床上出现各种艾滋病指征性疾病（C组临床表现），包括严重HIV消耗综合征、严重的机会性感染、HIV相关肿瘤和中枢神经系统病变等。未经治疗的平均生存时间为2~3年。

> **知识窗**
>
> 防艾工作的三个"90%"和"两个消除"目标
>
> "三个90%"即90%的艾滋病病毒感染者通过检测知道自己的感染状况，90%已经诊断的艾滋病病毒感染者接受抗病毒治疗，90%接受抗病毒治疗的艾滋病病毒感染者的病毒得到抑制。
>
> "两个消除"目标即消除血液传播、消除母婴传播。这是世界卫生组织和联合国艾滋病规划署确定的全球公共卫生目标，也是控制艾滋病流行实现"零艾滋"的必由之路。

（三）样品的采集和处理

1. 采样前的准备

应根据检测项目的具体要求，确定采样的种类、处理保存及运输的时限和方法，按照临床采血技术规范的要求操作，遵守生物安全要求。要检查所需物品是否备齐，是否在有效期内，有无破损，是否足量，特别应检查受检者信息与样品容器表面的标记是否一致，并注明样品采集时间。选择合适的室内（外）采血空间，受检者坐（卧）于合适的位置，准备采血用具、皮肤消毒用品、采血管及试管架、硬质废弃物容器等。

应制定样品编码的标准操作程序，规定样品编码的原则和方法，为样品制定唯一性编码（编号）。采血前，先对装有样品的离心管或滤纸进行标记，核对后编码。要将标签贴在试管的侧面,最好使用预先印制好的、专门用于冷冻储存的耐低温标签。应使用专门的样品记录本或登记表记录样品,同时录入电脑保存。

2. 样品的采集和处理

(1) 血样的采集和处理

① 抗凝全血的采集。消毒局部皮肤,用加有抗凝剂(EDTA钠盐或钾盐、柠檬酸钠、肝素钠)的真空采血管抽取适量静脉血,或用一次性注射器抽取静脉血,转移至加有抗凝剂的试管中,轻轻颠倒混匀6~8次,备用。

② 末梢血的采集。消毒局部皮肤(成人和1岁以上儿童可选择耳垂、中指、无名指或食指,1岁以下儿童选择足跟部),用采血针刺破皮肤,用无菌纱布擦掉第一滴血,收集滴出的血液,备用。

③ 血浆。将采集的抗凝全血1500~3000转/分离心15分钟,上层即为血浆,吸出置于合适的容器中,备用。

④ 血清。根据需要,用一次性注射器抽取5~10毫升静脉血,室温下自然放置2小时,待血液凝固、血块收缩后再用1500~3000转/分离心15分钟,吸出血清,置于合适的容器中,备用。

采血完成后的穿刺针头必须丢弃于尖锐危险品容器,妥善处理,防止发生职业暴露。全血处理后,废弃的红细胞等必须置于专门的废弃物容器,妥善处理。

(2) 尿液及唾液的采集和处理

① 尿液的采集。使用清洁的容器收集尿液。女性应避开月经期。尿液样品可以在2℃~8℃下存放,存放时间、是否冻存及是否添加防腐剂以试剂盒说明书为准。

② 唾液的采集。使用试剂盒提供的容器收集唾液样品。存放时间和是否冻存以试剂盒说明书为准。

3. 样品的保存、运送和接收

(1) 样品的保存

艾滋病自愿咨询检测中通常检测的是HIV抗体,少数兼做抗原的检测,用于抗体和抗原检测的血清或血浆样品如在短期(1周)内进行检测,可存放于2~8℃的环境中;若存放1周以上再进行检测,应存放于-20℃以下的环境中,保存要有记录。

艾滋病检测筛查实验室检测的筛查阳性样品应及时送确证实验室,筛查阴性样品,可根据具体需要决定保存时间,建议至少保存1个月。特殊用途或专项项目的样品根据具体要求确定保存时间。艾滋病检测确证实验室收到的筛查阳性样品,无论确证结果如何,均应将剩余的样品保存至少10年,特殊用途或专项项目的样品根据具体要求确定保存时间。

(2) 样品的运送

样品的运送应符合生物安全要求,应按照世界卫生组织的标准采用三层容器对样品进行包装，要获得相关部门批准并由具有资质的人员专程护送，随样品应附有与样品唯一性编码相对应的送检单。送检单应标明受检者姓名、样品种类等信息，并放置于第二层和第三层容器之间。用于抗体和抗原检测的血清和血浆样品应在冻存条件下运送。运送样品必须有记录。

第一层容器直接装样品，应防渗漏，样品置于带盖的试管内，推荐使用螺口塑料管，试管上应有明显的标记，标明样品的唯一性编码或受检者姓名、种类和采集时间，在试管的周围应垫有缓冲吸水材料，以免碰碎。第二层容器容纳并保护第一层容器，可以装若干个第一层容器，要求不易破碎、带盖、防渗漏、容器的材料易于消毒处理。第三层容器为容纳并保护第二层容器的运输用外层包装箱，外面要贴上醒目的标签，注明数量、收样和发件人及联系方式，同时注明"小心轻放、防止日晒、小心水浸、防止重压"等字样，还应易于消毒。

（3）样品的接收

样品包裹必须在具有处理感染性材料能力的实验室内，由经过培训的、穿戴防护用品的工作人员在生物安全柜中打开，用后的包裹应及时消毒。工作人员核对样品与送检单，检查样品管有无破损和溢漏，如发现溢漏，应立即将尚存留的样品移出，对样品管和盛器消毒。检查样品的状况，记录有无严重溶血、微生物污染、血脂过多及黄疸等情况。如果污染过重或者确认样品不能使用，应将样品安全废弃，并将样品情况立即通知送样人。接收样品时应填写样品接收单。

> **知识窗**
>
> **七位被宣布治愈的艾滋病患者**[①]
>
> 全球第七位艾滋病治愈者出现了。在2024年7月于德国慕尼黑举行的第25届国际艾滋病大会上，研究人员报道了一位60岁的德国男子，在接受干细胞移植后的近6年随访中，未再检测出艾滋病病毒（HIV）。
>
> 该男子是第二位移植了对病毒没有抗性的干细胞的人。第一位则是著名的"柏林病人"——全球首例被治愈的艾滋病人Timothy Ray Brown。Brown因身患白血病而接受骨髓移植后未再出现艾滋病病症。他接受了特殊的供体干细胞移植，后者携带了编码CCR5受体的基因突变，而大多数HIV毒株都通过CCR5入侵免疫细胞。因此，在许多科学家看来，CCR5是治愈艾滋病的最佳靶点。
>
> 而与Brown不同的是，此次报道的这位60岁的德国男子，也称"下一位柏林病人"，从一位只有一个突变基因拷贝的捐赠者那里获得了干细胞，这意味着他们的细胞确实能够表达CCR5，但低于正常水平。

[①] 近6年未复发，第7位艾滋病治愈者现身[EB/OL]．（2024-07-29）[2024-08-02]．https://mp.weixin.qq.com/s/U9x9mK7Q288e3oA3mpne4Q．

澳大利亚彼得·多尔蒂感染与免疫研究所所长、传染病医生Sharon Lewin表示,该病例给出了一个明确信息,即治愈艾滋病"并不完全取决于CCR5"。

"下一位柏林病人"于2009年被诊断感染了HIV,并于2015年患上了急性骨髓性白血病。当时,他的医生没找到在CCR5基因的两个拷贝中都存在突变的干细胞捐献者,但发现了一位只有一个突变基因拷贝的捐赠者,并安排患者接受了干细胞移植。

"癌症的治疗效果非常好。"德国柏林夏里特医学院物理学家和免疫学家Christian Gaebler介绍,不到一个月,患者的骨髓干细胞就被捐赠者的干细胞取代了。该患者于2018年停止服用抑制HIV的抗逆转录病毒药物。现在,将近6年的时间过去了,研究人员没有发现HIV在患者体内复制的证据。

据悉,之前尝试从具有正常CCR5基因捐赠者处移植干细胞治疗艾滋病的事例中,除一人外,其他人在停止服用抗逆转录病毒药物的几周到几个月后,体内均再次检测出HIV。研究人员一直试图弄清楚为什么只有这两例移植治疗成功了,而其他的都失败了。

对此,研究人员提出了机制猜想:抗逆转录病毒治疗使体内的病毒数量大幅下降,而干细胞移植前的化疗会杀死宿主的许多免疫细胞,使病毒失去潜伏的地方。与此同时,移植的供体细胞可能会将剩余的宿主细胞标记为外来细胞,并将它们与藏匿其中的病毒一起消灭。因此,捐赠者的骨髓干细胞快速并完全地替换了艾滋病患者的骨髓干细胞,这可能有助于迅速根除病毒。

美国加利福尼亚大学圣地亚哥分校研究HIV的Sara Weibel说,该病例"增加了治疗艾滋病的可能性"。

健康躬行

1. 热身活动:可怜的小猫

活动时长:15分钟。

活动目的:活跃气氛,促进成员熟悉,建立良好的团体氛围。

具体操作:成员围坐成圈,一人在圈中扮演小猫。"小猫"走到任一成员面前,蹲下身体,学猫叫。对面的成员要用手抚摸"小猫"的头,并说:"哦!可怜的小猫。"不能笑,一笑就算输,要成为新的"小猫"。如果游戏中抚摸者不笑,则小猫要叫第二次,抚摸者还不笑,再叫第三次。再不笑,就必须寻找别的成员为对象。

2. 理想爱情

活动时长：10分钟。

活动目的：帮助成员了解自己对爱情的认识，知道自己想要的爱情类型。

具体操作：将事先制作好的卡片分发给每位成员；每位成员要在卡片上至少用10个词、三句话描述自己心目中理想爱情的特征。

3. 思考爱情

活动时长：20分钟。

活动目的：帮助成员澄清对爱情的认识，了解成功爱情的因素。

具体操作：用主动请缨、报数或成语接龙的方式活跃气氛；报错数或接错成语的成员向大家表述自己"成功走向爱情"的经历或想法（每人不超过2分钟）。

4. 请求与拒绝

活动时长：30分钟。

活动目的：帮助成员学会如何主动追求爱情与如何面对拒绝，面对不适合的爱情如何拒绝。

具体操作：成员两人一组，面对面站好，其中一人要大声向对方表达爱意，请求对方成为其恋人，另一方要予以拒绝。要求目光直视对方，时长为3分钟；互换角色；成员讨论、分享活动中的体会和感受。领导者引导成员懂得面对爱情要自信，不仅需要表白时的大胆，也需要拒绝时的果断。

5. 分享

活动时长：20分钟。

活动目的：引导成员分享、讨论怎样延长爱情保鲜期；帮助成员懂得恋爱中不责备、不躲避、不委曲求全，要学会包容与自省。

具体操作：引导成员分享自己的感受，如果需要可以用适当的音乐为背景。

6. 结束活动

活动时间：10分钟。

活动目的：帮助成员整理收获，促进成员团体经验的迁移。

具体操作：请成员分享本次团体的收获；领导者总结本次团体活动，鼓励成员将团体收获带入以后的爱情生活；领导者祝福成员；带领成员同唱歌曲《最浪漫的事》。

健康拓展

一、阅读欣赏

一个艾滋病患者的抗争[①]

在西班牙大约生活着15万名艾滋病人，佩罗就是其中之一。在他25岁那年感染了这种可怕的病毒后，遭受了18年的折磨，但依旧坚强地生活着。他想告诉人们：艾滋病会让一个人失去一切，工作、家人、朋友……但是，请社会不要歧视艾滋病人，给他们更多的关爱和理解！

1996年，佩罗才25岁，有一段时间总感觉自己关节疼痛。当他的母亲得知后要带他去医院，他却不愿意，想着吃点止疼药就好。

"我很肯定自己得了艾滋病，但我不想去医院，我害怕家人知道我的'同志'身份。长时间的焦虑、紧张、抑郁让我难过了好久。"佩罗说，"但母亲最后还是知道了，她从1980年开始就在一家工厂工作，她见过很多年轻人'有这种情况'，母爱让我逐渐变得坚强。是的，我要坚强地活下去。"

事实上，当佩罗患上艾滋病后遭受了一连串打击，他失去了工作、同志伴侣。但母爱以及医生的关怀，让他从人生低谷中逐步走了出来。

佩罗说："那时的我已经'失去一切'，已经没什么好怕的了！医生叮嘱我远离'同志圈'，让我打起精神，不必感到羞耻。在服药抑制病毒的同时，要做一个正常的人，保持好的生活规律与习惯。"

18年来，佩罗始终乐观对待自己的人生，没有让病情进一步恶化。现在，作为平面设计师的他专为不同商业机构设计各种平面广告。

患艾滋病多年，佩罗的情绪总是起伏不定，在接受医生的心理辅导后，他慢慢平静下来，并认真思考未来的生活。除了平面设计工作，他还在业余时间学习心理学，并在2017年获得了心理学学士学位。

佩罗坚强生活18年的故事打动了西班牙国家艾滋病协调员组织，该组织将佩罗的故事拍成了视频，在世界艾滋病日推广宣传，鼓励人们乐观向上，也呼吁人们不要歧视艾滋病人。

最后，佩罗坚定地说："所有人都应该努力让艾滋病人知道，情绪可以调节，科技可以让我们找到更好的药物，我们可以和正常人一样生活，赢得尊重。"

[①] 这个西班牙同性恋者与艾滋病抗争了18年，今天我们来听听他的故事[EB/OL]．（2018-12-02）[2024-08-02]．https://www.163.com/dy/article/E20I5OIQ0514BIJT.html．

二、推荐书目

【书名】

《李银河说性》（封面见图6-3）

【作者】

李银河

【出版社】

北方文艺出版社

【出版时间】

2006年2月

【内容简介】

图6-3　《李银河说性》封面

本书是李银河关于"性"话题的经典作品的自选合辑，代表了李银河作为性学专家的几乎全部主要观点。作者试图在与性有关的问题上传播一种冷静、客观、理性和正确的观察视角和理念，期望人们能够改变一些错误的性观念，从而提高生活的质量，享受快乐的人生。

李银河对性的理解科学而前卫，她的观点融中西文化于一体，对于中国社会当前的性状况认识深刻、透彻，这也使得她对于在中国当前社会状态以及在中华历史文化的大背景下，如何引导和教育民众正确认识和对待性，如何使中国人民的性观念符合科学的观念，有独到的见解和中肯的评论。

【相关书目】

① 肉唐僧：《被劫持的私生活：性、婚姻与爱情的历史》，山西人民出版社，2017年。

② 李银河：《李银河自选集》，内蒙古大学出版社，2006年。

③ 徐明、王红枫：《大学生性与生殖健康教育教程》，阳光出版社，2012年。

三、电影赏析

【片名】

《最爱》（剧照见图6-4）

【剧情简介】

故事发生在20世纪90年代中国一个偏僻落后的山村。在利益驱使下，村民不惜卖血赚钱，却感染了世纪绝症艾滋病。老柱柱的长子赵齐全丧尽天良，他作为"血头"成为村里最先富起来的人，为此牺牲村民乃至家人也不悔改。心怀愧疚的老柱柱将染病并受到歧视的村民集中到废弃的小学统一照顾，一同前往的还有他的次子赵得意。无人垂怜的死亡孤岛，病者在生命最后一刻还在心中贪欲的驱使下钩心斗角，令人全然看不到半点希望。在此期间，赵得意和堂兄弟小海的媳妇琴琴惺惺相惜、互生爱意。本就饱受歧视的二人，此刻更成为背叛了全世界的恶人。生命一点点流逝，他们依旧全力奔跑，追逐渺小易逝的可悲幸福。

图6-4 《最爱》剧照

【相关影片】

① 《成长教育》

② 《东京日和》

青少年性心理健康量表

第六章拓展资源

第七章 生命教育

健康绪言

用双手触摸音符，用爱教化育人①

2024年3月18日晚，昆明剧院迎来了一场别开生面的经典电影主题音乐会。这场音乐会汇集多部经典电影的配乐，其美轮美奂的舞台效果和现场演奏的完美融合，让听众身临其境，沉醉于音乐的世界。在这场音乐会的背后，有一位特别的演奏家，他是云南经济管理学院艺术与传媒学院音乐教研室教师，也是中国首位盲人小提琴演奏家——小张。

1991年，小张出生于云南，由于视网膜无色素病变，他自出生便失去了视力。然而，这一先天性缺陷并没有阻止他对世界的好奇与探索。相反，这成为他走上音乐道路的重要契机。小张自幼对小提琴表现出浓厚的兴趣，他痴迷于音符交织的世界，想象着其中的各种人物和故事，并竭力想要通过自己的双手去触摸和创造属于自己的音乐世界。

起初，小张的音乐梦想并不被亲人认可。家人更希望他学习盲人按摩这种更为实际的技能。然而，小张没有妥协，他希望通过自己的努力来掌握命运。父亲最终决定支持他的选择，但也提醒他，这条路将充满艰辛与挑战。于是，从初中开始，小张便每天花十个小时练琴，通过自己的努力一步步接近音乐的梦想。

在学习小提琴的过程中，小张面临许多常人难以想象的困难。由于无法看五线谱，他需要通过盲文来学习曲谱，每一条音阶、每一首练习曲都需要先翻译成盲文再背下来，才能开始练习。尽管如此，小张从未放弃，他每天除了练琴几乎

---

① 盲人小提琴家张哲源：用双手触摸音符，用爱教化育人[EB/OL].（2023-03-30）[2024-08-02].https://mp.weixin.qq.com/s/fdUYRF9vFPl92SQCOzgHqw.

没有任何消遣。这种生活虽然单调，但他感到非常幸福，因为这正是他所选择和热爱的。

2010年，小张考入中国残疾人艺术团，开始跟随艺术团在世界各地演出，累计出访近30个国家。然而，他并没有满足于现状，而是不断追求更高的目标。为了提升自己的专业水平，小张决定辞去艺术团的工作，前往中央音乐学院继续深造。那段日子里，他白天蹭课学习，晚上到酒吧兼职拉琴，以此维持生计。

2014年，小张参加了中央电视台钢琴小提琴大赛，进入全国六强。这次比赛极大地提升了他的信心，让他更加坚定了在专业上潜心学习的决心。随后，他决定前往古典音乐的发源地欧洲继续深造。要去欧洲，首先需要克服语言障碍。小张开始自学英语，通过盲人语音软件辅助阅读，从最基础的新概念英语开始，逐步提高自己的语言能力。

经过几年的努力，2019年，小张考入英国谢菲尔德大学，开始了硕士研究生的学习。在谢菲尔德大学，他的专业和学术成绩一直名列前茅，然而，突如其来的新冠疫情打乱了他的规划。尽管如此，小张并没有停下追求梦想的脚步。

疫情期间，身处异国他乡的小张开始思考自己能为祖国做些什么。他与同学们一起发起了一场慈善募捐音乐会，通过音乐会筹集善款，购买防疫物资寄回国内。他表示，作为一位艺术家，不仅要沉浸在艺术世界中，更要承担起社会责任。

2020年，小张以专业第一的成绩毕业回国，来到云南经济管理学院艺术与传媒学院任教，教授音乐史、音乐理论等课程。在教学过程中，他通过专门为视力障碍人群开发的语音屏幕朗读软件编写教学材料、批改作业和试卷。尽管面临许多困难，但小张表示，自己将在教书育人的道路上坚定不移地走下去。

小张的人生故事不仅展示了他在音乐上的非凡成就，更展示了他面对困难时的乐观信念和对自由的向往。他用自己的努力和智慧，把命运的牌打好，成为许多人的榜样，激励更多人勇敢追求自己的梦想，不畏艰难，坚定前行。

健康求知

人固有一死，或重于泰山，或轻于鸿毛。

——司马迁

盛年不重来，一日难再晨。及时当勉励，岁月不待人。

——陶渊明

人生自古谁无死？留取丹心照汗青。

——文天祥

一、解读生命密码

我们为了什么而活？活着有什么意义？估计很多人都曾这样问自己。法国著名文学家雨果曾说：人有了物质才能生存，有了理想才谈得上生活，你要了解生存与生活的不同吗？动物生存，而人则生活。也就是说，人不仅要有自然属性的"活着"，更要追求精神属性的"活着"，活出一定的价值和意义。

古希腊哲学家苏格拉底认为，生命中最有价值的事情莫过于生命本身；米兰·昆德拉在其著作《不能承受的生命之轻》中告诉我们生命因为负重前行而显得有意义。放眼整个宇宙，人的生命是渺小而短暂的，如何在有限的生命中实现生命的价值，是我们每个人每日每时都在用行动回答的哲学问题。人对事物的追求是无限的，而人生有涯，以有涯追逐无涯，反而有无限的境界，这恰恰也是生命的价值。

《哈姆雷特》中的经典台词"To be or not to be, that is a question"（生存还是毁灭，这是个问题），引发了人们对生命的思索与追问。大学生也常常将"生命"一词挂在嘴边，似乎人人都知道生命，却又好像对其一无所知——生命到底是什么？生命从何而来，又向何而去？生命，仅是对自己负责吗？我们该以怎样的态度与方式来对待生命？

（一）生命的定义

生物学认为生命泛指由有机物和水构成的一个或多个细胞组成的一类具有稳定的物质和能量代谢现象、能回应刺激、能进行自我复制（繁殖）的半开放物质系统。生命个体都要经历"出生—成长—死亡"的阶段。

心理学中所讲的生命的内涵比生物学要丰富得多。人不是植物，也不是动物，而是一个复杂的生命体。动物的生存是为了繁衍，而人生存的目的和意义比繁衍后代要丰富得多。人有更多的心理需求。人的生命全过程就是由一次次生命活动组成的。一次次生命活动的质量决定了人的生命全过程的质量，个人重视每一次生命活动的质量就是重视生命全过程的质量。

1. 生命的特征

凡事都是矛盾的统一体，生命也不例外。

（1）生命的共同性与独特性

广义的生命是生物体所具有的存在和活动的能力。具体到人的生命，则是由生理生命、心理生命和社会生命三个部分紧密联系、相互作用而成。这就是生命的共同性。然而，每个生命又是独特的，这仅从生物学角度就可见一斑，在人类的生殖细胞中，通常每个人身上有23对染色体，内部包含3万～5万个不同的基因，卵子与精子结合的过程

中，数万个基因重组，不会重复，也不会相同，每一个个体生命都是独一无二、不可再现、无可替代的。因此，人本主义哲学家弗洛姆指出，人只有实现自己的个性，才能正视整个人类普遍的经验。人一生所要完成的恰恰是既要实现自己的个性，又要超越自己的个性，达到普遍的经验这样一个充满矛盾的任务。

（2）生命的有限性与无限性

人在世界上存活的时间是有限的。一个人的寿命有长有短，高寿者也不过八九十岁，虽然世界上有超过百岁的寿星，但毕竟是少数。而且，在人的一生中，任何一次闪失、任何一次天灾人祸，都可使其生命从这个世界消失。但是，自然生命的有限性，并不能阻断人类精神生命的无限性。正如国学大师钱穆所说，身生命极短暂，仅限于各自的百年之寿；心生命可悠久，常存天地间，永生不灭。这种永存是通过个体在有限的生命里创造不朽的价值来实现的。如孔子立德立言，终为万世师表；李白行走作诗，终创千古绝句。身的温饱是短暂的，而心的安宁则是长久的。身体的享受难以与人分享，而心的收获则可以在分享中不断充实。

（3）生命的规定性与自由性

人从呱呱落地的那天起，就具有了人类的所有特性，这是自然的规定。人的一生也不可能无所顾忌、为所欲为，这是社会和道德的规定。但是，这些规定性并不能掩盖生命的自由性。人的生命是在自由中展开的，自由是人的生命的最基本、最自然的要求。人类的生活道路只能由自己去筹划、去选择、去确立——人类正是通过自主的活动促成了自我的发展。人类还要追求更高级的自由，如人格自由、精神自由等。自由性对人类的生命之所以如此重要，是因为其意味着尊严，也是人类最深刻的人性需要。

生命的特性决定了生命的无价，正如日本思想家池田大作所说的，最崇高、最尊贵的财富，除了生命之外断无他物。

2. 人类生命的二维四重性

人的生命相当复杂、奥妙无穷，定然不是上述几个特点所能囊括的，比如它的能动性与受动性、包容性与适应性等，都值得我们继续观察和思考。在有关人类生命各种基本属性的描述基础之上，我国学者郑晓江提出了人类生命的二维四重性理论，试图对生命的不同面向进行概括。他认为，生命首先可以分出两个维度，即实体性生命和关系性生命，其中关系性生命又可再分为三个不同的方面（即血缘性亲缘生命、人际性社会生命、超越性精神生命），因此，生命有两个维度、四重属性（即实体性生命为一重属性，关系性生命有三重属性）。以下简单介绍这四重属性。

（1）实体性生命

实体性生命又称"自然性生命"，人类经历数百万年的进化，适应了自然界的变化，成为现在的人。在人的生命创生的过程中，我们知道人的生命是宇宙长期演化的结果，也是天地的"精华"，因此，我们必须对生命持敬畏之心。

(2) 血缘性亲缘生命

任何一个生命都不是凭空诞生的，一定是父精母血孕育而成，人由此传承了父母的血脉，同时繁衍了子孙后代，这就使人的生命与前辈建构了关系，也与后辈密不可分。人在获得生理性血缘生命的同时，也传承了亲缘性，而父母遗传的亲缘不是纯生理或自然的，而是千百年来人类文化与文明凝聚而成的。换句话说，人类在实体生命层面也与动物的生命截然不同，因为其血缘中包含亲缘性。这种血脉相承的血缘关系铸就了人的生命在生物复制与社会复制两方面的延续性。实际上，人在生时不可能拥有一切，在死后也不等于什么都没有了。人们生儿育女，子女的生理性血缘生命就是父母的生理性血缘生命在世界上的延续，长辈的基因和形象将因此永久地保留在代代相传的子女身上，长辈的观念、精神也将长久地留在晚辈的记忆之中。这也是对死亡的一种存在意义上的超越。所以，人即使死去，子孙后代也延续了他的生命，从这个意义上看，人的血缘性亲缘生命以基因的方式得以不朽。

(3) 人际性社会生命

人是社会的人，人与社会其他人和组织结成复杂的关系，其生命必然打上社会的烙印，这就是人际性社会生命；反之，一个完全脱离了社会的人，将不能成为真正的人。生命体一定要与外界进行物质和能量交换才能生存。人生在世，除了要摄取、消化、吸收、排泄物质以维持个体存活与成长外，还要与社会各方面的人交换信息、意见、思想、观念等，以维持人际性社会生命。这种与他人、社会的关系可以延续到个体生理生命终结之后，也就是说，即使一个人离开了世界，如果有很多活着的人想着他、提到他，则其人际社会生命还存在着。

(4) 超越性精神生命

人类与动物的最大区别或许就在于人类具有超越性精神生命，包括人的精神、意识、思维、心理等。人的精神生命最重要的特征即超越性，人的思想既可上溯无穷之前，亦可延续亿兆年之后；既能思考实体性物质，又可以创造出自然所没有的无穷无尽的精神世界。所以，人们如果在生前能够创造出丰富的精神产品，在逝去后仍然让无数人受益，造福社会，推动历史发展，那么，其生命将以精神创造出的价值方式永远延续。

以上就是人类生命的二维四重性理论对生命本质的诠释。可是，在现代社会中有许多人误认为，拥有了电脑的信息世界就有了一切，沉溺其中不能自拔，置血缘性亲缘生命和人际性社会生命于不顾。这种人生模式当然是有问题的。

在商品经济社会，也有一些人持金钱至上的错误理念，甚至不惜与亲人、朋友、社会各界人士产生剧烈的摩擦，这是只注重实体性生命的品质而置血缘性亲缘生命和人际性社会生命于不顾，也不是一种好的人生模式。

还有一些人受中国传统文化"伦理至上"观念的影响，只看重自己在社会关系中的地位及在他人眼中的形象，而置自我的生存状态于不顾，即便伤身害体也在所不惜，这是只重人际性社会生命而忘记了实体性生命的重要性，也不是一种良好的人生模式。

无论是自愿还是不自愿、自觉还是不自觉，我们都生于父与母的关系之中，也都是

在既有的社会文化与文明的氛围中成长的。而生命的变异现象在人的身上，绝不仅仅意味着子辈与父辈在血缘性亲缘生命上的差异性，更要求我们在继承原有文化与文明传统的基础上，充分展示我们的社会创造力，为人类社会的发展、文明的进步增添一些新的东西，让下一辈人能够生活得更好。这既是我们每一个人所肩负的社会责任，也是生命进化的内在要求。人生命的存在就意味着责任，其"生"有责任，其"去"也有责任。生是偶然的，死是必然的。生命本身是脆弱的，每一个人都应该有顽强的意志和毅力去感受生命的美好，实现生命的价值。

（二）生命的过程

个体生命从受精卵开始，以生物意义上的死亡结束。生命过程是一个自然发展的过程。

1. 从哪里来

生命始于父亲的精子和母亲的卵子的结合。受精卵在母亲的子宫中经过大约280天的发育，出生成为一个独立的生命个体。在受精过程中，超过4亿的精子相互竞争，大约只有100个能够穿越重重障碍，到达母亲体内的卵子附近。而在这些最强壮的精子中，最终只有一个幸运地刺破卵子外膜与卵子结合，塑造出一个全新的生命。可以说，我们每个人的诞生，都是一个极小概率的事件，都是生命的奇迹。

胎儿从母亲的身体里脱离出来，真正开始了个体生命的旅程。美国心理学家埃里克森将个体的发展分为八个阶段：婴儿期（0～1岁），幼儿期（1～3岁），儿童早期（3～6岁），儿童晚期（6～12岁），青少年期（12～18岁），青年期（18～25岁），成人期（25～60岁）和老年期（60岁至生命结束）。大学生正处在青年期，我们先来回顾一下之前在不知不觉中度过的几个阶段。

婴儿期和幼儿期是个体身心发展的第一个加速期，神经系统（特别是脑）的结构和机能飞速发展，这为智慧的产生准备了生物学条件。在此基础上，我们的心理也在外界刺激的影响下发生了很大的变化：从吃奶到断奶，学会了人类独特的饮食方式；从躺卧状态、不能自由行动发展到能够随意运用自己的双手去接触和摆弄物体，双腿站立，并学习独立行走；从完全不懂语言过渡到能通过语言进行简单的交际；通过社会交往发展了与他人的亲密关系。不过，婴儿和幼儿的心理活动带有明显的直觉行动性，思维离不开动作。

进入儿童早期，我们开始与其他小朋友交往，最喜欢的就是玩游戏。这时与伙伴之间的冲突不可避免地发生了。在打打闹闹中，我们逐渐学会了怎样与其他人一起玩、一起做事，同时开始有不少幻想，也有了目标，并为实现目标而努力。随着与成人交往的增多，五六岁的儿童已掌握3500～4000个词，并开始由有声的外部语言向无声的内部语言过渡，在成人的帮助下初步领会书面语言等。同时，逐步按照成人的要求掌握了一些社会规范和道德准则。所有这一切，为个体进入学校开始正规学习奠定了基础。

儿童晚期正好是小学学习阶段。小学生的主导活动是学习，这促使儿童的心理在许多方面发生了质变。认知活动随着学习活动而发展，显著地表现在从口头语言向书面语言转变，从具体形象思维向抽象逻辑思维过渡；情感内容逐渐充实，荣誉感和责任感等高级社会情感迅速发展，逐渐领会各种社会规范和道德准则的意义，并学会按照道德准则来调节自己的行动。

青少年期是个体迅速发展、冲突较大的阶段，通常叫青春期。进入青春期的我们，心理和身体都经历着疾风骤雨般的变化。这些变化让我们即欣喜又震惊，开始敏感地关注自身的变化，一直以来的无忧无虑被"少年的烦恼"所取代。"我是谁""我想成为什么样的人"等问题几乎引起每个青少年的思考。为了回答这些问题，我们会运用自己积累的有关知识，做出种种尝试性的选择；为了表现自己的独立，我们会做出一些看似荒唐的举动，不喜欢成人用他们的理想和标准来要求我们。慢慢地，我们找到了这些问题的答案，形成了自我认同感，理解了自己是怎样的人，接受并欣赏自己，也因此获得了自我同一性。

接受高考的洗礼之后，我们变成了现在的自己，回顾走过的生命之路，对于"我从哪里来"开始理出一点头绪。然而，当转身面向未知的生命历程时，我们是否又对"去往何处"感到困惑？

2. 到哪里去

人们通常喜欢用日出日落的过程来形容人的一生。婴儿和幼儿就像旭日；儿童就像八九点钟的朝阳；青少年是10点到11点活力四射的艳阳，青年就是正午的骄阳。随着进入成人期，正午的骄阳在35岁左右达到顶点后开始向西偏斜；步入老年如同夕阳西下，我们将面临人生后期转折。

大学生正处于青年期，距离人生中点的转折还有十多年时间。从现在这个年龄到35岁，个体的身心发展仍处于增长期。身体素质和心理素质都会逐渐达到最为成熟的状态。具有良好的自我同一性的青年人，可以发展出对他人的亲密情感，使爱情和婚姻得以实现。35岁左右至60岁左右的成人又叫中年人，他们正由壮年向衰老过渡，但在社会和家庭中处于承上启下、继往开来的中坚地位，既要承担工作重任，又要肩负赡养老人、抚育儿女的重任，从而成为负荷最重的人群。

60岁的到来让我们的生命进入人生的最后一段，即老年期。老年期最为突出的特征是身心功能衰退，如视力下降、听力不济、嗅觉失灵、记忆力下降、思维迟滞、灵活性差等。当然，老年人并非一无是处。有研究表明，老年人在解决需要文化知识经验参与的实际问题时，表现得并不比年轻人差，甚至在不少方面超过年轻人。在情绪和情感方

面，由于身心功能的老化、社会交往和角色地位的改变以及生活范围狭小，老年人容易产生冷落、孤独、抑郁、颓丧等消极的情绪体验。不过，也有一些老年人在回首往事时感到一生的时光没有虚度，因此可以超然物外、宁静淡然地安度余生。

回顾过去，我们是否会感叹"逝者如斯夫"？是否开始珍视现在的生活？展望未来，面对祖辈们已经走过的生命历程，预想自己的中年和老年，我们也应该对那些正值中年和老年的人多一分理解和尊重。

（三）人的生命特征

1. 有限性

人作为自然界的一部分，存在的时间有限，生命会因衰老、疾病、自然灾害、意外事故等终止。

2. 双重性

人作为肉体的存在物，受自然规律的制约，具有自然性；同时，人作为精神的存在物，受道德规范的支配。人在生命的这种双重性中实现自身的价值。

3. 创造性

生命的意义在于运动，一旦静止就意味着死亡。在人的生命历程中，不同个体的生命内容都体现着人的创造性，同时也决定了每个生命的独一无二。

4. 完整性

人的生命会经历出生、成长、成熟、繁衍、老化、死亡等阶段，带有所有的生命本质特征和毕生发展阶段的特点，形成人的生命的完整历程。

古人说"人生七十古来稀"，人的自然寿命一般是七八十岁，人作为肉体的存在，生命是有限的，在短暂的一生中实现自我价值、追求幸福成为人类毕生的课题。心理学家马斯洛将人的需要由低至高分为生存需要、安全需要、情感需要、自尊需要以及自我实现需要。在满足衣食住行等基本生存需要和安全需要之后，有尊严、被尊重，并且能实现自己的价值，是人生命的最高境界。现在经济越来越发达，人们的幸福感却没有成正比提升，金钱也许能带来幸福，但拥有幸福感的条件还有很多，如健康、感情、生活品质、生命质量、内心的满足感等。温家宝同志说过：我们所做的一切，都是要让人民生活得更加幸福、更有尊严，让社会更加公正、更加和谐。因此，作为青年一代的大学生更应该珍惜有限的生命，提高幸福感，活出生命的精彩。

二、探寻生命意义

（一）生命意义的内涵

我国学者袁祖社认为，从某种意义上说，人是一种以"意义"为生存本体的高级动物；人最不能忍受的是一种空虚的、无意义的生活。对意义的追寻、对人的生命和世界的根本意义的理解和阐释，是人的一切生命活动的根本出发点，是人类文化活动的本质。人在世界上的生存、活动、创造，都必须以对自己的价值意义的把握为前提。[①]生命的真谛在于对意义的追寻和对价值的获得。生命有了意义与价值，就超越了自然生命的有限而达到价值生命的无限。

关于生命意义，不同的人有不同的理解与界定。心理学家弗鲁姆认为，生命意义有两个层次，即宇宙生命的意义和世俗生命的意义。前者是指宇宙中超越个人层面的不变的规律；后者是指个人有待实现的目标，在实现目标的过程中，个体可以体验到自己的生命是有价值的。我国学者李虹认为，生命意义包括三个方面：第一，生命意义是对个人所理解的"生命"的执着；第二，生命意义是个人所理解的"生命"价值的内部标准，并用此标准去度量"生命"意义的实现程度；第三，生命意义是按照"标准"评价自己"生命"的作用。

总之，人们对生命意义的理解会因为年龄、地位、角色不同而不同，但一个人对自己生命意义的认识一般是比较稳定的，会逐渐转化为生命发展不同时期的信念和价值体系。

（二）生命意义对心理健康的影响

生命意义和心理健康之间存在相互影响的关系。如何看待生命在一定程度上制约着人的心理健康水平，而一个人的心理健康状况也影响着他的生命意义感。

1. 促进大学生健康成长

大学时期是个体人生重要的转折时期，这个时期青春蓬勃又显得极为脆弱。开展生命教育，可以让大学生深刻理解生命的内涵。作为一名大学生，不仅要追求"活着"，更要追求"有意义地活着"。明确生命意义可以促使大学生以有限的生命创造无限的价值，促使学生尽早规划自己的人生，懂得一个人的成长不仅包括生理的健康，还包括人格的

---

① 袁祖社.意义世界的创生及其自为拥有——人的超越性与自由本质探究[J].陕西师范大学学报（哲学社会科学版），2001（1）:77—82.

健全，实现自我各方面的协调发展。生命意义教育可以让大学生理解生命与人生的依存关系，进而感受生命之重，懂得生命之义，进而发展自我、完善自我、提升自我。

2. 帮助大学生正确面对压力与挫折

近年来，大学生心理问题普遍存在，有的甚至严重影响了正常的学习与生活。北京市6所高等院校统计了过去10年间造成大学生退学、休学、中断学习的原因，其中，心理因素高居首位。从大学生面临的现实问题来看，其心理应激源主要在于学习、就业、交往以及经济负担等。生命意义教育可以帮助大学生掌握一定的生理和心理知识，了解关于生命的知识，加深对生命的认识。面对挫折与应对挫折，是个体成长的重要组成部分，部分大学生之所以感到迷茫，就是因为没有体验到挫折的真正意义，对人生缺乏精神层面的正确认知。

存在主义心理学家维克多·弗兰克认为，在生活的压力下，人们之所以会产生各种心理问题，是因为他们没有找到生命的意义。心理学研究已经证明：生命意义对心理健康有积极的影响；缺乏对生命意义的理解与心理问题有正相关关系；对生命意义的探索和情绪健康有正相关关系；对生命意义的正确认识能够减缓消极生活事件对忧郁情绪的影响。

弗兰克进一步指出，缺乏生命意义感会导致一些严重的问题。当人们找不到"存在"的理由或生命的意义时，就会感到空虚，转而寻求享乐和金钱并将其作为补偿。他提出了"星期天精神病"这一概念，说的是很多人在忙碌了一周后突然无所事事就会感到惆怅和空虚。他认为，酗酒、违法行为等在周末发生的概率高于平时，就是对"没有意义"的一种"填补"。

（三）为何追求生命意义

爱因斯坦曾说，一个人活着就应该扪心自问我们到底应该怎样度过一生。这是一个合情合理的问题，也是一个非常重要的问题。

1. 生命的精神层面需要追寻意义

人的生命是有限的、短暂的，因此，人们追求精神、信仰的无限，用对生命意义的追求来弥补自然生命的有限。正因如此，人的生命是有限与无限的统一，也是肉体与精神的统一。人不仅是一种"饮食男女"的自然存在，更是精神的追求者，这表现为人对理想、感情、道德、信仰、价值的追求。在有限的自然生命里，人会不断地追问"为什么而活着"。心理学家维克多·埃米尔·弗兰克尔认为，人能够为理想与价值而生，也能够为理想与价值而死。为此，他还做了大规模的调查研究，结论是追寻生命的意义对大多数人来说是"事实"，而非"信条"。

2. 生命的短暂需要意义来超越

无常让人的生命显得脆弱而又短暂，似乎一切如白驹过隙、过眼云烟。对此，弗兰克尔表示，生命中真正短暂的是潜力，一旦潜力得到开发，就成为现实，并被保存下来，成为历史。在那里生命得到了救赎，免除了短暂性。人们通常只注意到"短暂性"所留下的残株败梗（如容颜的衰老、生命的终结等），却忽略了过往所带来的丰盈谷仓（其间收藏了那曾经属于他且永远属于他的言行、喜乐及痛苦）。那一切都不会被否定，也不会被忘却，而是一种最确实的存在。只要我们牢记个体存在的短暂性，不断地抉择，积极地解决问题，追寻自己生命中不朽的意义，那么凡存在过的，便会永恒地存在，它们就从短暂性中被解救并保存起来。

3. 生命的痛苦需要意义来承载

尼采认为，懂得为何而活的人，几乎任何痛苦都可以忍受。由此来看，看不到个人生命有何意义、有何目标，因而觉得活不下去、活着没什么意思的人最悲惨了。我们必须认清这样一个事实——真正重要的不是我们对人生有何指望，而是人生对我们有何指望。我们应该认清自己无时无刻不在接受生命的追问。面对这个追问，我们不能以说话和沉思来答复，而该以正确的行动来答复。我们终将发现生命的终极意义在于探索人生问题的正确答案，完成生命不断安排给每个人的使命。人一旦发觉受苦即是他的命运，就会把受苦当作自己的使命——独特而孤单的使命。清楚忍受生命之痛的意义之后，我们就有勇气面对所有的痛苦，把软弱的时刻和黯淡的泪水减到最低。

（四）如何追寻生命意义

对于"人为什么活着"，最终答案总是取决于如何回答、谁来回答、在什么情境下回答。有人曾问一位下棋高手这世界上最好的一步棋如何下。事实上，根本没有所谓"最好的一步棋"，而是要根据弈局中某一特殊局势以及对手的人格特点而定。生命的意义也是如此，它因人因事因时而异。每个人都是独特的，也只有他具有特殊的机遇去完成其独特的天赋使命，并体悟其中的真谛。弗兰克尔指出，人的生命必然是存在意义的，只是每个人所承载的使命会因时因地而不同。我们可以通过不同的途径去发现和感悟这些意义。

1. 在无常中体验

我们先来进行一个比较沉重的游戏"飞机就要失事"。请想象自己坐在一架客机上，飞机在万米高空翱翔。突然，机身连续抖动，颠簸得非常厉害，空姐要求大家把安全带系好。广播里传来机长的声音。他通知大家飞机发生了严重的机械故障，正在紧急排除。

但考虑到最坏的情况,现在将由乘务员分发纸笔,大家有什么遗言要向家人交代,请留在纸上。一切要尽快,乘务员会在三分钟后收取大家的纸条,然后统一密闭在特制的匣子里。这样即便飞机坠毁,遗言也可以完整地保存下来。按照飞机现在的飞行高度,在完全失去动力的情况下,还可以滑翔极短暂的时间……乘务员托着盘子走过来,惨白的面颊上,平时职业性的微笑已被僵硬的抽搐代替。盘子里盛的不是饮料,不是纪念品,也不是航空里程登记表,而是纸和笔。人们无声地领取这特殊的用品,有抽泣声低低传来……现在,面对这张纸,我们将写下什么?

如果这个游戏引起了大家的愤怒和恐惧情绪,甚至呼吸困难、心跳加速,那得小小地祝贺一下,因为大家很有可能因此获得"觉醒体验"。只是默默期待或暗自咬紧牙关是无济于事的,动人心魄或难以平复的体验才可以引发一个人真正的觉醒,把我们从日常琐事中拉出来,拉进本真的存在之中。

"可以谈谈你对于死亡具体害怕什么吗?"这是美国临床心理学家亚隆经常问及来访者的问题。他发现,许多人在反思或面临死亡时考虑的一个重要主题是"许多事情我都还没有做过"。因此,亚隆认为人们越不曾真正活过,对死亡的恐惧也就越强烈;人们越不能充分体验生活,就越害怕死亡。那怎样才算是真正活过呢?我们认为,首先要做到能直面死亡,明白生与死的辩证关系。

对死亡的恐惧一直盘踞在人们的精神活动中,多数人惧怕死亡,甚至有人惧怕与死亡有关的很多事情。其实,死亡并不可怕,因为每个人注定都要面对死亡。如果说生是偶然的,死反而是必然的,人们无法决定自己生命的长度。死亡是具有偶然性的,因为不可预料的天灾人祸可能在瞬间断送人们的性命。了解了死亡的这些特点,我们就应该对生命更加敬重,更加热爱生活,珍惜当下生存的每一刻。这个世界上的生命之所以有意义,正是因为有死亡存在。假如在我们的世界里没有死亡,那么生命也会丧失意义。

死亡是生命的导师。有了死亡,才有对生命的思考;有了终结,才凸显过程的重要性;有了死亡的必然性,才凸显生命的可贵。所以,死亡对这个世界具有不可忽视的价值,它可以使我们更好地珍爱生命,过有价值的人生。不幸的是,现代人在生的状态上要远远优于前人,但由于特别关注"生",无暇对"死"做深度思考,所以在死亡问题上产生了极大的困惑与恐惧,这就使现代人的生活品质难以真正提高。

让我们回到上述游戏,我们到底会在纸上写下什么呢?又会把这些文字写给谁呢?在生命遭遇突发危险,就要猝然截断时,几乎没有人会叮咛自己的后代复仇,没有人会留下自己懊恼的遗憾,没有人会咬牙切齿地诅咒……留下的只能是眷恋的深情、未竟的嘱托以及绵绵不尽的祝福。也许只有在绝境中,人性中最基本最朴素的情愫才会突破种种物质的阻力,迸发单纯而灼目的光芒。

这时候,飞机故障排除了,你又获得了新生。接下来的日子,你是否会对"为什么活着"有些许感悟?

2. 在痛苦中参悟

人生通常是一个充满危险、变幻莫测的障碍训练场。哀伤、喜悦和其他各种混杂的情感在这里相遇。各种苦难、挫折和不幸是普通人生的必要组成部分。尼采有一句充满智慧的名言——参透"为何",才能迎接"任何"。我们只有明白生命中潜伏的痛苦的意义,才能克难前行,以"负责"来答复生命。

请看下面这个故事。台湾一位女子小陈7岁罹患罕见的"右肠骨纤维化",从此在药味、消毒水味以及"刀光血影"的陪伴下成长。成年后,她不幸又患骨癌与胆管癌,被告知可能活不到30岁。刚开始,她也很痛苦、很害怕,但每次觉得快要被击倒时都熬了过来,而且变得更坚强。对她而言,多得一种癌症,不过是5分钟和10分钟之间的差别而已,一次次与病魔搏斗的结果让她明白自己的生命承受这些痛苦是有意义的。于是,她不再焦虑、愁苦和绝望,不再去想自己能不能活过30岁,而是发誓要在有限的生命里,让自己没有遗憾,要像一颗小太阳一样,让生命发光、发热,照耀全世界。她以笑容勇敢面对生命中接踵而来的病痛和磨难,用乐观、努力、欢笑去感染他人,被网友称为"世界无敌超级勇敢抗癌美少女"。虽然小陈已经离开了这个世界,但是她用自己的生命过程向人们诠释了意义治疗学的一个基本信条:人主要的关心并不在于获得快乐或避免痛苦,而是要了解生命的意义。这就是为什么人在某些情况下宁愿受苦,因为他确定自己的苦难具有一定的意义。

当然,除非痛苦是绝对必须的,否则它就没有意义。例如,可用手术治疗的癌症,就不应该平白忍受痛苦。果真忍受下来了,那也只能算是一种"被虐狂",不能算英雄气概。不过,医生如果既不能治愈这种疾病,也无法减轻病人的痛苦,就应该激发他的潜能去实现痛苦的意义。当我们的生命必然要经历苦难、挫折和不幸时,就要去发掘其中的意义,它能激发我们在苦难中体验生命甚至是享受生命的巨大潜力。

像小陈所承受的这种极端的痛苦,不可能每个人都经历。但有两类痛苦确实是人人必经的:一种为求而不得之苦,即由于各种因素导致目标不能达成所致的挫折,例如竞选学生会干部失败、追求心仪的异性被拒绝等;另一种为得而复失之苦,即由于自然等不可抗拒的力量导致拥有之物丧失,例如亲人离世、恋人的移情别恋等。这些痛苦如果无法避免,我们就应努力发现承受这些痛苦的意义,然后勇于担当,这样生命的痛苦就会被力量取代。如一位大学生因失恋而寝食难安,巨大的痛苦让他不停地追问"为什么会这样",不久他发现原来现在的经历是自己在一帆风顺之后必经的坎坷,它是命运向自己展示其多面性的馈赠,是自我需要完善的警告。于是,他走出了情绪的阴霾,一股内在的强大力量让他微笑面对生活中所发生的一切。

对生命过程的完整体验,既包括对人生的幸福和快乐的体验,也包括对痛苦和磨难的体验;既包括对顺境的体验,也包括对逆境的体验。在艰难困苦之中奋斗过来的人,所体验到的战胜磨难后的成就感,是与顺境中的满足感完全不同的。挫折与磨难是人生的财富,只有经历过挫折和磨难,人生才能升华。

3. 用爱去诠释

在《生命的意义》这首歌中，水木年华用最简单的语句对"生命的意义"这一终极命题进行了深入浅出的探究。这首歌中反复出现的主题"爱你的家人，爱你的朋友，用心去爱你的爱人，爱这个世界所有人们，这就是生命的意义"，让我们明白生命要用爱来诠释。

（1）爱的方式不是索取而是给予

弗洛姆指出，爱首先是给，而不是得。那么，什么是"给"？一个比较流行的误解是认为"给"就是放弃或做出牺牲。这是性格还没有超越接受、利用或者贪婪阶段的人对"给"的定义，而有创造性的人对"给"的理解则完全不同。他们认为"给"是力量的最高表现，个体恰恰是通过"给"体验自己的力量、富裕和活力，体验到生命的升华，使自己充满了欢乐。"给"比"得"带来更多的愉悦感，这不是因为"给"是一种牺牲，而是因为通过"给"表现了个人的生命力。

一个人究竟能给予别人什么呢？答案很简单，就是把自己内心有生命力的东西给予别人，与别人分享自己的快乐、兴趣、知识、悲伤等，即一切在我们身上有生命力的东西。我们给予并不是为了得到，但是当我们这样给予时，也确确实实得到了，因为我们能用爱换来爱，用信任换来信任。恰如教师传授知识给学生，学生亦会通过自己的言行让教师获得一定的感悟；演员表演艺术给观众，观众亦会用热情鼓舞演员。心中有爱的人，更愿意给予，在给予的过程中，他们收获了快乐和意义。

爱生命、爱生活、爱他人……爱更多的是给予，而不是索取。泰戈尔说过，采着花瓣时，得不到花的美丽。不是花不美丽，而是摘花者不懂爱的真谛。

（2）爱的对象不是唯一而是广博

弗洛姆指出，爱不是同一个特殊的人的关系，而更多的是一种态度，性格上的一种倾向。这种态度决定一个人同整个世界，而不是同爱的唯一对象的关系。如果一个人只爱他的对象，而对其他的人无动于衷，他的爱就不是爱，而是一种共生有机体的联系或者是一种更高级意义上的自私。如果我们确实爱一个人，那么我们也应爱其他的人，爱世界，爱生活。如果我们能对一个人说"我爱你"，也应该可以说"我同时爱所有的人，爱世界，也爱我自己"。

弗洛姆认为，一切爱的形式都以博爱为基础。博爱就是对所有的人都有一种责任感，有关心、尊重和了解的意向。其特点是这种爱没有独占性。如果一个人具有爱的能力，就会去爱他周围的人。博爱中凝聚着同所有人的结合、人的团结和统一。博爱的基础是认识到我们所有的人都是平等的，是同等人之间的爱。但虽然我们是同等的，事实上也往往不完全"同等"，因为我们是人，所以需要帮助。今天是我需要帮助，明天也许是你。在博爱的情怀里，我们生命的意义也得以扩大：从男女之间的纯真爱情，到人与人之间的相互关爱；从对家人的疼爱，到对他人的关心；从对生活的热爱，到对国家人民的眷恋……爱是博大的，不但要爱自己、爱生活，更重要的是爱他人、爱人民、爱国家。

一个只爱自己或只爱自己选中的对象的人，与其说是一种自私自利的狭隘主义，倒不如说其没有真爱。

（3）爱的作用不是单向的而是相互的

先来看这样一个小故事。有个男孩因琐事而迁怒于母亲，他跑到山边，对着山谷喊道："我恨你，我恨你，我恨你！"喊声刚停，山谷就传来回音："我恨你，我恨你，我恨你！"男孩有点吃惊，就跑回家对母亲说："山谷里有个奇怪的男孩说他恨我。"母亲把男孩带到山边，要他对着山谷喊"我爱你，我爱你，我爱你"。男孩照母亲说的做了，让他意外的是，那个"奇怪的男孩"也在山谷里说"我爱你，我爱你，我爱你"。

生命会给人一种回应，人们送出什么它就送回什么，播种什么就收获什么，给予什么就得到什么。如果一个人想要别人是你的朋友，首先你得是别人的朋友，心要靠心来交换，感情要用感情来博取。

人活在这个多元的世界，要学会相互关爱和帮助。谁不期望得到别人的关爱和认同呢？谁愿意孤独地生活在这个世界上呢？生活就是爱的凝结，一个从不给予别人爱的人又怎能得到别人的爱呢？世界因为有爱而美丽，生活因为有爱而精彩，生命因为有爱而丰满。

（4）用创造去开拓

著名心理学家罗洛·梅在多年研究之后，给创造性做了如下界定：创造性是具有强烈意识的人与他或她的世界的交会。这个界定包括以下三个方面的含义。

首先，一个有创造性的人能细心地审视过去和未来，积极地选择人生的目标和价值。他的自我意识是整合的、自由的，能毫无歪曲地看到真理，对某个问题产生深刻的、令人愉快的顿悟。

其次，创造性是一种过程，这个过程的主要表现形式是交会。罗洛·梅指出，这种交会可以是有意识的，也可以是潜意识的。关键不在于有没有意志努力，而在于一个人被吸引的程度以及紧张的程度，因此，在创造性活动中必须有一种特殊性质的投入。这种投入的状态可以用"含英咀华、沉浸浓郁"来形容。也就是说，只有全身心地投入某项工作，专注于思考，才有可能在某一时刻突然交会。

最后，创造性活动是一个人与其世界发生相互关系的过程。罗洛·梅认为，创造中的交会总是两极之间的交会。一极是主观的，即从事创造性活动本身的那个有意识的人；一极是客观的，即艺术家、科学家等其他有创造性的人所探索的对象世界。我们不能把创造性仅仅确定为一种主观现象，客观世界也是其不可分割的一部分。

通过了解创造性的含义，我们不难发现，人们能够通过创造性的活动，在这个世界表达自己的存在状态，展示自我，实现生命的追求。例如，一个真正有创造力的画家在创作山水画时，绝不是简单地复制眼前的树木、湖泊和山峦，而是以大自然为媒介来揭示与其世界有关联的那些潜在的心理和精神状况。我国山水画大师李可染通过创作全景式横幅长卷《革命摇篮井冈山》，表达了他对五百里井冈气势的感受及"为祖国河山立传"的夙愿。创造其实是把人的潜在力量对象化的过程。在创造的过程中，人们处于一种入迷的状态，一般心跳加快、血压升高、紧张度增加，有时甚至忘记了

周围的一切。这时在精神上我们能体验到一种与世界融为一体的极度快乐,它让我们达到形式与激情的统一,这就是一种实现自己潜能的心境。在这样一种心境下,人们的潜能得以释放,体验到生命的意义和价值感,同时人们的潜在力量外化,成为世界独立的一部分。

具有创造性,不仅是健全人格的表现,也是健康情绪的表达,更是生命意义得以拓展的途径。然而,成为一个有创造性的人是需要勇气的。因为创造意味着推陈出新,这就需要不懈奋斗,甚至在必要时与束缚自由发展的权威力量做斗争。罗洛·梅认为,成为一个真正具有创造性的人需要有足够的勇气。

那么,究竟什么是创造的勇气呢?首先,勇气不是失望的对立面,因为勇气之中也存在失望。有勇气的人尽管失望,但仍然能够克难前行。其次,勇气不是执拗,不是固执己见,因为我们必须与别人一起创造,在这种创造中使自我和社会都得到发展。它是源于自我核心价值观的一种敢于进取、敢于承担的能力。在我们的生活中,无论从事哪个职业都要有这种创造的勇气。有勇气的人敢于肯定自己的选择并坚定自己的信念。当前的社会是一个剧烈变化的社会,为了迎接社会变化的挑战,就要有勇气的人去适应和指导这种变化。

对人类而言,生存更重要的是人生的意义,而不是醉生梦死地活着。大学生要使自己在有生之年活得有价值,就应该努力成为一个有创造性勇气的人。正如罗洛·梅所说的,我们越是勇敢地有意识地指导我们的生命,并根据我们独特的心理发展水平做出负责任的选择,我们的人格发展就越有建设性,越接近整合和最终的目标。

总结这四条寻找意义的具体途径,不难将其归结为两个层面:一是生的层面,即创造与爱;二是死的层面,即痛苦与无常。生命是一种过程,且最后结果一定是死亡。唯有镇静而又投入地去体验这个过程中的所有酸甜苦辣,寻到生命的意义,才能超越过程的有限性。

(五)敬畏生命,珍爱自己

如何让大学生以更积极乐观的态度对待生命,让生命之花绽放得更美好更绚烂呢?可以从以下两方面入手。

1. 敬畏生命,对生命负责

最早提出"敬畏生命"的是法国哲学家阿尔贝特·施韦泽,他创立了以"敬畏生命"为核心的生命伦理学,并将"敬畏生命"作为重要的伦理原则。他在获得诺贝尔和平奖的讲坛上呼吁全人类重视尊重生命的伦理。在他眼里,敬畏生命不仅意味着对人的生命持敬畏的态度,还意味着对其他动物和植物的生命持敬畏的态度。

敬畏生命,是对生命的尊重。首先,我们要学会尊重自己的生命。一个连自己的生命都不尊重的人,是不可能懂得尊重其他人的生命的。尊重自己的生命,就要努力承担自己的责任与义务，努力做好眼前的事情，做生活的强者。其次，我们要尊重他人的生命。世界上所有的生命都是独特而美丽的，都有生存的权利，每个人都希望自己的生命不受伤害，都希望得到他人的尊重，这就要求我们尊重他人的生命，宽容地对待一切生命。最后，我们要尊重自然界的一切生命。"一枝一叶总关情"，生命是大自然的奇迹，每个生命都有自己的价值，都值得我们去爱护、去尊重。

敬畏生命，是让自己舒心。敬畏生命，是自爱的一种方式。一个对生命心怀敬畏的人，其情感必然是丰富的。丰子恺先生曾劝告小孩子不要肆意用脚去踩蚂蚁，不要肆意用火或用水去残害蚂蚁，他认为自己那样做不仅仅是出于对蚂蚁的怜悯之心，更是怕小孩子那一点点残忍心以后扩大开来，以致驾着飞机装着炸弹去轰炸无辜的平民。确实，人类不是地球上的唯一生命，我们需要对一切生命持有一种怜悯之心，否则人类将会很孤独；更为重要的是，当人们肆意滥杀无辜的时候，最后消失的会是人类自己。弗洛姆说过，尊重生命、尊重他人也尊重自己的生命，是生命进程中的伴随物，也是心理健康的一个条件。我们对生命的敬畏，其实就是对人类的敬畏。世界具有无限的生机，而且非常美好，需要我们去珍惜。无论是池中嬉戏的鱼儿，还是叶上穿梭的虫子，都是生命在舞蹈；无论是枝头欢笑的鸟儿，还是咋呼闹腾的知了，都是生命在歌唱。我们越敬畏生命，就越能忍耐生活中的种种不堪与苦难。

人与地球上的其他生命体是一个统一体，人不可能孤立地存在。如果没有对所有生命的尊重，人对自己的尊重也是没有保障的。敬畏生命，也就是对自己负责。

2. 珍爱生命，绽放生命之花

珍惜生命，不畏挫折。生命是脆弱的，人生几十年难免会经历风风雨雨，这些困难与挫折会给人们带来痛苦，但同样会给人们带来收获。当人们体会到收获时，一切痛苦都会变得值得而美丽。

有这样一个人，他出生时只有可乐罐那么大，腿是畸形的，没有肛门，医生断言他活不过24小时。然而，几十年后，他却精力充沛地在全世界演讲。这个没有双腿却不依靠轮椅走世界的强人便是著名的激励大师约翰·库提斯。他说："100次摔倒，可以在101次站起来；1000次摔倒，可以在1001次站起来。摔倒多少次没有关系，关键是最后你有没有站起来。"约翰的一生似乎都在与恐惧、孤独、侮辱、折磨、病痛甚至死亡抗争，而他是最后的获胜者。他给世人的忠告是："每一天都会成为你生命中最美好的一天，我想跟你说的是，如果我都可以做到，或者说如果我们都可以做到，为什么你不可以呢？如果我可以做到，那么你也可以做到！你也可以做到！你也可以！请记住别对自己说不可能！"[①]

---

① 约翰·库提斯．不放弃 命运掌握在自己手中 [EB/OL]．（2016-11-08）[2024-08-02]．https://www.sohu.com/a/118395614_315560．

三、幸福与福流

什么是幸福？怎样才能获得幸福？对于这些问题，每个人的回答都是不同的。有的人只追求眼前的享乐，不关心未来的幸福；有的人历经坎坷，抱怨世态炎凉，放弃了寻找幸福的机会；有的人拥有财富、地位和名望，但仍然感受不到幸福；有的人奔波劳碌，把快乐的期望放在未来，却无法享受当下的幸福……当今社会，物质生活日益丰富，但许多人精神迷失，"郁闷"成了人们的口头禅，抑郁症患者急剧增加，许多无助的心灵在痛苦中挣扎。

（一）幸福的五要素

心理学家用不同的术语来描述人们的幸福感，如马斯洛的"高峰体验"、积极心理学家大力提倡的"福流"，都为人们提供了一种理想的幸福体验。更直接的心理学研究结果表明，有钱、有名、有地位、有健康的确与人们的幸福感有密切的联系，但它们只能解释人们幸福感的8%～15%。马丁·塞利格曼认为幸福由五个相互交织的要素构成，这五个要素可以缩写为PERMA（见图7-1）。其中，P为积极情绪（positive emotions）；E为投入（engagement）；R为人际关系（relationships）；M为意义（meaning）；A为成就（achievements）。

图7-1　幸福的五要素

要将幸福感提升到理想水平，就要关注 PERMA 五要素的各个组成部分如何被触发，并且注意自己可以创造哪些最佳的条件以追求目标、滋生热情、培育坚毅品质。

1. 积极情绪

芭芭拉·弗雷德里克森是积极心理学研究领域的杰出研究者之一。她提出的简单问题"积极情绪有什么好处"催生了一系列被称为"扩展和建构"的重要理论。她在一项已经获奖的研究中发现，当人们体验积极情绪如愉悦、满足、自豪、爱时，会发生很多有利于人类这个物种延续下去的事情，包括这样一个事实：我们扩展了对自身环境的认知，对别人更感到好奇，这反过来有助于构建自己的人际关系。

幸福的微小时刻（如停车找到合适停车位时感受到的快乐，由于某种令人兴奋的经历而感到敬畏，孩子第一次做好某件事情时我们内心充满自豪感，当我们尽最大的努力使得某件重要事情得以发生时的成就感等）累加在一起，创造了一系列的积极性。

弗雷德里克森和其他研究者发现，若是我们体验到的积极情绪达到消极情绪的五倍，我们的人生就有更大的可能变得丰富多彩、积极主动、心怀使命，并且激情澎湃。

要做到这一点，可以采用以下两种方式：一是通过行动与思考来刻意地创造积极情绪和微小的积极时刻；二是在美好的事情正在发生时，停下脚步并注意到它们。

不幸福的人和幸福的人一样，身边都有许多积极的事情发生，但两者的差别在于，幸福的人会有意识地在美好事情发生时欢迎它们，不让它们匆匆溜走。有人说，不幸福的人甚至不会注意到进门的时候有人正在替他们扶着门，因此，当我们身边正在出现一些美好的事情时，不要错过欢迎并欣赏它们的机会。

2. 投入

快乐的人会投入生活中的各种活动，并且不会经常像不快乐的人那样感到厌倦或沮丧。他们通常参与某些艰难的、自己感兴趣的事情，这使得他们进入一种"福流"的状态，觉得时间仿佛停止了。

无论什么时候，只要我们在做某件事情时没有注意到身边发生了什么，或者觉得时光飞逝，以至于不相信一整天很快就过完了，我们便是在做积极的事情，这有助于提升我们的幸福感，同时使我们自己变得更好。

我们理应感受到时间飞快掠过的地方通常是我们的工作场所，因为大部分人要花大量的时间工作，并且在此期间远离家人和朋友。因此，如果你没有全身心地投入自己的工作，这种情况可能会把你拖垮。

事实上，许多上班族并没有把心思放在工作上，这将预示着生产效率低下、情绪低落、跳槽率高等现象。遇到这种情况，组织机构应聘请咨询师来解决这个问题。

与这种不全身心投入工作的现象斗争的一种有望成功的方法是"工作形塑"。这是密歇根大学罗斯商学院的贾斯汀·伯格、简·达顿和艾米·瑞泽斯尼夫斯三人联合创造的一种练习。当我们可以更直接地在工作中（以及我们的个人生活中）运用最重要的优势时，便会体验到更强的投入感。

此外，我们还可以将我们的目标与正在做的事情协调一致来提升投入感。

3. 人际关系

在对幸福的研究中，最有力的成果之一是如果某人没能与他人建立高质量的人际关系，便不能认为是具有丰盈生活的人。

数十年来负责哈佛"格兰特研究"的医学博士乔治·维兰特发现，在生命后半段，在情感上蓬勃发展的人，会在生活中与家人和朋友构建并保持积极的关系。因此，维兰特总结道：幸福就是爱。

积极心理学研究的先驱者之一克里斯·彼得森指出，对幸福的每一次研究，其结果可以归结为一句话：他人很重要。

坚毅的人们保持热情并坚持不懈，通常是因为他们在自己身边建立并保留了一个团队，而且他们不仅接受其他人的支持，还为其他人提供支持。如果一个人想保持幸福和坚毅，PERMA五要素中的这个要素，再怎么强调都不为过。

4. 意义

幸福的人不只是生活得快乐或者积极投入生活，他们还觉得人生有意义，并且怀着让世界变得更美好的崇高目标。

人生的意义有多种形式，它可能来自对自己孩子的爱、为他人突破障碍、拥有一项他人急需的技能并为他人服务，或者是给他人带去希望。

有意义的人生会充满热情，因此，坚毅地追求值得的目标，是使一个人的人生变得更加丰富多彩、兴旺繁荣的重要部分。

5. 成就

有些人不大赞同成就是丰盈人生一部分的观点，这通常是因为他们对成就产生了错误的认识。

在PREMA五要素中，成就并不是关于胜利或者夺得第一名；相反，它关于实现有意义的、有使命感的目标。

研究发现，人们希望做些事情，而不是什么事都不做。对此，自我决定理论指出，想要实现成功，必须让人们感觉自己能够游刃有余、熟练地掌控身边的环境。

然而，并非所有的成就都能带给人们幸福。追求一些体现了肤浅欲望的外在目标（如金钱和名誉），或者以别人梦想的目标为自己的追求，并不会给人们带来满足的成就感或幸福感。

研究还发现，最幸福的人每天醒来后都致力于实现明确而艰难的目标。这些目标超出了他们的舒适区，但达成这些目标不仅会让他们获得最佳的成果，还可以为他们带来最高水平的自尊感和自我效能感。

（二）拥抱幸福的方法

1. 自我接纳

人一般苛求完美、恐惧失败并抗拒负面情绪，这让我们表现不佳同时无法感受到幸福。一个人只有完全接纳自己，允许自己有缺点和烦恼，挣脱完美主义的桎梏，抱着开放的心态，从失败中学习并接纳负面情绪，才能完全挖掘自己的潜力，并产生持续的幸福感。

2. 简单生活

当今社会生活节奏越来越快，需要完成的事情越来越多，但是强调数量的代价是质量的妥协，甚至牺牲自己的幸福。手机、互联网、会议、通勤、娱乐……这些繁杂的事情让我们成为时间的奴隶，并在忙碌一天后备感挫败和沮丧，然后怀疑到底是生活在消遣我们，还是我们在享受生活。通过科学有效的方法，我们可以更好地设定生活和工作的优先级，不是努力做得更多，而是更多地做正确的、重要的事情，这有助于帮助我们奔向成功、享受生活。

3. 身心合一

身体和心灵彼此依赖，是一个有机的整体。紧张、充满压力的生活环境，让我们渐渐远离了自己的内心，对生命的感知力、对生活的感受力也在下降。这种情况下，我们如何把神经系统调校到身心合一的状态，有效发挥自身能力，重新掌握生命的控制权？我们可以通经过严格实证的方法，学习如何通过意念与身体的协调一致，调节情绪和心态，以更加有效地应对压力和快速变化的外在环境，让自己更幸福、更健康。

4. 学会感恩

外界因素——无论成功还是失败——与我们整体的幸福感几乎没有什么关系。很多人有各种令人信服的理由感到幸福，但他们实现梦想、获得成功后，却仍然笼罩在愁云惨雾之中。还有一些人不断地面对不幸和困难，却常常对生活充满感激。悲观主义者眼中只有残缺，而乐观主义者更专注于积极因素。事实证明，通过练习感激生活，可以培养乐观主义的生活态度。

5. 建立和谐的人际关系

和谐的人际关系，特别是和谐的亲密关系是幸福的重要来源，失衡的亲密关系会带来痛苦和悲伤。虽然任何一种关系都会有起有伏，但是不和谐关系中的许多痛苦都是可以避免的。每个人都有可能享受与日俱增的情感带来的幸福。虽然这里主要介绍亲密关系，但其方法可应用于所有类型的人际关系。

6. 明确使命

发自内心的使命感能够让我们激发工作的动机和热情，有效地克服职业倦怠，实现更加明确的自我定位。明确的目标和使命可以帮助我们更加有效地整合内部资源和外部资源，建立有效的资源系统。当组织的目标和愿景与个人的成长目标和内心使命一致时，组织就成为个人实现自我成长目标的平台和路径，最终实现组织和个人的共同成长和双赢。

7. 培养积极品质

不同个体有一系列不同的个人积极品质，包括认知品质、情感品质、意动品质、人际品质和卓越品质。如果人们在工作、每日生活中找到并运用它们，就能实现良好的人际互动和工作绩效，从而获得满足感和幸福感。因为运用上述品质时人们会感到兴奋和满足，所以一旦使用，就会重复使用，而且渴望找出运用此品质的新方式，追求在组织中的价值最大化。

8. 探索优势

人生真正的悲哀不在于缺乏足够的能力，而在于未能利用与生俱来的天赋。每个人的天赋都是持久而独特的，每个人的最大成长空间在于他最擅长的领域。个体可以试着找出自己最强的部分，通过练习与学习加强，然后每天运用这些能力，就会更具生产力、更满足、获得更大的成就。成功者很少是全方位人才，但必然特质鲜明。一个人唯有将能力发挥到极致，才能脱颖而出。

（三）情绪的巅峰：福流

心理学家米哈里·契克森特米哈伊毕生致力于研究成功人士的高峰体验和巅峰表现。他在20世纪70年代中期提出了"Flow"这一概念。Flow有多种中文译法，比如福乐、沉浸、福流、流畅、神迷、流动、意识流、行云流水等。彭凯平先生把它翻译为"福流"。

福流是一种感觉、状态和体验，是指一个人在自觉自发的前提下，对某一活动或事物表现出浓厚而强烈的兴趣，并能推动自己完全投入进去，把自己的优势发挥到极致，进入一种完全沉浸其中的状态。它包含愉快、兴趣、忘我等情绪，同时伴随着高度的兴奋感和充实感，是一种比性和巧克力更让人迷醉的体验。在这种状态下，人完全意识不到时间的流逝和周围环境的变化。在这种情绪体验中，人们不仅期待结果的出现，过程中的每一步都是对参与者的奖赏和鼓励。

米哈里·契克森特米哈伊把人们对于福流的感受归纳为以下七大特征：一是完全沉浸，即全神贯注于正在做的事情当中；二是感到狂喜，即脱离日常现实，感受到一种喜悦的状态；三是内心清晰，即知道接下来该做什么，并知道如何完成得更好；四是力所能及，即自己的技能完全匹配所从事的任务；五是宁静安详，即毫不担心自己，甚至丧失自我觉察；六是时光飞逝，即时间在不知不觉中飞速流逝；七是内在动力，正如人们常说的"享受过程，莫问结果"，对一件事情的外部奖励会降低本身的内部动机。我们选择某一行业，最初多出于兴趣，渐渐地我们把它当作工作，形成了职业倦怠，失去了最初的喜爱。所以我们不要因为走得太远，就忘记了为什么出发。

根据米哈里·契克森特米哈伊的研究，能产生沉浸或福流体验的活动通常具备以下几个特点：一是专注，即密切地专注于某个活动；二是自主，即这些活动是我们自己的选择；三是挑战，即这项活动难度不能低到让我们感到无聊，也不能高到让我们无所适从；四是目标明确，即这项活动必须具备明确的目标；五是即时反馈，即活动的成果必须得到立即反馈；六是置身福流体验的人，不但会感到深深的满足，也会无视时间的流逝，而且会因为手中的工作而彻底忘了自己。

图7-2是米哈里·契克森特米哈伊的福流模型。

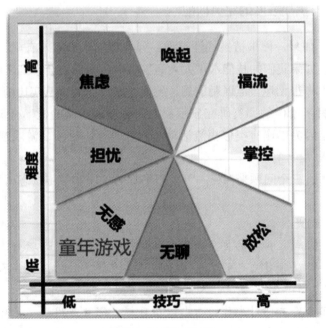

图7-2　福流模型

从上述模型中,我们可以发现一个很有意思的推论:做相同难度的工作,个人能力的强弱会影响情绪体验。比如,对于长期从事低挑战性的工作的人而言,如果个人能力较弱,就容易产生冷淡情绪体验,而当个人能力较强时,却会产生消遣体验。如果一个事情让你感觉很痛苦,可以分析是自己能力不足还是能力过剩。

(四)如何获得福流体验

根据福流"内在动力"这项特征,不难想到人们在做自己发自内心喜欢的事情时,更容易获得福流体验。因此,我们要尝试更多事情,结合自己的优势、特长和技能,找到自己真正喜欢的工作和休闲活动,然后让这些活动满足以下三个条件。

1. 每一步都有明确而具体的目标

具体而明确的目标能够帮助人们清除杂念,集中注意力,对自己能否胜任有一定的把握。

2. 每一步行动都能得到迅速的反馈

迅速的反馈可以帮助人们做出及时的调整,避免因反复碰壁而感到挫折。同时,能够判断自己是否有所改进。

3. 技能水平与挑战难度的完美匹配

日常生活中,如果一件事情挑战性很强,但我们的水平相对有限,我们就会感到沮丧和焦虑;反之,如果我们的技能水平大大高于挑战,我们便会感到乏味无力。

很多人认为工作很无趣,但讽刺的是,工作时间的乐趣,其实比闲暇时间丰富许多。米哈里·契克森特米哈伊的调查研究显示:工作时出现福流的概率有54%,大大高于休闲时的18%。这是因为工作有类似福流活动的内在目标、反馈、游戏规则与挑战,能使人全神贯注地投入。

下面让我们通过三个问题来探究一下我们平日的工作和学习状态离福流还有多远。

1. 你的目标是什么?

纪录片《寿司之神》的主角小野二郎说:一旦你决定好职业,你必须全心投入工作中,你必须爱自己的工作,千万不要有怨言,你必须穷尽一生磨炼技能,这就是成功的秘诀,也是让人家敬重的关键。

这阐释了小野二郎对工作的心态以及目标,那就是用尽一生时间去做一件热爱的事情,不断精进,最后获得全世界人的尊敬。试问,我们在学习的时候是否有这样的心态?

2.有没有收到每一步的反馈？

小野二郎的儿子小野祯一在父亲那里耳濡目染。从食材到手艺，从醋米的温度，到腌鱼的时间长短，再到按摩章鱼的力度，寿司制作的每一步都得到了小野二郎的亲自监督。有人评价小野祯一的寿司：每拿起一片鱼生，手扬起，如弹奏般让食材在指与掌之间灵巧地捏握，幻化出丰富的多层次组合，不断变化的调味，味道由淡到浓，从清新到厚重，犹如多重奏般带给你不断的惊喜！

我们在学习中也会随时收到老师、同学或者朋友的反馈，我们要认真对待每一个反馈，来修正自己的目标。

3.有没有合理匹配挑战和技能？

之前有文章提到一个核心问题："如果你有的选，一份有压力、一份无压力的工作，在其他条件都一样的情况下，你会如何选择？"

其实最好的生活方式，是选择对你有意义的事情，然后相信自己有处理好随之而来的压力的能力或是有培养出抗压策略的潜力。

一些艺术家、运动员、外科医生、音乐家、游戏玩家等专注于特定艺术或技能时，都表现出明显的"挑战反应"迹象。这个"挑战反应"就是我们刚才提到的获得福流的必要条件之一——技能和挑战的完美匹配。该反应使他们获取更多的脑力和身体资源，让他们处于一种完全沉浸其中的福流状态。我们也因此看到他们自信满满、无比专注的巅峰表现。

试问，我们在平日的学习中是不断提升自己的技能来应对更高的挑战，还是满足于现状？尤其是获得了一定成功的人，是否停下了自己不断精进、追求卓越的脚步？

"福流"这个词很美。真正幸福的人，无论是在工作学习时，还是在闲暇娱乐时，都能把握这种流动，跟上这种节奏。而获得幸福生活的秘诀就在于：学会尽可能多地从我们必须要做的事情中创造乐趣，获得福流的体验。这些体验日积月累，汇聚成一种能够自行决定生命内涵的掌控感。而这种感觉，无疑是让人愉悦的。

四、亲社会行为

在我们的社会生活中处处可见帮助他人的现象，从指路、扶老携幼、义务献血到见义勇为；但同时我们也看到，有些人对处于困境中的他人抱着冷漠的态度。1964年，纽约发生了一起谋杀案。年轻妇女吉蒂下夜班后在回家的路上遇到歹徒的袭击，她大声呼救。当即周围居民楼一些房间的灯亮了，有人打开窗户，并有一位男士大声喊道"放开她"。歹徒放开她，溜进汽车开走了。楼窗里的灯熄灭了。这时，歹徒返回来，再次袭击吉蒂。她再次呼救。灯再次亮起，窗户再次打开，歹徒再次逃走。当吉蒂到达住处大门口时，歹徒第三次袭来，这一次她被杀了。谋杀一共进行了35分钟。警察在接到报警后只用了2分钟就赶到现场,然而人已经死了。事后警察了解到当时有38个目击者,然而在半个多小时的时间里竟无一人报警。

这个事件中人们所表现出来的冷漠激起了强烈的社会反响,引起社会心理学家极大的关注,使"冷漠和助人"成为社会心理学研究的一大热点。

(一)亲社会行为概念

亲社会行为指一切有益于他人和社会的行为,如助人、分享、谦让、合作、自我牺牲等。亲社会行为可能由利他主义引起。利他主义指关心他人的利益而不考虑自己的利益。利他行为的特点是自愿帮助他人,而不期望得到任何外部的回报,甚至没有要给人留下好印象的想法。利他行为经常有个人遭受损失和面临严重危险的含义。

但是亲社会行为不一定都由利他主义引起,它也包括为了某种目的、有所企图的助人行为,所以它是一个比利他行为更宽泛的概念。任何对他人或群体乃至社会有好处的行为都属于亲社会行为。这种行为可能是直接的,也可能是间接的。

社会心理学家认为,"亲社会"是合乎社会道德标准的意思,其与"反社会"即违反社会道德标准相对,因此,亲社会行为的概念进一步扩大,包括一切积极的、有社会责任感的行为,并且由此衍生出"亲社会侵犯行为"这一概念。亲社会侵犯行为指的是符合社会道德标准的侵犯行为,例如司法人员的执法行为、教师或父母对儿童的适当惩罚等。这些行为虽然具有潜在伤害性,但是合乎社会要求,在一定意义上是积极的,其目的不是伤害。

(二)亲社会行为发生理论

对于我们为什么要帮助他人、在什么情况下助人以及怎样助人,社会心理学家提出了不同的理论解释。归结起来,主要有三种理论,即社会交换理论、社会规范理论和进化心理学理论。

1. 社会交换理论

社会交换理论是一种关于人类相互作用的理论。这种理论认为,人类的社会行为是以社会经济学为导向的。人们的相互作用是一种目的在于以个人最小的代价换取最大的报偿的交易。人们在交往中所交换的不仅是物质和金钱,还有社会性的东西,如爱、服务、信息、地位等。人们这样做的时候使用的是"最低失分"策略,即以最小的成本得到最大的报偿。社会交换理论强调人们在行为时的这种成本和报偿的监控并不总是很有意识的。例如,见到一辆采血车,你可能没有认真掂量献血的成本(如要被针扎、付出时间、会感到疲劳)与不献血的成本(感到内疚、得不到赞许),也可能没有掂量献血的好处(因为帮助了他人而感觉良好、不会受到他人的批评)和不这样做的好处(节省时间、不会感到不舒服),但是通过对献血者的深入调查研究发现,事实上,献血者预先还是进行了这种计算的,只是非常微妙。

2. 社会规范理论

我们经常帮助他人不是因为有意识地计算这种行为能给自己带来什么好处,而是单纯地因为我们知道应该这样做。在公交车上为老幼病残孕者让座、捡到东西交还失主,这些都是社会规范。社会规范是社会的期待,它告诉人们什么是适当的行为,也告诉人们在生活中应尽的责任。社会规范规定着人们在不同情境下的行为方式,指明哪些行为是被社会接受的和受到鼓励的、哪些行为是不允许的或受到谴责的。亲社会行为是有益于社会整体的,所以是被接受的、受到鼓励的和可以得到一定报偿的。

3. 进化心理学理论

对利他主义的第三种解释来自进化论。进化心理学指出,生命的本质是基因的保存。基因驱使我们以取得最大限度的生存机会的方式来活动。当我们的祖先死去以后,他们的基因继续存活。1976年,英国演化理论学者理查德·道金斯出版《自私的基因》一书给人们留下了一个卑下的人类形象。然而,心理学家坎贝尔指出,生物学家重申了人类与生俱来的深刻的、自我服务的"原罪",具有为陌生人谋取幸福的基因的个体是不会在进化的竞争中存活下来的,生存竞争使"自私"者后代绵绵;但是人类自私的基因上却安排了两种特殊的无私,甚至是自我牺牲,这就是对家族的保护和互惠。

这三种理论有明显的相似之处,即每种理论都提出两种不同性质的亲社会行为,一种是互惠的交换,一种是无条件的利他主义。更有意思的是,这三种理论是在三个不同的水平上对这两种行为进行解释的,形成了认识上的互补。进化心理学理论的观点是建立在生物学的基础上的,社会交换理论是建立在心理学基础上的,而社会规范理论是建立在社会学基础上的。我们可以这样理解:如果进化心理学理论的观点是正确的,那么,基因的预先安排使我们必然地在心理和社会的活动中做出相应的表现。同时,值得注意的是,三种理论都指出亲社会行为不是与生俱来的,而是后天习得的。

(三)亲社会行为对心理健康的影响

大学生的亲社会行为是个体实现心理健康与社会融入的关键。亲社会行为不仅体现了个人对社会的积极贡献,更是个人心理健康、价值观形成以及社会适应能力提升的关键所在。

首先,亲社会行为有助于大学生形成积极健康的心理状态。心理学研究指出,积极参与亲社会行为的人更容易体验到满足感和成就感,这种积极的情绪状态有助于缓解压力、减少焦虑，并提升整体的心理健康水平。对于大学生而言，他们正处于人生发展的关键时期，面临着学业、就业、人际关系等多重压力，通过参与亲社会行为，如志愿服务、公益活动等，他们可以在帮助他人的过程中体验到快乐和满足，从而有效缓解心理压力，保持积极健康的心理状态。

其次，亲社会行为有助于大学生塑造正确的价值观和道德观。通过参与亲社会行为，大学生可以更加深入地了解社会、认识社会，从而增强对社会的责任感和使命感。在这个过程中，他们会逐渐形成关心他人、尊重他人、乐于助人的价值观，以及公平正义、诚信友善的道德观。这些价值观和道德观的形成，不仅有助于大学生在社会中树立良好的形象，更有助于他们在未来的生活和工作中做出正确的决策和选择。

再次，亲社会行为有助于提升大学生的社会适应能力和人际交往能力。在参与亲社会行为的过程中，大学生需要与不同背景、不同性格的人交流与合作，这不仅可以锻炼他们的沟通和协作能力，还可以帮助他们更好地理解和适应社会的多元性和复杂性。同时，通过帮助他人、解决问题，大学生还可以增强自信心和自尊心，提升自我价值感和归属感。

最后，从更宏观的角度来看，大学生的亲社会行为对于整个社会的和谐稳定和发展具有重要意义。作为社会的未来和希望，大学生通过积极参与亲社会行为，可以为社会注入更多的正能量和活力，推动社会的文明进步、和谐发展。

综上所述，大学生的亲社会行为在塑造个人心理健康、价值观形成、社会适应能力以及推动社会和谐稳定等方面都具有极其重要的意义。因此，我们应该鼓励和支持大学生的亲社会行为，为社会的繁荣和发展贡献自己的力量。

（四）如何促进助人行为

1. 消除助人的阻力因素

促进助人行为的一个方法是消除或减少那些阻止助人行为产生的因素。例如，如果匆忙的和专注于自己的人不大可能帮助他人，我们可以想办法鼓励人们慢下来，或将注意力转向外部世界；如果他人在场分散了旁观者的责任感，我们就想办法提高人们的责任感。

2. 进行助人的社会化

助人行为是可以习得的，概括来说，有如下四种方法。

（1）教会道德包容

道德包容是将他人看作自己道德关注范围之内的对象，如医生救死扶伤的人道主义精神使他们对罪犯甚至敌人都给予帮助。与此相对的是道德排除。所谓"道德排除"是将某些个人或群体看作个体道德价值和公平规则界限以外的。助人社会化的第一步是反对自然的内集团的偏见,不将助人局限于自己的家庭和部落,而将其范围扩大到关心所有人的幸福。

(2) 树立助人的榜样

当看到别人助人时,我们更有可能助人。萨拉森等人在全美国的66所高级中学大约10000名高中生中进行的研究发现,那些亲临血液中心,事实使他们相信输血对患者恢复健康非常有效的学生,比那些看了由38张照片组成的幻灯片的学生,献血的比例更高。

电视上的正面榜样能促进助人行为的发生吗?研究证明,亲社会榜样会产生一定的的作用。1986年,赫龙德对108个观看亲社会节目、中性的节目和没有看节目的被试进行了比较,结果发现,观看亲社会节目的人(至少在当时)的亲社会行为能达到50%~74%。①

(3) 将助人行为归因于利他主义

对行为的归因影响行为的再发生。心理学研究证明,过分的外部奖励有暗中瓦解内部动机的作用。这被称为过分肯定效应。因此,我们对助人行为的奖励应掌握分寸,给足够的肯定,但不能过分奖励,这样促使助人者将自己的助人行为归因于内部动机,从而乐于做好事。

(4) 了解有关的心理学知识

某些社会心理学家担心,更多地了解社会心理学的研究成果会导致人们行为的改变。例如,了解阻止助人行为产生的因素以后是不是助人行为就会减少?事实恰恰相反,比曼和他的同事的实验证明,一旦人们了解了旁观者在场会阻止助人行为的发生,他们在群体情境中就变得更加助人了。由此看来,心理学知识的普及是有利于促进助人行为的。

五、生命价值与责任

每个人在其短暂的生命历程中都肩负着属于自己的责任,而我们生命价值的体现就来自这份责任。一个人的价值在于他对这个社会贡献多少,为人类担起哪些责任,而不仅仅是他自己拥有什么。一个人担起的社会责任越重,其生命价值就越高;一个人对社会贡献越大,其人生价值就越大。

我们在生活中都会有自己的责任,而在不同阶段,我们的责任也有所不同。如果我们能够正确地看待这些责任背后的意义,我们将变得更快乐,因为责任是我们生命价值的最好体现,责任将使我们的生命更有意义!

---

① Hearold S. WITHDRAWN: A synthesis of 1043 effects of television on social behavior[J]. Public Communication and Behavior, 1986: 65-133.

（一）生命价值的内涵

一个人生命的价值，在于其对他人和社会做出的贡献。人的生命价值不同于动物的生命价值。动物只能被动地适应环境，不能主动创造；人则可以根据自身条件，在满足自身需要的过程中主动地改造环境，使环境适合自身的需要并成为自己生命的组成部分。人的生命有创造性，人可以创造出更多的价值。纵观历史长河，人类创造了无数的物质财富和精神宝藏，一代代地传承下来，影响无数后人。

每个人的生命都富有创造性。人类的生命价值体现在不断认识自我，开发个人潜能，追求自我发展和成长，为他人和社会创造出高于自己生命的价值，同时也让自己的生命之花绽放。

拥有爱他人的能力也是一个人生命价值的体现。我们的生命在爱中得到滋养，我们的生命从胚胎开始，就是在他人爱的滋养中孕育、成长的，我们从他人那里得到爱，生命变得有意义，同时，我们也应对他人付出爱，爱他人是生命的责任，也是生命价值的体现。爱他人从爱自己的亲人、朋友开始，我们要心中有他人，能够考虑他人的感受和需要，并为他们做力所能及的事情。

除了爱自己和他人外，生命的价值更体现在对社会的贡献上。每个人都从其生活的社会中获益，享受国家的福利，同时也需要承担一份社会责任，为国家、民族、社会做出一定贡献，这是个人生命价值的最高体现。

（二）大学生实现人生价值

1. 科学的世界观对大学生实现人生价值的重要性

科学的世界观就是用马克思主义的立场、观点和方法分析、研究客观世界，解决客观世界中的诸多问题。对于当代大学生而言，只有树立了科学的世界观，才能真正理解人生的意义，科学合理地安排自己的人生，正确处理和对待人生中的诸多实际问题，实现自己的人生价值，为人类的社会进步做出卓越的贡献。马克思虽然生活的时代与我们不同，但他对世界的根本观点、对人生的理解和人生价值的追求永远是当代大学生学习的榜样。

2. 理想信念对大学生实现人生价值的导向作用

理想就是人生奋斗、追求的总目标。远大的理想就像人生航船的灯塔，始终引领着大学生的成才方向。大学生对理想的追求越强烈，其实现人生价值的动力就越大；追求的目标越明确，成功的概率就越大，对社会的贡献也就越大。远大的理想还需要坚定信念的支撑，这样才能克服重重困难到达胜利的彼岸。理想信念不仅影响着大学生的整个成长过程，还影响着大学生人生价值的实现过程。因此，帮助大学生树立远大的理想，坚定他们的信念，显得尤为重要。

3. 大学生要把实现个人价值与为社会创造价值有机地结合起来

人具有社会属性，个人的一切活动都离不开社会，大学生亦如此。从这个角度讲，大学生的价值是自我价值和社会价值的统一。人生的意义在于奋斗、在于创造。奋斗和创造的过程就是实现自我价值的过程。现实生活中，人们往往看重自身价值，片面追求自我价值的实现，而忽略为社会创造价值这个重要的内容。有的人甚至错误地认为，人生的价值在于索取而不在于创造，索取的越多，价值就越大。这种观点极其荒谬，因为个人存在于社会之中，个人的需要离不开社会的供给。一个人只有把实现自我价值的过程和为社会创造价值的过程有机结合起来，才能真正实现自己的人生价值。

（三）承担生命的责任

人生活在社会中就必须承担一定的责任。社会责任感是在一个特定的社会里，每个人在心理和感觉上对其他人的伦理关怀和义务。社会责任感是一个民族赖以存在和发展的基础，是个体对自己所处的社会、国家所应承担的义务、责任和使命的认识和担当。对于当代大学生而言，具备强烈的社会责任感是成长成才的必然要求，是应该具备的基本素质，也是推动社会和谐稳定、国家发展进步的重要力量。在经济全球化、国际竞争日趋激烈、科学技术迅速发展的今天，大学生适应迅速发展的社会环境，勇于承担社会责任，不仅关系到自身的生存、就业和发展，更关系到国家、民族的前途。对于正处于人生黄金时期的大学生来说，社会责任感的培养对他们的成长和发展具有深远的影响。

首先，社会责任感有助于大学生形成自我认同和价值观。在心理学中，自我认同是指个体对自己在社会中的角色、能力与价值的认知和接受。社会责任感作为一种积极的道德情感，能够引导大学生深入思考自己的角色定位和价值追求，形成积极向上的自我认同感。同时，社会责任感也有助于大学生树立正确的价值观，如公平正义、关爱他人、尊重自然等，从而指导他们的行为决策和生活方式。

其次，社会责任感能够促进大学生的心理健康发展。在面对压力和挑战时，具备社会责任感的大学生更容易采取积极的心态和行动来应对。他们更倾向于将困难视为成长的机会，将挑战视为实现自我价值的途径。这种积极的心态有助于大学生保持情绪稳定、增强自信心，提高应对困难和挑战的能力。此外，社会责任感还能让大学生体验到帮助他人、为社会做贡献的喜悦和满足，从而增强他们的幸福感和满足感。

再次，社会责任感有助于大学生建立良好的人际关系。在社会交往过程中，具备社会责任感的大学生更容易获得他人的信任和尊重。他们懂得关心他人、尊重他人的权益和需求，能够在团队中发挥积极作用，促进团队成员之间的协作和沟通。这种良好的人

际关系不仅有助于大学生在学业上取得更好的成绩，还有助于他们在未来的职业生涯中建立良好的人脉和合作关系。

最后，社会责任感是大学生实现自我价值和社会价值的重要途径。通过参与社会实践、志愿服务等活动，大学生可以将所学知识和技能运用于实际生活中，为解决社会问题、推动社会进步贡献自己的力量。这种实践经历不仅能够提升大学生的综合素质和能力水平，还能让他们体验到为社会做贡献的成就感和自豪感，从而实现自我价值的提升和社会价值的实现。

在"两个一百年"奋斗目标和实现中华民族伟大复兴的中国梦的背景下，整体来说，当代大学生是具有社会责任感的。大学生对于积极践行社会主义核心价值观具有高认同度，对于志愿服务实践活动有着高参与度。但在部分大学生身上仍然存在令人担忧的社会责任感淡化的倾向。其社会责任感淡化主要表现在缺乏目标、社会理想比较模糊、价值观错位、优秀人格品质匮乏、自我意识过强等。

学习承担各种责任是每个人成长过程中的必修课，大学生理应认识到自己的责任，对父母、身边人和事、母校、社会、国家心存感激。在家庭中，认识到父母养育子女的艰辛，珍惜父母的爱，尽自己所能为父母分担家庭责任；在学校中，认识到老师的辛苦，尊敬师长，感恩母校；在集体中，认识到他人对自己的关爱，善待他人，主动融入集体并为集体贡献自己的力量，善待身边的一草一物，懂得体谅和同情别人，积极加入服务社会的队伍。除了学习专业知识外，大学生还应积极关注并参与解决社会问题，自觉主动地承担社会责任。大学生要认识到自己的社会责任，将其内化为自身的信念，并最终外化为社会责任行动。社会责任意识和情感只有落实到行动上才能最终履行社会责任，因此社会责任的践行是社会责任感的归宿和落脚点。身处校园的大学生并不缺乏知识和能力，缺乏的是将学识和能力转化为实际行动的社会锻炼。大学生需要走出校园，在实际生活和工作中不断地认识社会，增强本领，丰富阅历，这样才能真正成为国家栋梁。

健康躬行

1. 暖身游戏：泡泡糖

活动时长：10分钟。

活动目的：通过互动和游戏增强团队成员之间的亲密感和协作能力。

具体操作：团体领导者喊"泡泡糖"，大家回应"粘什么"，领导者随机想到身体的某个部位以及规定一个数字，比如说"三个左手"，成员就要三人一组把左手相接触。而没有找到同伴的人要接受惩罚（唱歌或自选其他动作）。

2. 生命倒计时

活动时长：25分钟。

活动目的：引导学生思考生命议题。

具体操作：请每个小组分别迅速算出如果以60岁、70岁、80岁、90岁作为生命的长度，分别有多少天、多少小时，把数字写在黑板上；请每位成员算出自己已经度过了多少天、多少小时，可能还剩下多少时间；引导学生讨论算完这些数字后有什么感受。

3. 未来之路

活动时长：25分钟。

活动目的：引导学生肯定自我价值及生命的意义，设计自己的未来生命历程。

具体操作：团体指导者先说明练习内容，然后让团体成员自行填写，10分钟后大家一起分享交流；小组交流时，每个人都拿出自己的表格给其他人看，边展示边说明，注意自己与他人内心的反应。

4. 墓志铭

活动时长：15分钟。

活动目的：协助学生反省个人价值观及了解人生目标。

具体操作：介绍练习背景，使参加者投入活动并了解何为墓志铭；示范如何写墓志铭（可以只有名字、生年及卒年，也可以长篇大论）；分发"墓志铭"表格给参加者填写（可视团体目标或对象，选择写自己的墓志铭或他人的墓志铭）；将填好的表格张贴起来（不必写名），然后进行讨论。

5. 绝处逢生

活动时长：25分钟。

活动目的：通过帮助别人打消轻生的念头，认识到面临困难和挫折时为什么要心存希望。

具体操作：创设两个情境。一个情境中，请一位同学扮演因父母离异、自己生活无着落而感到悲痛欲绝的角色，其他同学列出理由劝说他放弃自杀念头；另一个情境中，请一位同学扮演刚刚与相恋三年的恋人分手、痛苦万分、准备自杀的角色，其他同学列出理由劝说他放弃自杀念头；评出每组最佳"劝手"；集体讨论人们在什么情况下可能会绝望、通过今天的游戏你学到了什么。

6. 最快乐的时刻／事件

活动时长：10分钟。

活动目的：协助学生明了个人对快乐的界定，并重温快乐经历，以增强个人的内在力量。

具体操作：请学生安静闭目，然后回忆自己人生中最快乐的时刻或事件；5分钟后，大家分别在小组内分享自己的经历，在组员分享时，其他组员积极回应，在这个过程中，组员往往会有一些新的发现；若时间允许或领导者希望进行更深入的探索，可以请组员尝试讲述该快乐的经历对自己现在生活的影响，这也是很有意义的一个环节。

健康拓展

一、阅读欣赏

扼住命运的咽喉[1]

贝多芬——扼住命运咽喉的旷世奇才，生于波恩的一个平民家庭，从小便显露出音乐才华。后来到波恩大学做旁听生，并去音乐之都维也纳深造。正当贝多芬奋发向上的时候，一个巨大的不幸降临到他的头上……一种扰人的"嗡嗡"声攫住了贝多芬，当时他还只是一个26岁的青年。

风华正茂、踌躇满志的贝多芬已经受到乐坛的重视，他那动人的音乐清晰明亮，宛若初春大地的一抹新绿，虽然稚嫩，却生机无限地在18世纪形式主义乐坛上铺展开来。这是一个崭新的开始，贝多芬只要把握住这个时机，就会把音乐向前推进一大步，在音乐史上掀开新的一页。

然而，这种无休止的"嗡嗡"声日夜缠绕着贝多芬，像一个魔鬼在光明的道路上洒满阴森的迷雾。透过这飘忽不定的迷雾，贝多芬看到了一个寂寞的无声世界，看到了自己最宝贵的不可缺少的财富——听觉已渐渐离他而去，消失在迷雾里。作为一个音乐家，贝多芬十分清楚失去听觉意味着什么。

他无法听清楚朋友们轻松的谈笑，美妙的乐音也变得模糊不清。贝多芬秘密地去看医生，尝试着用杏红油和香草油敷在耳中，他战栗着把全部希望都放在医生的手中。然而这一切都是徒劳的。恐惧、痛苦、忧伤和愤怒充满了贝多芬年轻的心灵。

在苦难中，贝多芬用尽他的所有力气，对上苍、对万古不语的星空悲愤地呐喊："哦，上帝，上帝呀，往下看看不幸的贝多芬吧……"呐喊之后便是愤怒的诅

---

[1] 扼住命运的咽喉[EB/OL].（2023-01-10）[2024-08-02].https://easylearn.baidu.com/edu-page/tiangong/composition?id=47bd0993520a2935518d6c172fd5da51.

咒，他诅咒大自然造物主加在他身上的不幸。然而，贝多芬只能在无人的旷野中呐喊，只能撕扯着自己的头发诅咒，因为他害怕。

他没有勇气向人们宣告自己的失聪，没有勇气去迎接朋友们的同情安慰和憎恨他音乐创作的仇敌们的讥讽与嘲笑。他宁愿独自一人忍受痛苦。贝多芬躲开了。他躲开了城市，躲开了人群，躲开了集会，也躲开了音乐。1802年的春天，贝多芬搬到了维也纳郊外的小村海利根斯塔特。

在这里他经历了一个生死攸关的关键时期。最初，贝多芬残忍地想割断他与音乐的一切联系，他要在这美丽的乡村里做一个农夫。贝多芬写信给他的朋友说："我要告诉你的就是我一定得和我的事业隔离，我生命中最灿烂的一页亦将随之消逝。顾不到自己的天才和力量了，我一定得忍受惨痛的遭遇。"贝多芬忽然变得那么软弱，那么无奈，甚至悲观厌世，走到了自杀的边缘。1802年10月6日，他立下了著名的"海利根斯塔特遗嘱"。在这份遗嘱中，可以看到贝多芬所经历的精神危机极为严峻、激烈，在生与死的搏斗中苦苦挣扎。可是，贝多芬怎么能逃得了呢？正像他自己所说的："只是艺术啊，只是艺术留住了我。"

"哦，在我尚未把我所感觉到的使命全部完成之前，我觉得我不能离开这个世界。"他内在的音乐力量是那样的激越澎湃，像风暴中的大海，他怎能逃离？在他5岁时，在他正受到父亲严厉的教训而站在风琴前暗暗饮泣时，他的泪水、他的幼嫩的手指、他那敏感的思想就已经同音乐永远地融在了一起，他又怎能割舍得了呢？贝多芬紧锁的眉头间流露出对苦难的挑战，紧握的手掌和下垂的嘴唇虽未露出一丝笑容，但会突然地纵情大笑。

在这怪异甚至有些疯狂的外表下，那颗流血的心上的伤口正在慢慢地愈合，它要像汹涌的浪潮一样去击碎坚硬的礁岩。"我不能再忍受了，我要同命运搏斗，它不会征服我的。啊！继续生活下去是多么美丽呀！——值得这样地活一千次！我要扼住命运的咽喉！"贝多芬把退隐、逃避抛在了脑后，他鼓励自己："让你的耳聋不再是个秘密吧，即便是在你的艺术中也不必保密！"外来的灾难带给了贝多芬内在的力量——一种新而坚定的手法，深切而纯洁的景象，将失败的软弱踏在脚下。

贝多芬欣喜地感到了他身上产生的这种崭新的力量，他懂得了如何抓住人类精神中最崇高的声音，因而音乐的思想反比从前更丰富地涌起来。

二、推荐书目

【书名】

《吾心可鉴：澎湃的福流》（封面见7-3）

【作者】

彭凯平

【出版社】

清华大学出版社

【出版时间】

2016年7月

【内容简介】

在现代心理科学的助推下，西方心理学近年来突飞猛进地发展了起来。市面上太多优秀西方心理学著作和通俗读物，读者们阅读的时候一定有这样的疑问：那些基于西方人群的令人震撼的心理学实验，和我们中国人有什么关系？看似充满了逻辑和科学，可是真的适用于5000年来思维体系完全不同的生活和工作吗？

图7-3 《吾心可鉴：澎湃的福流》封面

根植于传统中国的阳明心学，近年来得到了普及，人人津津乐道。可是，斗转星移，世事变迁，那些经典"阳谋"真的可以穿越时空、永远奏效吗？

作为读者，我们多么渴望这两类让我们醍醐灌顶的真理，到了我们的手里能真正从"知道"变为"做到"。

是否有这样一个对两类心理学都烂熟于心，东西真实融会贯通的学者？有没有对上述两方面比较全面了解之后，提出了国际领先的创造性理论和研究成果的学者？

《吾心可鉴：澎湃的福流》就是用中西无缝兼容、读者可以接受和听懂的方式，把这两类知识中能启发我们思考的内容解读给我们，让我们的爱情、亲情、创新、开拓、跨界等能够呈现美好的状态。

【相关书目】

① [捷克]米兰·昆德拉：《生命不能承受之轻》，程一荣译，贵州人民出版社，2000年。

② [印]克里希那穆提：《生命之书——365天的静心冥想》，胡因梦译，译林出版社，2011年。

③ 胡因梦：《生命的不可思议》，深圳报业集团出版社，2011年。

三、电影赏析

【片名】

《黑暗中的舞者》（剧照见图7-4）

【剧情简介】

在美国某个乡村工厂做工的捷克移民塞尔玛天性善良，因患有先天性疾病，她的视线日趋模糊，只能靠着高度近视镜维持微弱的视力。她发现儿子吉恩也有同样的疾病，如果她不能挣到足够的钱支付动手术的费用，吉恩也难以逃脱变瞎的命运。为了给儿子凑钱动手术，塞尔玛开始日夜不停地加班，不知情的好友兼同事琳达因心疼而好言相劝时，她总是报以微笑，因为她还有另一个纯粹属于音乐的世界，其间的美好与安静，足以抵挡现实的心酸与艰难。令她欣慰的是，在眼睛彻底变瞎之前，基本筹齐了儿子手术所需的费用。然而就在此时，意外发生，塞尔玛由于几乎失明的眼睛造成工厂事故被解雇。她回家时，却发现比尔将她给儿子治病积攒的钱全部偷走了。塞尔玛在和比尔争夺钱包时，比尔的枪走火射中了他自己。塞尔玛为了让儿子得到治疗，拒绝在法庭上说出真相，因此被判一级谋杀。最终，塞尔玛的生命在她的歌声中戛然而止……

图7-4　《黑暗中的舞者》剧照

【相关影片】

① 《遗愿清单》
② 《美丽人生》
③ 《海上钢琴师》
④ 《当幸福来敲门》

人生意义问卷　　　第七章
（C-MLQ）　　　　拓展资源

参 考 文 献

[1] 吴经纬.大学生健康教育[M].西安：西安电子科技大学出版社，2016.

[2] 罗威.大学生健康教育[M].长沙：湖南大学出版社，2019.

[3] 张小燕，刘洋，陈碧华.大学生健康教育[M].长沙：中南大学出版社，2016.

[4] 杨大来.大学生健康教育[M].2版.北京：北京邮电大学出版社，2016.

[5] 关中印，于亮.大学生安全教育[M].西安：陕西师范大学出版总社，2018.

[6] 余小鸣.大学生健康教育[M].北京：高等教育出版社，2018.

[7] 杨学峰.大学生卫生与健康教程[M].2版.长沙：中南大学出版社，2014.

[8] 杨新生.大学生安全教育[M].北京：机械工业出版社，2010.

[9] 马春生，毛聪聪，谢晓聪.大学生心理健康教育[M].杭州：浙江大学出版社，2015.

[10] 贺双艳，常晓薇.大学生心理健康教育[M].北京：高等教育出版社，2019.

[11] 姚本先，王道阳.大学生心理健康教育[M].3版.北京：北京师范大学出版集团，2019.

[12] 吴宗辉，李娟.大学生健康教育[M].重庆：西南师范大学出版社，2019.

[13] 朱继华，潘志军.大学生运动与健康[M].2版.北京：高等教育出版社，2019.

[14] 白晋湘，谭志刚，唐吉平，等.大学体育与健康教程[M].长沙：中南大学出版社，2017.

[15] 杨炜苗.大学生安全教育导论[M].北京：清华大学出版社，2018.

[16] 唐登华.与烦恼相处——精神的主客观分析[M].北京：民主与建设出版社，2000.

[17] 陆林.沈渔邨精神病学[M].6版.北京：人民卫生出版社，2018.

[18] 郝伟.精神病学[M].6版.北京：人民卫生出版社，2008.

[19] 世界卫生组织.ICD-10精神与行为障碍分类[M].范肖冬，汪向东，于欣，等译.北京：人民卫生出版社，1993.

[20] 张大荣.进食障碍咨询与治疗[M].北京：北京大学医学出版社，2011.

[21] 蒋锋，汤宜朗，侯也之.精神疾病病耻感形成的相关因素及对策[J].北京：中国心理卫生杂志，2002（10）：721-723，713.

[22] 郗杰英，郭开元.论我国青少年网络成瘾及其矫治[J].中国青年研究，2009（12）：20-23，62.

[23] 申继亮.大学生心理健康教育读本[M].北京：高等教育出版社，2007.

[24] 孟昭兰.普通心理学[M].北京：北京大学出版社，1994.

[25] 张厚粲.大学心理学[M].北京：北京师范大学出版社，2001.

[26] 樊富珉.大学生心理健康与发展[M].北京：清华大学出版社，1997.

[27] 樊富珉，林永和，王建中.大学生心理素质教程[M].北京：北京出版社，2002.

[28] 桑志芹.青春阳光之路——大学生心理健康教程[M].南京：南京大学出版社，2010.

[29] 桑志芹.大学心理健康学[M].北京：科学出版社，2007.

[30] 黄云峰."纠结"新用[J].语文建设，2009（4）：67-68.

[31] 李馨.纠结新说[J].上饶师范学院学报，2009（4）：48-50.

[32] 傅小兰，张侃.中国国民心理健康发展报告（2021—2022）[M].北京：社会科学文献出版社，2023

与本书配套的二维码资源使用说明

　　本书部分课程及与纸质教材配套数字资源以二维码链接的形式呈现。利用手机微信扫码成功后提示微信登录,授权后进入注册页面,填写注册信息。按照提示输入手机号码,点击获取手机验证码,稍等片刻收到 4 位数的验证码短信,在提示位置输入验证码成功,再设置密码,选择相应专业,点击"立即注册",注册成功。(若手机已经注册,则在"注册"页面底部选择"已有账号,立即登录",进入"账号绑定"页面,直接输入手机号和密码登录。)接着提示输入学习码,须刮开教材封底防伪涂层,输入 13 位学习码(正版图书拥有的一次性使用学习码),输入正确后提示绑定成功,即可查看二维码数字资源。手机第一次登录查看资源成功以后,再次使用二维码资源时,在微信端扫码即可登录进入查看。